I0035529

CONSEIL D'ÉTAT

SÉRIE D'ÉTUDES
SUR
LE BIEN DE FAMILLE

ÉTAT DE LA QUESTION
DANS LES LÉGISLATIONS FRANÇAISE ET ÉTRANGÈRES

PAR

M. TIRMAN
MAÎTRE DES REQUÊTES

MM. GRUNEBAUM, GEORGES CAHEN ET TIRARD
AUDITEURS AU CONSEIL D'ÉTAT

PARIS
IMPRIMERIE NATIONALE

1904

SÉRIE D'ÉTUDES

SUR

LE BIEN DE FAMILLE

ÉTAT DE LA QUESTION

DANS LES LÉGISLATIONS FRANÇAISE ET ÉTRANGÈRES

CONSEIL D'ÉTAT

SÉRIE D'ÉTUDES

SUR

LE BIEN DE FAMILLE

ÉTAT DE LA QUESTION

DANS LES LÉGISLATIONS FRANÇAISE ET ÉTRANGÈRES

PAR

M. TIRMAN

MAÎTRE DES REQUÊTES

MM. GRUNEBAUM, GEORGES CAHEN ET TIRARD

AUDITEURS AU CONSEIL D'ÉTAT

PARIS

IMPRIMERIE NATIONALE

1904

SOMMAIRE.

SÉRIE D'ÉTUDES
SUR
LE BIEN DE FAMILLE.

ÉTAT DE LA QUESTION
DANS LES LÉGISLATIONS FRANÇAISE ET ÉTRANGÈRES.

I
ALLEMAGNE. — AUTRICHE.

I. INTRODUCTION.
APERÇU HISTORIQUE ET ÉCONOMIQUE.

L'Allemagne ne constitue ni un pays neuf comme les États-Unis, ni une nation fortement unifiée comme l'Angleterre. Elle vit de traditions, qui se perpétuent, souvent diverses et même contraires. Vérité au delà de l'Elbe; erreur en deçà! Telle coutume règne dans la plaine de Westphalie, que la loi interdit dans la montagneuse Bavière! Si le respect des vieux usages existe profond chez tous les habitants du pays, à quelque classe sociale qu'ils appartiennent, il est surtout enraciné dans le cœur du paysan germain : le cultivateur semble y nourrir, avec l'amour du sol, le culte du passé.

C'est ainsi que s'explique la variété infinie des règles qui, aujourd'hui même, fixent dans le droit allemand la constitution, l'organisation et surtout la dévolution successorale des biens ruraux. On y retrouve les anciennes pratiques féodales sur l'établissement de la propriété seigneuriale, la conservation des fiefs et leur transmission fidéicommissaire, à côté des principes égalitaires empruntés aux lois de la Révolution française sur le partage des terres et la liberté des transactions.

Tout en cherchant à répandre parmi des citoyens égaux en droits les bienfaits de la propriété individuelle, à faciliter les échanges, les transmissions, le législateur allemand s'est préoccupé d'arrêter le morcellement des patrimoines. Longtemps il réserva ses faveurs aux grands propriétaires fonciers, dont certains jouissent, actuellement encore, de véritables droits féodaux.

Si même, depuis trente ans, il songe à créer une classe de moyens propriétaires, une sorte de « petite bourgeoisie rurale » (Ein Bauernstand), ce n'est pas tant pour modifier l'ancienne constitution sociale que pour empêcher le développement d'un prolétariat agraire naissant.

L'idée essentielle qui semble dominer dans la conscience germanique, c'est qu'il faut redouter par dessus toutes choses, comme un péril national, l'émiettement du sol. Cette pensée, variable dans ses manifestations, a inspiré presque sans interruption les réformes, en apparence peu concordantes, que la législation allemande a subies au cours du siècle; elle explique son évolution.

Les règles les plus anciennes, les plus frappantes aussi, concernent les successions paysannes. Dans certaines régions, particulièrement en Prusse, dans le Hanovre, en Bavière, en Saxe, depuis un temps immémorial la coutume assure, au décès du propriétaire, la transmission intégrale à un seul des héritiers (l'Anerbe). L'importance des compensations accordées aux co-héritiers dépossédés, la nature des privilèges et obligations respectivement nés de cette attribution varient souvent d'une commune à l'autre; mais le principe se retrouve identique dans une partie de l'Allemagne; il s'y est imposé au législateur moderne, qui l'a sanctionné dans des textes récents, expressément confirmés par le Code civil de 1900 (lois de 1874, de 1896, de 1898).

Il n'est pas jusqu'aux institutions féodales du fidéicommis et du majorat qui ne se soient conservées dans certaines provinces, et qui n'aient même été adaptées aux besoins de la classe rurale.

La pratique de ces antiques usages, ainsi rajeunis, a cependant paru insuffisante pour empêcher le morcellement des terres et arrêter le dépeuplement croissant des campagnes. Une intervention plus directe a depuis près de vingt ans semblé nécessaire : le Gouvernement prussien a entendu coloniser à l'intérieur même du pays, en établissant sur des domaines, jusqu'alors possédés par de grands seigneurs négligents, une population nouvelle de petits paysans.

La Prusse n'obéit tout d'abord, dans cet effort, qu'à des préoccupations de politique nationale; elle chercha à germaniser les provinces polonaises : exproprier les indigènes, sous prétexte d'alléger leurs charges, morceler leurs biens, les répartir ensuite entre des travailleurs appelés du fond de la Westphalie ou du Hanovre, tel fut le plan adopté par le législateur de 1886.

Il échoua en grande partie. Mais la tentative ne fut point abandonnée. On l'utilisa en vue d'autres fins, dans la lutte naissante contre le socialisme menaçant. Vers 1890, en effet, l'orientation sociale du Gouvernement prussien se modifie : on commence à craindre les conséquences d'une politique de concessions; on tente une réaction. Parmi les mesures à prendre, il en est une dont l'exécution semble aisée. «La création d'un grand nombre de domaines de moyenne et petite étendue et de propriétés parcellaires que le Gouvernement a entreprise dans les provinces de Posen et de Westprusse n'a pas seulement une importance nationale, mais aussi une importance sociale[1]. . . »

Multiplier le nombre des petits propriétaires ruraux, c'est détacher les paysans du prolétariat agraire. Aussi l'État prussien n'hésite-t-il pas à offrir, à imposer même son entremise. Par les lois de 1890 et 1891, il facilite les aliénations et morcellements des grands domaines, met les banques foncières à la disposition des particuliers, remboursant au vendeur la plus grosse partie de son prix, recevant de l'acquéreur des annuités amortissables. En échange de ses services, l'État crée au colon certaines obligations. Il lui interdit le partage, l'aliénation partielle de son bien. Il perpétue même l'unité de l'exploitation, en assurant sa transmission intégrale à un héritier privilégié (loi de 1896).

[1] Assemblée générale du *Verein für Sozialpolitik*, 1886.

Les économistes ne cessent cependant de déplorer l'état précaire de la propriété rurale en Allemagne. Ils redoutent tout à la fois la reconstitution des vastes fiefs, aux dépens des petits fermiers expropriés pour dettes; et aussi l'émiettement des parcelles, que l'exiguïté rend improductives. L'endettement du sol est à tous égards dangereux. On propose de nouveaux remèdes. L'insaisissabilité est, pour beaucoup, la conséquence nécessaire de l'indivisibilité héréditaire. Et c'est ainsi que depuis vingt ans on étudie et on discute avec ardeur l'opportunité d'une législation sur le homestead; les projets se succèdent; le dernier a été déposé en janvier 1904 sur le bureau du Reichstag. Mais la réforme, si passionnément désirée par certains, ne semble pas encore sur le point d'aboutir. Elle cache des préoccupations, des arrière-pensées qu'il faut connaître pour éviter un rapprochement trop hâtif et une assimilation téméraire.

Il était nécessaire de rappeler succinctement les origines de cette législation très diverse, très touffue, pour pouvoir saisir à travers les textes une pensée directrice et rapprocher des dispositions en apparence peu concordantes. En étudiant successivement les règles relatives à la constitution des petits biens ruraux par la colonisation intérieure, — à leur conservation dans la famille par la transmission intégrale à l'héritier privilégié, — à leur préservation contre les entreprises des créanciers par la limitation de l'endettement, nous aurons soin, pour les mieux comprendre, de nous souvenir tout à la fois des traditions auxquelles elles se rattachent, et des fins politiques et sociales auxquelles on a entendu les faire servir.

II. CONSTITUTION DES BIENS.

COLONISATION INTÉRIEURE EN PRUSSE.

A. La colonisation de certaines provinces, mal cultivées, insuffisamment peuplées, n'est pas en Allemagne une tentative nouvelle. Au XVIIIe siècle déjà, Frédéric-Guillaume Ier et Frédéric II avaient fait quelques essais de ce genre. Ils n'en avaient recueilli que peu de succès; aussi leur exemple fut-il longtemps abandonné. Ce n'est guère que vers 1880 qu'on songea à le reprendre.

La Prusse orientale traversait une crise agraire. Elle comprenait surtout de vastes domaines, à demi délaissés par des gentilshommes ruinés. Les paysans, récemment émancipés, émigraient vers la ville ou bien devenaient de simples journaliers, ne pouvant vivre des fruits de leurs terres, trop exiguës, trop endettées. Toute cette population, fière, mais pauvre, résistait d'ailleurs à l'influence germanique, et se montrait jalouse de son autonomie nationale. Cette situation ne pouvait laisser d'inquiéter doublement le Gouvernement[1].

Malgré l'opposition du centre et des progressistes, on réussit à faire voter la loi du 26 avril 1886, «en vue de fortifier dans les provinces de Prusse orientale et de Posen, l'élément allemand dans sa lutte contre les menées polonaises, par la colonisation de ces provinces au moyen de paysans et d'ouvriers allemands» (art. 1er). Un fond de 100 millions de marks était mis à la disposition du Gouvernement pour l'achat des terres, les frais de première installation et l'établissement des bâtiments scolaires et religieux qu'il serait nécessaire d'élever sur les nouveaux territoires.

Aux termes de cette loi, l'État doit lotir les domaines ainsi acquis et y installer des colons comme fermiers ou propriétaires définitifs. Le prix est payable au moyen d'une rente annuelle, calculée de façon à ne pas surcharger le revenu des terres. Le rachat de cette rente, remarquons-le, dépend du consentement des deux parties; elle ne saurait être rendue amortissable au seul gré du débiteur.

Une commission de colonisation est chargée de l'exécution de ces dispositions. Présidée par le gouverneur de la province de Posen, vice-présidée par celui de la Prusse orientale, elle comprend, en particulier, des commissaires délégués par le président du ministère, par les ministres de l'agriculture, de l'intérieur, des finances,

[1] «Il ne nous reste pas d'autre effort à faire que de tâcher, autant que possible, «de rectifier, à l'avantage des Allemands, la proportion numérique entre les deux «populations polonaise et allemande, afin de gagner dans cette province des gens sûrs «qui soutiendront fermement l'État prussien. Il est possible de corriger cette pro«portion numérique d'un côté par l'accroissement de la population allemande, d'un «autre côté par la diminution de la population polonaise.» (Discours de Bismarck, janvier 1886.)

de l'instruction publique. Dans ses attributions, rentrent l'achat des domaines, leur distribution en parcelles, la création des voies de communication, l'installation des colons. Elle se charge, en outre, de la construction des édifices publics : églises, écoles, ponts, etc.

Le colon doit posséder en sommes liquides une partie du prix d'achat correspondant à la valeur des bâtiments. Il paye le surplus, représentant le prix du sol, au moyen d'une rente annuelle, pour 90 p. o/o; les 10 p. o/o complémentaires sont versés au comptant. Durant les deux ou trois premières années de son exploitation, il est exonéré de toute rente. Il reçoit les conseils et est soumis à la surveillance d'un commissaire local de colonisation, qui est généralement le bourgmestre.

B. Cette législation, dont on escomptait les merveilleux effets, échoua complètement[1]. Jusqu'à la fin de 1894, soit en huit ans, il n'avait été créé que 1,606 Rentengüter, comprenant une surface de 28,168 hectares; et dans les dernières années, la proportion semble plus faible encore. A la fin de 1897, en effet, la Commission avait acheté 97,689 hectares pour la somme de 59,963,126 marks. Le prix moyen de l'hectare qui, vers 1890, avait été de 596 marks 25, s'était élevé depuis lors à 614 marks.

Au 1er janvier 1900, 3,607 exploitations avaient été créées sur une superficie de 62,853 hectares, pour une population de 24,000 habitants. La Commission avait acquis 128,687 hectares pour 84,760,816 marks.

Si on prend la moyenne de la période la plus favorisée, comme mesure des progrès de la colonisation dans l'avenir, on arrive à cette conclusion qu'en cent ans il y aurait en tout 100,000 Allemands devenus colons, au milieu d'une population polonaise de 2 millions et demi d'habitants!

Il y a plus : il semble que le sacrifice pécuniaire consenti par les Chambres prussiennes pour ruiner l'influence polonaise l'ait plutôt accrue : les propriétaires indigènes s'entendirent en effet pour élever et maintenir fermes leurs prétentions, dès qu'ils senti-

[1] Brentano, *Gesammelte Aufsätze. Die Rentengutsgesetzgebung.*

rent en face d'eux un acquéreur aussi résolu, et aussi riche que l'État prussien. Ils vendirent ainsi leurs biens à de très hauts prix, purent reconstituer leur patrimoine et acheter avec de bel argent comptant, et pour des sommes dérisoires, de nouvelles terres possédées par des Allemands sans ressources.

On exalta du même coup le sentiment populaire en Pologne, si bien qu'à côté de la commission officielle chargée de l'achat et de la répartition des terres se constitua une grande société polonaise concurrente, qui poursuivit, par les mêmes moyens, un but diamétralement opposé, en facilitant aux Polonais l'acquisition de nouveaux domaines.

C. Vers 1890, la politique bismarckienne est sur son déclin. L'empereur prend une influence prépondérante dans la direction des affaires; l'orientation sociale se modifie. Loin de vouloir continuer une lutte stérile contre l'élément polonais, on songe à se ménager son concours. Les représentants des provinces de l'Est peuvent aider à la formation d'une majorité conservatrice; leur vote est nécessaire à la réalisation des grands projets maritimes.

Ce ne sont d'abord que les procédés administratifs qui changent à l'égard des Polonais : la commission de colonisation commence à exproprier non plus tant les domaines des indigènes, que les grandes propriétés en général, quelle que soit la nationalité de leur détenteur. Elle travaille désormais bien moins à l'expulsion des Polonais qu'à la constitution et à la protection des petits biens ruraux.

La législation ne tarde pas à subir le contre-coup de ce changement : à un an d'intervalle, deux lois sont promulguées pour répondre aux intentions nouvelles. (27 juin 1890; — 7 juillet 1891). «L'intérêt public, dit l'exposé des motifs de l'une d'entre elles, est intéressé vivement aux mesures qui favorisent la stabilisation des ouvriers ruraux; car la propriété d'un home et d'une parcelle de terre augmenteront dans la population le contentement et l'amour de la patrie, et éloigneront de notre pays les difficultés qui ne sont que trop ressenties dans d'autres États. . . . . »

Désormais l'État n'achète plus pour revendre en son nom. Il

fait l'office de bon courtier. Des commissions générales dirigent la formation des petits domaines appelés biens à rente (Rentengüter). Il y en a huit pour toute la Prusse [1]; outre le président, elles comptent cinq membres, qui justifient de connaissances soit techniques, soit juridiques. Elles servent d'intermédiaires pour les achats, centralisent les demandes de ventes et les renseignements détaillés recueillis sur les postulants au colonat.

Elles chargent un commissaire spécial de se mettre en rapport avec le propriétaire qui veut vendre, de fixer une évaluation, de procéder aux travaux préparatoires. La Commission statue; et son délégué veille alors à l'exécution des mesures arrêtées quant au nombre, à la contenance, à la composition des Rentengüter. Ce n'est que lorsque le vendeur a trouvé preneur pour chacune des parcelles ainsi divisées, parmi les candidats reconnus aptes par la Commission, qu'il peut enfin toucher son prix [2].

Mais comment les colons, généralement choisis parmi des ouvriers miséreux ou des paysans sans ressources, peuvent-ils se libérer? C'est ici qu'apparaît l'ingénieuse combinaison imaginée par le législateur de 1891. Il utilise à leur profit les banques agricoles spéciales, créées par la loi du 2 mars 1850 et fermées depuis 1883.

En 1850, lors du rachat des redevances dues aux seigneurs fonciers par les possesseurs de tenures roturières, le Gouvernement avait institué dans les huit provinces prussiennes des banques (Rentenbanken), qui délivraient aux anciens seigneurs, sous la garantie de l'État, des lettres de rente négociables, et se substituaient à eux au regard des débiteurs. Ces derniers payaient à la banque les rentes anciennes augmentées d'une taxe d'amortissement. Fermées en vertu de la loi du 26 avril 1858, rouvertes par

(1) Elles fonctionnent : 1° à Bromberg (pour la Prusse orientale, le grand-duché de Posen); 2° à Breslau (Silésie); 3° à Francfort-sur-Oder (Poméranie et Brandebourg); 4° à Mersebourg (province de Saxe, duchés de Schwarzbourg, de Meiningen, d'Anhalt); 5° à Hanovre (Hanovre, Schleswig-Holstein); 6° à Münster (Westphalie); 7° à Cassel (Cassel, Dusseldorff, Waldeck, Schaumbourg-Lippe); 8° à Düsseldorff (Rhin supérieur).

(2) Voir pour plus de détails Louis Quesnel, *La colonisation intérieure de l'Allemagne* (G. Blondel, *Les classes rurales en Allemagne*).

celle du 27 avril 1872, et définitivement closes le 31 décembre 1883, elles reçoivent de la loi de 1891 une nouvelle existence et une nouvelle mission.

La Rentenbank remet au vendeur les trois quarts du prix du bien rural en lettres de rentes au porteur, garanties par l'État (représentant vingt-sept fois le montant de la rente en obligations 3 1/2 —, ou vingt-trois fois et demi en obligations 4 o/o). C'est elle qui devient crédi-rentière au regard du colon. L'autre quart doit être versé par l'acheteur lui-même soit en une somme d'argent, soit au moyen d'une rente qui n'est pas amortissable. L'acquéreur opère son remboursement en soixante annuités et demie comprenant intérêts et amortissement —, ou en cinquante-six et demie, suivant le taux des arrérages (3 1/2 ou 4 o/o). La banque reçoit en réalité 0,5 p. 100 de plus qu'elle ne paye; c'est avec ce boni qu'elle fait des avances au colon pour les frais de première installation et la construction des bâtiments; ces avances lui sont restituées sous la même forme [1].

D. Le 23 mars 1896, le baron von Hammerstein, ministre de l'agriculture, déclarait à la Chambre des Députés (au Landtag) qu'au 1er janvier 1896, il existait 7,648 Rentengüter, répartis sur 81,647 hectares, et que les commissions disposaient, en outre, de 83,312 hectares, sur lesquels allaient commencer de nouvelles opérations. Sur les 7,648 Rentengüter, 5,070, représentant 53,314 hectares, étaient définitivement morcelés et en période d'exploitation, et représentaient une valeur de 45 millions de marks. Ces chiffres ont même été contestés par M. Waldhecker [2], qui déclare qu'au 1er janvier 1896, il n'y avait que 5,021 Rentengüter, sur une surface de 53,116 hectares.

Au 1er janvier 1898, une statistique fournie par MM. Sterneberg, sous-secrétaire d'État au ministère de l'agriculture, établit

[1] Le Parlement autrichien a été saisi en 1896-1897 d'un projet de loi élaboré par un ancien ministre de l'agriculture, le comte de Falkenhayn, en vue d'établir des Rentengüter semblables à ceux de Prusse.

[2] Waldhecker, *Ansiedlungskommission und Generalkommission.* (Jahrbuch für Gesetzgebung, 1897, p. 201 et suiv.)

que 7,104 Rentengüter ont été créés sur une superficie de 107,096 hectares, pour 60,330,989 marks[1].

La constitution des Rentengüter (lois de 1890-1891) ne semble pas avoir eu beaucoup plus de succès que celle des biens de colonisation (Ansiedlungsgüter de la loi de 1886). De graves erreurs paraissent s'être glissées dans l'estimation de la valeur du sol; on aurait imposé aux paysans des redevances trop élevées et créé des domaines trop petits pour suffire à l'entretien d'une famille. M. Waldhecker considère que la colonisation proprement dite de 1886 était plus efficace et moins onéreuse que celle instituée en 1890. La Commission de 1886 achète elle-même et pour son compte; elle peut transformer les biens à son gré, en réaliser la vente au moment opportun. Elle ne fait point de bénéfices, et procure cependant les avantages d'une acquisition directe. Les commissions générales de 1890 ne sauraient, à raison de leur rôle limité d'intermédiaires, assurer les mêmes facilités. C'est cependant à ces dernières que les colons s'adressent de préférence, parce qu'elles n'empiètent en rien sur leur liberté; dans le système de 1886, au contraire, il subsiste toujours une partie de la rente irrachetable (1/10), si bien que jamais le colon ne se sent libéré de la tutelle de l'État.

Une loi récente a même sanctionné une nouvelle entremise gouvernementale : c'est celle du 12 juillet 1900, sur le crédit intermédiaire. Elle permet de prélever jusqu'à concurrence de 10 millions de marks sur les fonds de réserve des banques de rente, pour faciliter : 1° l'acquittement des dettes et des charges qui grèvent les domaines à morceler; 2° la construction des bâtiments d'exploitation et des maisons d'habitation sur les biens de rentes nouvellement créés. Jusqu'alors, le vendeur s'adressait à un établissement privé pour obtenir les ressources nécessaires au payement de ses dettes hypothécaires, et se trouvait contraint de lui céder tout ou partie de ses droits sur la lettre de rente. L'acquéreur, pour trouver un premier fonds de roulement sollicitait le concours onéreux de prêteurs exigeants. — Le Gouvernement a voulu dimi-

[1] Cf. Aal, *Das preussische Rentengut*; Lefébure, *La réforme agraire en Prusse.*

nuer ces charges, et a substitué son propre crédit à celui des particuliers.

En échange de ces multiples services, l'État a, il est vrai, imposé au colon propriétaire ou fermier des restrictions graves à la libre disposition de ses biens [1]. Il prétend ainsi conserver au domaine sa contenance et sa destination primitives, et entraver les caprices individuels qui pourraient compromettre le succès général de l'œuvre de colonisation intérieure. — Mais la réglementation des actes de disposition entre vifs était insuffisante. Le décès du colon eut pu entraîner des partages, qui auraient détruit l'unité de l'exploitation et ruiné son ordonnance. De là de nouvelles interventions législatives en 1896 et 1898, ayant pour but d'imposer aux possesseurs d'Ansiedlungs et de Rentengüter, les règles de la transmission intégrale à un héritier privilégié. Le principe en est emprunté au droit coutumier depuis longtemps pratiqué dans certaines provinces allemandes. On ne saurait en apprécier ni le fondement ni la portée, sans en connaître auparavant les origines.

III. CONSERVATION DES BIENS DANS LA FAMILLE.

TRANSMISSION INTÉGRALE ET INDIVISIBILITÉ.

A. Ce sont de très vieux usages, en effet, qui fixent en plusieurs régions de l'Allemagne le régime successoral des biens ruraux [2].

1. En *Saxe*, par exemple, le petit domaine, le « Hof », apparaît comme une sorte de propriété familiale, dont le propriétaire n'est qu'un dépositaire à vie. A son décès, il ne peut être question de diviser le bien entre des héritiers égaux en droits, mais seulement

(1) Voir plus bas, chapitre IV.

(2) Une enquête sur les rapports entre le bien-être des populations et les divers régimes successoraux en vigueur dans le royaume de Prusse a été faite sur les ordres du Gouvernement, en 1894. Des circulaires ont été, à cet effet, adressées aux gouverneurs de provinces et aux présidents des Cours d'appel. La direction de l'enquête a été confiée à M. Max Sering, professeur à Berlin. — Voir les rapports de MM. Wygodzinski, pour les provinces rhénanes; du comte de Spee, pour la Westphalie; de M. Grossmann, pour le Hanovre. — Voir, pour la Bavière : Dr L. Fick, *Die Erbfolge im rechtsrheinischen Bayern*.

Cf. Blondel, *op. cit.*, IIe partie, et *Bulletin de la Société de législation comparée*, 1897-1898, p. 283 et suivantes; Verdelot, *op. cit.*, *De lege ferenda*.

d'en attribuer la conservation à celui qui en est le plus digne par ses capacités ou par son âge, à celui qu'on appelle l'héritier privilégié, «l'Anerbe». Cette prérogative entraîne, il est vrai, certaines charges. La famille n'est pas expropriée sans compensations, elle a droit à l'entretien : l'héritier privilégié assure donc la subsistance des célibataires mineurs; il dote ses sœurs; il constitue un pécule à ceux de ses frères qui émigrent; il recueille les parents et alliés qui ont vainement cherché fortune au dehors. C'est bien le paterfamilias modernisé, qui remplit une fonction sociale.

Cette tradition se perpétue depuis des siècles, variant dans ses modalités d'une localité à l'autre, sans perdre de son caractère ni de sa force.

2. On la retrouve à peu près identique en *Bavière*. Là, c'est presque toujours un acte entre vifs, rappelant quelque peu notre partage d'ascendants, qui assure la transmission intégrale du bien à un seul héritier.

Vers l'âge de 60 ou 65 ans, le paysan cède son domaine à un de ses enfants, à charge par lui de lui verser une pension annuelle, ou des prestations en nature, d'acquitter ses dettes et d'allouer des indemnités aux autres enfants ainsi dépossédés. Ce contrat intervient souvent, lors du mariage de l'aîné, sous forme de constitution de dot.

Mais si les parents meurent avant la conclusion de ce pacte, la tradition n'en est pas moins respectée : les orphelins restent quelque temps co-possesseurs du bien; puis ils signent entre eux un arrangement du même genre, conforme aux volontés présumées des défunts.

A vrai dire, c'est moins l'âge que l'habileté professionnelle et la quotité des ressources disponibles qui fixent le choix du nouveau possesseur du domaine, de celui qu'on appelle l'entrepreneur (der Uebernehmer). On a soin également de calculer les soultes de telle manière que l'exploitation n'en puisse être obérée. L'estimation du bien est fixée, en effet, non à sa valeur vénale, mais à un taux bien inférieur qui est sa valeur productive. Ce n'est jamais tant des droits ou des intérêts des héritiers qu'on se préoccupe, que de l'utilité du domaine, qui est la chose de la famille, le bien qu'il s'agit avant tout de sauvegarder. Et la coutume est si fortement enracinée qu'elle l'emporte parfois sur l'autorité de la loi écrite elle-même.

3. Dans plusieurs *provinces rhénanes*, l'enquête de M. Wygodzinski établit que les mêmes mœurs se sont transmises, voisinant souvent avec des règles législatives toutes contraires. Dans le ressort de la Cour d'appel de Cologne, par exemple, le Sud admet le partage égal; le Nord pratique au contraire la transmission intégrale, et, dans cette dernière région, «l'esprit de famille est si puissant, écrit le Landrat de Clèves, qu'un seul enfant, le plus habile et le plus vigoureux, se marie; les autres restent sur le Hof et lèguent leurs parts à l'enfant marié.» Mêmes divergences dans la province de Hesse-Nassau : la partie occidentale (Francfort-sur-le-Mein) pratique la division héréditaire, tandis que l'Est est attaché aux vieux usages.

4. Mais les pays les plus curieux à étudier à ce point de vue sont la Westphalie et le Hanovre.

En *Westphalie*, la succession est généralement réglée par contrat, d'après la primogéniture, avec préférence des mâles à égalité de degré. Le patrimoine tant mobilier qu'immobilier est dans sa totalité attribué à l'enfant privilégié, à qui incombe par contre la responsabilité de tout le passif. Les parents se réservent soit l'usufruit et l'administration du bien, soit seulement leur entretien aux frais de l'exploitation. Pour s'assurer un héritier respectueux des convenances et de leurs droits, ils stipulent généralement la faculté de réclamer, en tout temps, une indemnité en argent, suffisante pour leur permettre de vivre hors du Hof.

Aux cohéritiers sont attribuées des soultes, qui ne sont payables qu'au moment de l'établissement de chacun d'eux. Jusque-là ils sont entretenus sur le domaine, en échange de leur collaboration aux travaux agricoles; les enfants infirmes, les malades, les valides en chômage peuvent toujours y réclamer un abri.

5. Dans le *Hanovre*, il n'intervient même point de contrat. La tradition verbale y règne incontestée. Le commentateur de l'enquête récente, M. Grossmann, affirme même que «maint propriétaire de Hof croit encore aujourd'hui qu'il ne lui est pas permis de

partager son bien par succession ; maint créancier de soulte ne sait pas encore que, de droit commun, il peut prétendre à la même soulte que le frère qui a repris le Hof ». Les avantages réservés à l'Anerbe y sont exceptionnellement importants. « Le paysan hanovrien aime le Hof sur lequel ses ancêtres ont été établis. . ., sur lequel sa famille doit trouver aussi à l'avenir un centre permanent d'existence. Il ne veut ruiner ni le Hof, ni l'Anerbe. . . Le maintien de la propriété foncière apparaît au paysan sous beaucoup de rapports comme un devoir » (Grossmann).

C'est ainsi, par exemple, que l'homme qui a épousé l'héritière d'un domaine renonce à son nom pour prendre celui du Hof.

Le minorat est même en faveur dans certains districts (l'ancienne principauté d'Osnabrück, par exemple) ; il a l'avantage de diminuer le nombre des mutations. L'attribution au plus jeune des enfants semble aussi mieux assurer le droit d'asile sur le Hof, et favoriser l'établissement plus avantageux des frères et sœurs dépossédés.

B. Sur l'origine de ces traditions, sur la nature de l'influence qui en a favorisé la persistante survivance, les opinions sont divergentes.

a. Certains veulent y voir les vestiges de l'ancienne législation germanique[1] : « L'indivisibilité du Bauernhof, au point de vue historique, s'explique par l'habitude de la vie en commun entre parents, que l'on retrouve chez toutes les races primitives et qui a donné naissance à plusieurs institutions importantes. Si cette indivisibilité se maintint pendant de longs siècles, c'est que le seigneur foncier avait intérêt à ce que l'un des enfants de son tenancier fût toujours responsable vis-à-vis de lui de l'acquittement de tous les services roturiers dus par le Bauernhof[2] ». L'occupation d'une

[1] FROMMHOLD, *Die rechtliche Natur des Anerbenrechts (nach der neuesten deutschen Höfegesetzgebung und das Verhältnis desselben zu dem älterem bäuerlichen Anerbenrecht)*, p. 9 et suivantes ; MIASKOWSKI, *Das Erbrecht und die Grundeigenthumsverteilung im deutschen Reiche*, IIe partie p. 135 et suivantes.

[2] JOBBÉ-DUVAL, *Annuaire de législation étrangère*, 1897, p. 176 et suivantes ; cf. BLONDEL et VERDELOT, *op. cit.*

terre, sa mise en valeur, ne sont pas considérées comme un droit, mais comme une mission. Un droit se partage, une fonction ne se divise pas, et cette fonction doit être remplie à la fois par un seul, comme chef de la collectivité familiale et comme suzerain vassal du seigneur. C'est là, dit-on, la conception des anciens Germains[1].

b. Des jurisconsultes et économistes allemands ont contesté l'exactitude de cette filiation[2]. L'Anerbenrecht, loin d'être une production autochtone, serait dû à une importation étrangère; il remonterait au droit romain. Chez les anciens Germains, le sol appartenait en commun à la famille, dont le père était le *negotiorum gestor*, le mandataire naturel.

Mais les collectivités s'étaient peu à peu dissoutes, et les partages s'opéraient entre fils et même entre filles. On avait abouti à la division des terres.

C'est chez les Normands qu'on rencontre pour la première fois une tradition différente, celle du droit de primogéniture. Importée en Angleterre après la conquête, dans le but de créer une aristocratie puissante, prête à défendre le territoire par les armes, elle passa en France et de là en Allemagne. Le droit du plus ancien à l'administration du fief se transforma en droit exclusif d'hérédité[3]. Ce sont les enseignements des juristes romains venus de France qui auraient contribué ainsi à instituer l'inégalité des partages successoraux.

c. A quelque doctrine qu'on se rattache, un fait est hors de doute : c'est que la coutume ainsi établie servait les intérêts de la féodalité, qui en favorisa le maintien. Le seigneur trouvait plus de garanties pour l'acquittement régulier des corvées et des impôts

(1) «Il y a un intérêt national, disait dans le même sens M. Miquel, en développant le programme ministériel, à voir le droit romain mobilier et municipal remplacé par le vieux droit germanique, immobilier et rural.» (Discours du 20 janvier 1896.) — Cf. M. de Riepenhausen (Reichstag, 25 février 1904).

(2) Voir notamment L. Brentano, *Gesammelte Aufsätze, Die Rentengutsgesetzgebung*. — Cf. Hertz, *Revue d'économie politique*, 1900, p. 197 et suivantes. — Dans le même sens, M. Gothein (Reichstag, 25 février 1904).

(3) Sumner-Maine et Schulze considèrent même que le droit mosaïque n'a pas été sans exercer quelque influence à cet égard, car on trouve dans la Bible, expressément formulé, le droit du premier né.

dans une tenure qui avait quelque consistance, tandis que partagé, morcelé, le bien pouvait déchoir et le vassal devenir du même coup insolvable.

La royauté avait les mêmes intérêts; elle suivit les mêmes errements. Le peuple s'était attaché aux vieux usages; les gouvernements trouvèrent avantage à les maintenir.

d. Mais il vint un moment où il fut jugé nécessaire de mettre un peu d'ordre dans ces règles diverses, variables à l'infini, et d'unifier les mœurs, dans le temps même où on songeait à resserrer l'union des États confédérés. Et franchissant ainsi plusieurs siècles, nous arrivons à l'époque contemporaine qui s'ouvre en 1870.

Des préoccupations nouvelles se sont fait jour : la Prusse cherche à rapprocher les populations si différentes qui l'entourent. Les provinces nouvellement conquises, le Hanovre, le Schleswig-Holstein, gardent jalousement le respect de traditions très particulières, mais très fortes. Il faut, sans heurter des susceptibilités, sans violenter des consciences rebelles, atténuer cependant des divergences menaçantes.

Bientôt apparaît la crainte de dangers économiques graves : l'agriculture commence à subir une crise : on en attribue la cause à un morcellement exagéré de la propriété rurale; on entrevoit la nécessité d'une reconstitution de la moyenne propriété. Et pour éviter les divisions nées des partages successoraux, on songe à remettre en honneur l'antique coutume, à en favoriser, à en généraliser la pratique. Et c'est ainsi que depuis trente ans, dans cette rénovation législative, une évolution lente se dessine, marquée par une série d'essais et de compromis.

C. La première intervention réglementaire en ce sens date de 1874, elle inaugure le système connu sous le nom de *Höferollen* (registres des domaines ruraux).

1. *Historique.* — Le Hanovre, lors de son annexion, était menacé de recevoir la législation de son vainqueur, le Landrecht prussien. Mais des protestations s'élevèrent, et les organes officiels s'en firent l'écho. La législation successorale avait, en effet, une

importance considérable; elle assurait la conservation du sol entre les mains des indigènes. Aussi les Hanovriens demandaient-ils que, dans les décès *ab intestat*, on appliquât le principe de la transmission intégrale. En cas de silence, le défunt devrait être présumé désirer le maintien des traditions familiales. Le gouvernement prussien ne pouvait se ranger à cet avis : l'atteinte à l'unification législative du pays eût été trop flagrante. On aboutit à un compromis, accepté par la diète de Hanovre. Ce fut la loi du 2 juin 1874.

C'est le droit commun qui régit en principe les biens ruraux (les Bauernhöfe). Mais il est loisible au propriétaire de les y soustraire en consignant sa volonté sur des registres spéciaux (Höferollen) tenus au siège de chaque tribunal cantonal.

Ce système a peu à peu été étendu aux provinces voisines, au grand duché d'Oldenbourg (loi du 24 avril 1873), au Schleswig-Holstein, à la Westphalie (loi 1882), au Brandebourg (règlement du 10 juillet 1883), à la Silésie (règlement du 24 avril 1884). Des différences de détail séparent ces textes; les principes essentiels restent les mêmes.

2. *Législation.* a. *Objet.* — Peut être inscrite dans les Höferollen, d'après la loi hanovrienne, toute exploitation agricole, pourvue d'une maison d'habitation (art. 5 de la loi du 2 juin 1874, modifiée par les lois des 24 février 1880 et 20 février 1884);

En Oldenbourg, toute propriété pourvue d'une maison d'habitation, sans qu'il y ait besoin qu'une exploitation agricole y soit jointe (loi du 24 avril 1873, § 3);

Dans le Brandebourg, toute propriété servant à une exploitation agricole ou forestière, produisant au moins un revenu net de 75 marks.

Si, malgré certaines critiques, un minimum a été établi, il n'existe pas de maximum : l'inscription peut être requise pour tout bien rural, quelque considérable qu'il soit; tandis que les toutes petites exploitations ont été jugées sans importance agricole et ont été mises hors la loi.

b. *Dévolution.* — Une fois inscrit, le bien devient un « Anerbengut »; il est soumis aux règles de la transmission héréditaire intégrale. Au décès du propriétaire, il passe à un héritier unique, désigné soit par le *de cujus*, soit par la loi, soit par les héritiers eux-mêmes, dans une sorte de conseil de famille, soit même, d'après certains textes, par le sort.

Dans le Hanovre et le Brandebourg, la règle ne reçoit d'application qu'en cas de descendance directe; les mâles sont généralement préférés, sans exclure complètement les femmes.

Mais il est à remarquer que le régime des biens entre époux n'en est pas modifié. La veuve peut conserver le Hof jusqu'à la majorité de l'héritier, elle l'administre librement; et l'Anerbe, quand il prend possession du bien, lui remet la part de succession à laquelle elle a droit.

c. *Avantages conférés à l'héritier privilégié.* — D'après les vieilles coutumes, l'Anerbe était considéré comme le seul héritier du Hof. Il n'était tenu à l'égard des autres membres de la famille que d'obligations morales. Le Hof ne figurait pas dans le patrimoine du *de cujus;* il constituait une sorte de préciput accordé à l'héritier privilégié. Cette anomalie n'a jamais entièrement disparu; mais les principes d'égalité moderne en ont atténué la rigueur.

On se borne à alléger les charges de l'Anerbe, sans les supprimer. On lui attribue des avantages exceptionnels, pour lui permettre de continuer sans difficultés la gestion du domaine.

En premier lieu, on opère une réduction dans l'estimation même du bien, en l'évaluant non d'après sa valeur vénale, mais d'après son revenu net capitalisé à un taux minime. La loi hanovrienne a même déterminé les bases de cette appréciation. On fixe le produit annuel du bien, diminué de toutes les charges héréditaires; on le capitalise à 5 p. o/o; on y ajoute le prix réel du matériel; et le chiffre ainsi obtenu est censé représenter dans la masse héréditaire la valeur du Hof.

De plus, la loi sanctionne certaines faveurs directes: en Hanovre, et dans le Schleswig-Holstein, un tiers de la valeur du domaine est attribué à l'Anerbe comme préciput.

L'héritier doit, il est vrai, une soulte représentative aux autres descendants. Mais il a des délais exceptionnels pour s'acquitter, et parfois il obtient le droit de n'en verser que la rente.

d. *Liberté du propriétaire.* — L'Anerbenrecht légal ainsi entendu, ne reçoit qu'une application subsidiaire. Le propriétaire du Hof peut l'exclure par la radiation de son inscription sur le registre, ou par une disposition testamentaire. Il peut ainsi en modifier certaines règles; il lui est par exemple loisible de fixer lui-même la somme à laquelle il entend que son bien soit évalué.

3. *Résultats.* — Dans les provinces où la loi n'est intervenue que pour sanctionner la coutume, pour en limiter plutôt que pour en favoriser l'extension, les paysans se sont plaints de la contrainte qui leur était imposée : ils ont invoqué des usages séculaires. Ils ont néanmoins mis à profit la faculté qu'on leur laissait. Au 1er janvier 1895, on comptait dans le Hanovre 66.334 domaines ruraux inscrits, soit la moitié environ de l'ensemble; mais l'inscription y est considérée comme une nécessité politique: elle est une manière de lutter pacifiquement contre l'empiètement des acquéreurs prussiens, en conservant au sol sa nationalité d'origine.

Dans les régions, au contraire, où l'Anerbenrecht a été implanté ou généralisé par le Gouvernement prussien qui en attendait des effets économiques précis, la réforme a été inefficace. Le paysan, négligent, hésite à se déplacer pour se soumettre aux formalités d'inscription.

C'est la noblesse terrienne qui semble seule s'y être prêtée, parce qu'elle espère ainsi ressusciter à son profit certaines traditions féodales.

Le compromis n'a donc satisfait personne; et le législateur a dû modifier sa tactique. Une nouvelle étape a été franchie vers 1895.

D. Estimant que la transmission intégrale des biens ruraux était nécessaire au maintien d'une favorable répartition du sol et au relèvement de l'agriculture, le Gouvernement prussien résolut de l'imposer. Contraindre les libres propriétaires, c'était porter atteinte à des droits acquis. Mais il était une clientèle qu'il pouvait réglementer sans violence, parce qu'elle tenait de lui tous ses avantages et devait, par suite, se soumettre à toutes ses conditions.

C'étaient les colons dont les lois de 1886 et 1891 avaient favorisé l'établissement. L'État conserve un droit de surveillance sur le domaine, tant qu'il n'est pas remboursé de sa dette. Il peut donc interdire des partages, qui compromettraient une bonne exploitation et diminueraient la valeur de son gage. C'est cette prohibition qu'il édicta, en effet, dans la loi du 8 juin 1896[1].

a. *Objet* (art. 1er). — Sont Anerbengüter, ou biens soumis à la règle de la transmission intégrale, à partir du moment où cette qualité est mentionnée dans le livre foncier :

1° Les Rentengüter, — les biens créés ou à créer par les soins des commissions générales de 1891, — et ceux qui sont devenus ou deviendront débiteurs d'une rente foncière vis-à-vis de la Rentenbank;

2° Les biens que l'État a aliénés moyennant l'établissement d'une rente foncière (loi du 8 juin 1890);

3° Les Ansiedlungsgüter, les biens créés par la Commission de colonisation de 1886.

b. *Formalités* (art. 2). — L'inscription sur le registre foncier est nécessaire pour donner au bien la qualité d'Anerbengut; mais elle est opérée non pas en vertu de la volonté libre du proprié taire, mais sur l'initiative même de l'autorité compétente (Commission générale, ou de colonisation, organe qui a représenté l'État dans la constitution du Rentengut).

c. *Dévolution* (art. 10). — Le bien inscrit revient à l'héritier privilégié, ipso jure, même en cas de décès ab intestat. Une disposition expresse du de cujus peut seule faire échec à cette règle.

Ont exclusivement la qualité d'Anerben, les descendants, les

[1] Voir la remarquable notice de M. Jobbé-Duval (*Annuaire lég. étrang.*, 1897, p. 176-189).

frères et sœurs, les neveux et nièces dans certains cas, mais à aucun titre les ascendants.

Là où les lois spéciales aux Höferollen sont en vigueur, leurs dispositions s'appliquent pour régler l'ordre de préférence des héritiers (Brandebourg, Silésie, etc.).

Dans les autres parties de la Prusse, l'ordre de préférence est le suivant : les enfants véritables passent avant les adoptifs, les légitimes avant les illégitimes (qui héritent de leur mère, non de leur père); on choisit : 1° le fils aîné; 2° ses descendants masculins; 3° la fille aînée du fils aîné; 4° la fille aînée du défunt et ses descendants. Mais le défunt garde le droit de désigner lui-même le futur Anerbe[1].

d. *Droits de l'Anerbe.* — En étant investi de l'hérédité, l'Anerbe acquiert la propriété du domaine et de ses dépendances. Sont considérés comme accessoires (art. 16.) :

1° Les droits de servitude existant en faveur du domaine;

2° Les maisons et communs; les bois, les arbres;

3° Les objets figurant dans l'inventaire : le bétail, les instruments aratoires, le mobilier, les engrais, les provisions en fruits et autres produits destinés à servir à l'exploitation jusqu'à la prochaine récolte.

Pour estimer le bien, on capitalise le revenu net moyen de l'exploitation régulièrement entretenue, déduction faite des impôts, — au taux de 4 p. o/o (et non plus 5); on en retranche une somme qui représente les charges éventuelles de l'Anerbengut (aliments des vieux parents, asile des co-héritiers mineurs ou infirmes, etc.).

Pour liquider le passif, on capitalise les rentes qui restent à payer à la Rentenbank à 4 p. o/o, on y ajoute les autres dettes; ce total, clause exorbitante du droit commun, est payé sur le surplus de la succession, si bien que les charges particulières du Hof vont grever l'ensemble du patrimoine. De plus, un préciput d'un tiers est attribué à l'Anerbe (art. 18). Le surplus sera seul partagé entre tous les héritiers, l'Anerbe y compris.

[1] M. Miquel avait déclaré (Chambre des seigneurs, 27 février 1896) que si l'opinion des paysans n'y était pas en majorité hostile, c'est le minorat qui serait la meilleure solution.

e. *Droits des cohéritiers (Abfindlinge).* — Les cohéritiers ne peuvent pas réclamer leur part en capital, lorsque celle de l'un d'eux dépasse la valeur de 80 marks, ou que, toutes réunies, elles excèdent le montant du revenu annuel de l'Anerbengut. Ils sont payés des soultes qui leur sont dues au moyen de rentes amortissables, calculées à 4 p. 0/0 de leur part héréditaire, avec un supplément de 1 1/2 p. 0/0 d'amortissement (art 20 et 21).

Ce principe très important ne fut adopté qu'après une longue discussion. On fit surtout valoir, pour le justifier, l'argumentation empruntée à la théorie de Rodbertus sur le « Rentenfonds » et développée dans l'exposé des motifs du projet : le sol ne constitue pas un capital par lui même; il n'est même pas susceptible d'en créer. Il n'est qu'une source de revenus, un fonds productif de rentes. Il ne peut donc être grevé de charges que sous cette même forme.

L'Anerbe a le droit de convertir sa dette, après un avertissement donné trois mois à l'avance au crédi-rentier, en remboursant le capital non encore amorti. Celui-ci au contraire ne peut jamais réclamer ce rachat.

Les cohéritiers reçoivent une importante compensation. Ils ont la faculté de s'adresser à la Rentenbank et de lui demander le versement d'un capital en échange de leur créance. La Rentenbank se substitue à eux et devient dès lors crédi-rentière (art. 17). La Commission générale apprécie souverainement les cas où la banque peut intervenir. A leur choix, les intéressés reçoivent d'elle des titres négociables 3 p. 0/0 ou 3 1/2 p. 0/0, représentant 26 fois ou 24 fois 1/2 le montant de la rente successorale; ou bien une somme liquide (art. 22).

De plus, si l'Anerbe aliène le domaine avant un délai de vingt ans depuis la mort du de cujus, il doit reverser à la masse le montant de son préciput, à moins que l'acquéreur ne soit lui-même un héritier institué par l'Anerbenrecht (art. 26). Et en cas de vente, les cohéritiers ont un droit de préemption, qui disparaît à la mort de l'Anerbe, ou après une première aliénation opérée sans opposition (art. 27).

E. Un second pas, plus important encore, a été fait récemment dans la même voie. Lors de la préparation du nouveau Code civil allemand, on discuta longuement l'opportunité d'une généralisation du système de l'Anerbenrecht. Après d'ardentes polémiques, malgré l'insistance pressante de plusieurs jurisconsultes autorisés, il fut jugé bon de renoncer à une innovation obligatoirement imposée à tous, parce qu'elle aurait heurté les sentiments d'une grande partie de la population. Mais on reconnut le droit pour chaque État, et même chaque province, de conserver sa législation particulière.

Avant même la mise en vigueur du nouveau Code, la Prusse profita de cette liberté pour réglementer, dans la province de Westphalie et dans certains cercles rhénans, l'Anerbenrecht des biens ruraux (loi du 2 juillet 1898)[1].

Le principe est celui de la loi de 1896 : Pour acquérir la qualité d'Anerbengut, le bien doit être inscrit sur le registre foncier (art. 1er); l'inscription est obligatoire (art. 3), sauf exceptions (art. 4), pour tous les « domaines ruraux » (Landgüter), c'est-à-dire ceux qui sont principalement destinés à l'exploitation agricole ou forestière et à l'entretien propre de la famille, et qui sont pourvus d'une maison d'habitation, alors même que ces derniers locaux seraient distants des terres (art. 2). Pour les biens, dont le revenu imposable à la contribution foncière est inférieur à 60 marks, l'inscription n'a lieu cependant qu'à la demande du propriétaire (art. 8). La radiation est opérée dans la même forme.

Remarquons toutefois que le législateur énumère certains districts, peu familiarisés avec la règle de la transmission intégrale, et dans lesquels il laisse à l'intéressé la libre initiative de l'inscription.

Dans les autres, il a même pris des précautions pour sauvegarder les droits du possesseur, qui doit être entendu, avant que le commissaire spécial ne requière l'immatriculation.

En cas de dissentiment, la question est portée devant une com-

(1) *Annuaire lég. comparée*, 1899 (p. 251 et suiv.); Cf. *Bullet. soc. lég. comp.*, 1898-1899 (p. 597 et suiv.). Le projet, qui n'avait rencontré aucune objection sérieuse à la Chambre des seigneurs, avait été fortement attaqué à la Chambre des Députés par les libéraux; il ne passa que grâce à l'énergique obstination des conservateurs et du centre.

mission spéciale (Anerbenkommission), composée du commissaire président et de deux experts nommés par la diète de cercle parmi les propriétaires ruraux. La Commission rend une décision motivée qui peut être attaquée dans les deux semaines par le propriétaire ou par le commissaire spécial, devant une commission d'appel de cinq membres (deux membres de la Commission générale désignés par le Ministre de l'agriculture et trois experts choisis par la Chambre d'agriculture), qui statue définitivement.

La dévolution s'effectue dans les conditions prévues par la loi de 1896; mais le minorat est appliqué dans plusieurs districts.

Sur les rapports entre l'Anerbe et ses cohéritiers, certaines dispositions nouvelles sont à signaler :

1° Si les soultes dues ne dépassent pas 100 marks, elles sont exigibles en capital;

2° Le crédi-rentier peut réclamer le rachat de la rente que l'Anerbe lui verse à titre d'indemnité, six mois après la demande qu'il en a faite;

3° L'Anerbe doit abandonner son préciput aux cohéritiers, s'il aliène le domaine non plus dans les vingt ans, mais dans les quinze ans de son entrée en possession (art. 24 et suiv.);

4° Les frères et sœurs ont le droit de réclamer un entretien convenable sur le domaine jusqu'à leur majorité, en échange d'une collaboration effective, proportionnée à leurs forces. L'Anerbe ne peut se libérer de cette obligation familiale par le payement des soultes; mais les intéressés perdent tout droit à l'assistance en nature, du jour où ils en réclament le versement (art. 35).

Cette dernière disposition laisse entrevoir les intentions du législateur. Il rajeunit d'anciennes coutumes, pour reconstituer une demi-féodalité rurale. L'Anerbe est investi d'une véritable charge sociale comme jadis le seigneur sur son fief. C'est un chef; il jouit de privilèges, mais il est tenu d'obligations précises. Il exerce sa mission sous la haute tutelle de l'État, qui surveille ses actes et limite son initiative.

F. Si la nouvelle législation de l'Empire n'édicte pas de règles fixes pour généraliser l'application de l'Anerbenrecht, elle a dû en prévoir néanmoins le maintien, et dans une certaine mesure elle en a favorisé l'extension.

L'article 64 de la loi d'introduction au Code civil dispose en effet : « Il n'est pas dérogé aux prescriptions des lois des États sur l'Anerbenrecht, en matière d'exploitations agricoles et forestières avec leurs dépendances. Les lois des États ne peuvent pas limiter le droit du de cujus de disposer, mortis causa, des biens soumis à l'Anerbenrecht. »

Le droit commun facilite lui-même la transmission intégrale, en étendant la liberté de tester. La réserve est uniformément fixée à la moitié de la part héréditaire ab intestat ; la quotité disponible est au minimum, et en tous les cas, de la moitié (art. 2303-2305 C. civ.). D'autre part la légitime consiste en un simple droit de créance. Elle représente non une part de la succession en nature, *in specie*; mais seulement une fraction de sa valeur en argent. « De cette manière, il devient notamment possible de conserver leur destination à des éléments de grande valeur figurant dans la succession, comme des immeubles ruraux, des usines, etc. . . .[1]. »

L'article 2049 a, de plus, étendu à toutes les successions le principe de l'estimation des biens en revenu, substituée à leur appréciation vénale; généralisant ainsi un des privilèges accordés par les lois spéciales à l'Anerbe : « Lorsque le défunt, y est-il dit, a ordonné qu'un des cohéritiers aurait le droit de recueillir un domaine rural dépendant de la succession, il y a lieu de décider en cas de doute que ce domaine sera estimé pour sa valeur en revenu. Cette valeur se détermine d'après le revenu net que le domaine peut donner d'une façon constante avec une exploitation régulière d'après sa destination économique antérieure. »

Il est à remarquer enfin que les substitutions sont possibles ; limitées, il est vrai, à trente années, elles deviennent inefficaces, quand le droit de l'appelé ne s'est pas ouvert trente ans après l'ouverture de l'hérédité du disposant; et d'autre part le Code attribue aux héritiers comme au père de famille une faculté assez large de prendre des arrangements sur successions futures.

[1] Haidlen, *Bürgerliches Gesetzbuch.*

L'évolution que nous avons signalée se poursuit ainsi, on le voit, pour tout l'Empire, dans la législation la plus récente.

G. Le mouvement a gagné même les monarchies voisines. En Autriche, les anciens usages observés en matière successorale avaient jadis reçu une consécration légale. Mais, en 1868, on jugea bon d'imposer la règle uniforme du partage. Le Tyrol seul fut autorisé à conserver l'antique coutume (loi du 27 juin 1868). Ce fut une «mesure peu heureuse»[1].

Au bout de peu de temps, on put constater une augmentation sensible dans le chiffre des impôts arriérés, dans le nombre des exécutions forcées et des expropriations. Une enquête dirigée par le Ministre de l'agriculture, en 1881, établit nettement la gravité de cette situation et préconisa, parmi les remèdes à tenter, un retour aux traditions sur l'indivisibilité des biens. Une loi en ce sens fut promulguée le 1er avril 1889; elle est encore en vigueur.

a. Elle n'est applicable, il faut le remarquer avec soin, qu'aux biens ruraux de moyenne étendue (für landwirschaftliche Besitzungen mittlerer Grosse). Dans chaque province, la diète locale détermine ce qu'il faut entendre par bien de moyenne grandeur; elle fixe également ce qui compose l'annexe du domaine (art. 1er).

b. Le propriétaire est libre de disposer de son bien entre vifs ou par testament (art. 3). Les règles édictées par la loi ne s'appliquent donc qu'en cas de succession ab intestat. Un seul principe domine : celui de l'héritier unique. Le proprétaire a la faculté de le désigner, sans observer les indications réglementaires. Mais, en tous cas, «le domaine rural et ses dépendances ne pourront passer qu'à un seul héritier» (art. 4.).

C'est encore la législation particulière de chaque province qui détermine l'ordre de préférence, suivant lequel les successibles sont appelés à l'héritage.

c. L'Anerbe devient seul propriétaire du domaine, moyennant des soultes à payer aux cohéritiers. La valeur en est fixée par un accord amiable, à défaut duquel le tribunal statue sur expertise,

(1) Buchenberger, p. 445.

Le payement en est d'ailleurs singulièrement facilité : un délai de trois ans au minimum (art. 9) est accordé dans ce but à l'Anerbe, qui jouit en outre d'un préciput (1/3 au maximum) [art. 10].

L'application de toutes ces règles dépendait de la volonté des diètes provinciales. En fait, elles ont peu usé de la faculté qui leur était offerte, et les documents officiels constatent l'avortement de la réforme[1].

H. L'Anerbenrecht ne fut pas la seule institution que le législateur moderne emprunta au passé. *Le fidéicommis* joue encore un rôle dans le régime successoral des biens ruraux, qu'il transforme en véritables biens de famille.

A vrai dire, l'origine du fidéicommis est toute féodale : son unique objet fut de donner jadis une solide assise terrienne à la noblesse; il permettait de perpétuer, par la possession exclusive du sol, l'éclat d'un nom, la puissance d'une fortune. Tandis qu'en France la Révolution fit, en 1789, définitivement table rase d'un tel régime, il eut, de l'autre côté du Rhin, une force de résistance plus durable. Aboli au début du siècle, il reparut; et les efforts du libéralisme de 1848 n'en purent avoir raison. Une loi du 2 juin 1852 lui donna en Prusse une nouvelle consécration; les autres États suivirent bientôt cet exemple.

On connaît les formes et les effets du fidéicommis en général. Il revêt en Allemagne des caractères particuliers qu'il n'est pas inutile de marquer brièvement.

Toute personne capable (sauf en Bavière et dans le duché de Bade, où il faut de plus justifier d'un titre de noblesse), peut fonder un fidéicommis en en manifestant expressément le désir. Cette fondation peut consister en une chose durable et frugifère, quelle qu'elle soit; en Prusse cependant, elle n'est admise que pour les immeubles ruraux, et à la condition qu'ils produisent un revenu libre, net de toutes charges, de 7,500 marks au minimum. En avière, le revenu minimum est fixé à 1,500 ou 2,000 florins.

Le fidéicommissaire est propriétaire du bien, mais il est limité

[1] Miaskowski, *op. cit.*

dans sa liberté d'en disposer. Son droit est, en Prusse, comparable à une sorte de domaine utile, tandis qu'à la famille resterait attaché le domaine éminent. — La conception bavaroise est plutôt celle d'une co-propriété qui subsiste entre le titulaire et les parents. Celui-là garde la possession immédiate, la jouissance, l'administration. Ceux-ci, au contraire, n'ont qu'un droit de succession éventuel, en expectative; mais cette possibilité les autorise à intervenir, dès qu'il s'agit d'une modification ou d'une aliénation du bien.

Au décès du possesseur, le domaine passe à un seul héritier, qui tient son droit non du *de cujus*, mais du fondateur primitif du fidéicommis. C'est tantôt le majorat, tantôt le minorat qui règle cette dévolution, généralement réservée aux parents par les mâles.

Si nous avons rappelé ici les principes de cette institution, c'est que, pour toute une école économique[1], elle répond, encore aujourd'hui, aux besoins de la propriété foncière en Allemagne. Elle assure, mieux que l'Anerbenrecht, la transmission intégrale des exploitations agricoles, et garantit ainsi leur consistance et leur productivité.

Il est vrai qu'elle ne s'applique guère qu'à la grande propriété. En 1895, les 2 millions d'hectares qui, sur 35 millions de superficie totale, étaient soumis au fidéicommis, comprenaient en majeure partie de vastes domaines forestiers.

Les propriétés fidéicommissaires ne comptent en Bavière que pour 2.12 p. 100 de l'ensemble du royaume[2].

I. Aussi était-il naturel que les partisans de la succession fidéicommissaire songeassent à la transformer pour l'adapter à la moyenne et à la petite propriété rurale. C'est ce qui a été tenté depuis près de cinquante ans dans certaines partic de l'Empire: en Bavière (loi du 22 février 1855), dans la Hesse (loi du 11 septembre 1858), dans le Mecklembourg-Schwerin (ordonnance du 24 juin 1869), par la création des «*Erbgüter*», de ce qu'on a justement appelé les «fidéicommis paysans»[3].

(1) Voir Miaskowski, *op. cit.*; Gerber, *op. cit.*

(2) *Zeitschrift des königlichen preussischen statist. Bureau.* 37e année, 1897.

(3) Verdelot, *op. cit.*

En Bavière, tout propriétaire peut constituer un Erbgut, pourvu que le bien soit consacré à l'agriculture et ait une valeur minima de 8,000 marks. Il doit manifester sa volonté dans un acte public ou dans un testament privé. La qualité d'Erbgut est inscrite sur le livre foncier (autrefois le registre hypothécaire). Cette immatriculation a pour effet de limiter les actes de disposition entre vifs du titulaire, et d'entraîner l'application partielle de l'Anerbenrecht pour la transmission successorale du domaine.

L'Erbgut ne peut, en effet, être attribué qu'à un héritier unique (loi de 1855, art. 11), choisi dans trois classes de successibles : 1° les descendants; 2° les frères et sœurs germains, et descendants du 1er degré; 3° les frères et sœurs consanguins et utérins, et descendants du 1er degré (art. 9). — La désignation en est faite par le propriétaire; à défaut, par les héritiers eux-mêmes (art. 13); si l'entente ne peut s'établir entre ces derniers, c'est l'Anerbe propriétaire, mâle, le plus âgé qui reçoit l'investiture même de la loi.

Le successeur a droit à un préciput, dont la quotité s'élève à mesure que s'éloigne la parenté des autres successibles et qui varie de un tiers à cinq sixièmes. Il verse des soultes à chaque branche de cohéritiers représentée. Les échéances sont fixées d'après les besoins présumés des intéressés. Sont-ils mariés ou établis qu'ils peuvent en exiger le payement au bout d'un an. Au cas contraire, ils ne l'obtiennent que six mois après une demande expresse, qui ne peut intervenir utilement qu'à l'expiration d'un délai de trois ans, courant soit de la majorité révolue de l'Anerbe, soit de l'ouverture de la succession.

La transmission peut également être réglée entre vifs (art 10, § 1er).

Dans la Hesse-Darmstadt, l'Erbgut doit représenter une valeur minima de 26,000 marks, être pourvu des bâtiments nécessaires ou des moyens suffisants pour les édifier.

En réalité, cette législation est restée presque sans application pratique. En 1872, dix-sept ans après l'entrée en vigueur de l'acte de 1855, on comptait en Bavière 4 Erbgüter; en 1894, ils étaient réduits à 3; et dans la Hesse-Darmstadt, on n'a pu en citer qu'un seul cas.

Les auteurs du nouveau Code civil ont cependant jugé opportun de maintenir intactes ces réglementations locales par une disposition formelle qui semble exprimer un encouragement platonique, en même temps qu'une manière de regret. (Loi d'Introduct. art. 59.)

J. On ne peut nier, en effet, l'effort persévérant que tente l'Allemagne moderne pour faire revivre d'antiques traditions. Il y a quatre ans, en Saxe, on promulguait encore un véritable code en 110 articles, sur les *majorats*, qui rappelle dans ses grandes lignes la législation sur le fidéicommis (loi du 7 juillet 1900) (1). Les biens qui peuvent faire partie d'un majorat, y est-il édicté, doivent être des immeubles (art. 1er), et produire au moins 9,500 marks de revenus (art. 2), sans pouvoir être grevés d'hypothèques pour plus d'un tiers de leur valeur (art. 4). Un majorat peut être constitué par acte entre vifs ou par disposition testamentaire (art. 8), il est soumis à l'approbation de l'autorité compétente (art. 10). Tout propriétaire de majorat est tenu de verser annuellement une certaine partie des revenus du bien pour alimenter une caisse de famille, en vue de l'entretien de sa veuve et de ceux de ses enfants qui seront exclus de la succession de ce domaine (art. 43 et 44). Les femmes et les enfants naturels sont incapables d'en hériter (art. 71).

K. Ces institutions, dont l'origine féodale n'est pas douteuse, assureront-elles la conservation de la propriété rurale dans la famille?

Le législateur allemand semble bien l'espérer, puisqu'il n'hésite pas à remettre en honneur des coutumes d'un autre âge pour assurer l'indivisibilité des patrimoines. Mais son dessein serait resté inachevé s'il ne s'était aussi préoccupé d'en protéger l'intégrité, pendant la possession même de leur titulaire. Si le partage successoral entraîne le morcellement des biens, l'endettement en ruine l'exploitation et en compromet la libre et paisible jouissance. Il ne s'agit plus dès lors de régler les intérêts des héritiers, des membres d'une collectivité unie par les liens du sang; mais de modérer les légitimes exigences des créanciers, sans porter néanmoins atteinte à leurs droits.

(1) *Ann. lég. étrang.*, 1901, p. 216.

IV. PROTECTION DES BIENS DANS LE PATRIMOINE DE LEUR POSSESSEUR.

INDISPONIBILITÉ ET INSAISISSABILITÉ.

A. Les statistiques officielles laissent clairement entrevoir la gravité du péril qui menace, à cet égard, l'agriculture en Allemagne.

Voici par exemple un tableau des plus saisissants[1].

HYPOTHÈQUES SUR LES IMMEUBLES RURAUX.

ANNÉES.	HYPOTHÈQUES		
	NOUVELLEMENT INSCRITES.	ÉTEINTES.	AUGMENTATION.
	millions de marks.	millions de marks.	millions de marks.
1886-1887	624	491	133
1889-1890	651	472	179
1891-1892	641	435	206
1893-1894	688	459	228

A la conférence agraire de Berlin, en 1894, on signalait que dans la Prusse orientale l'endettement atteignait jusqu'à 70 p. 100 de la valeur du sol, et que la proportion moyenne pour toute la Prusse était de 50 p. 100 (15 milliards sur 30).

Il convient cependant de citer ici l'opinion de plusieurs économistes, qui plus récemment, au Juristentag, ou Congrès juridique, de 1898, affirmaient que la grande propriété était en réalité plus grevée que la moyenne et que la petite, et produisaient, à l'appui de leur thèse, la statistique suivante[2].

[1] Maur. Block, *Le mouvement économique et social en Allemagne.* (*L'Économiste français*, 1896, I, 67).

[2] Voir Procès-verbaux du Juristentag de 1898 (p. 157); Statistique citée par N. Alf. Meyer, Regierungsrath à Bromberg, rapporteur au Congrès.

DÉSIGNATION.	PROPRIÉTÉS					
	NOMBRE.	LIBRES DE DETTES.	Peu ENDETTÉES (moins de 20 fois le revenu imposable[1]).	Moyennement ENDETTÉES (de 20 à 40 fois le revenu imposable).	Fortement ENDETTÉES (plus de 40 fois le revenu imposable.)	PROPORTION des très ENDETTÉES (les deux précédentes colonnes).
						p. 100.
Fidéicommis et fondations...	361	178	145	27	16	12
Propriétés de revenu net imposable au foncier de 500 thalers et plus (grande propriété)............	2,289	379	569	742	599	59
Idem de 100 à 500 thalers (moyenne propriété foncière et grande propriété rurale).............	10,058	3,055	2,701	2,625	1,676	43
Idem de 30 à 100 thalers (moyenne et petite propriété)..............	17,847	5,961	3,916	3,825	4,144	44
Idem de moins de 30 thalers (propriété morcelée)....	96,253	48,909	5,371	6,709	35,264	43
TOTAL..........	126,808	58,479	12,702	13,928	41,699	44

(1) D'après les renseignements que M. Alf. Meyer, actuellement Kgl. Ober-Regierungsrat à Francfort a. O., a eu l'extrême obligeance de nous adresser, le revenu dont il est question dans cette statistique officiellement publiée par l'Administration, n'est pas le produit économique des biens, mais le revenu cadastral, tel qu'il a été prévu dans la loi prussienne du 21 mai 1861 sur la contribution foncière. Il faut, selon notre correspondant, estimer en moyenne la valeur des biens à 120 fois ce revenu imposable. Les terres très endettées sont donc celles qui sont grevées de plus du tiers de leur valeur.

Quoi qu'il en soit, quelles que puissent être les comparaisons faites entre les vastes et les petits domaines, et il y aurait sur ce point bien des observations à ajouter, un fait subsiste patent, avoué, regretté par tous : l'endettement croissant du sol allemand. Les causes en sont diverses; parmi les plus importantes on s'accorde à reconnaître les créances des cohéritiers sur le Hof; puis celles des vendeurs; enfin les prêts consentis pour mauvaises récoltes ou pour améliorations et constructions.

Chaque année, on assiste à un nombre considérable de ventes forcées[1], qui morcellent les exploitations et en modifient sans cesse le régime de culture.

(1) De 1886 1894, on en a compté en Prusse 17,147. (BLONDEL, *op. cit.*, p. 393 et s. — *Idem Appendice*, IX.)

Aussi les paysans, expulsés des campagnes, émigrent-ils, soit vers les régions industrielles, où ils vont grossir l'armée des sans-travail, soit même vers les pays étrangers qui profitent de leur activité aux dépens de la patrie délaissée. Dans certains districts ruraux, des enquêtes signalent une pénurie complète d'ouvriers agricoles : là où la petite propriété rurale ne voisine pas avec la grande, celle-ci ne réussit pas à attirer ou à retenir le travailleur.

B. De nombreux remèdes ont été proposés; quelques-uns seuls expérimentés, et sans grand succès. On a d'abord songé à assurer la stabilité de la jouissance des biens, à immobiliser le domaine entre les mains de son possesseur.

La liberté de certains propriétaires se trouve ainsi limitée, vinculée en quelque sorte par le législateur, qui prétend les protéger par cela même qu'il les contraint.

1. C'est là la situation qui est faite aux colons prussiens par les lois précédemment analysées. Le Gouvernement, en établissant le paysan, lui impose des conditions, destinées à maintenir son étroite dépendance et, par là, estime-t-on, à garantir le succès de l'œuvre entreprise. Le colon ne peut morceler son bien, ni par un partage, ni par une aliénation partielle. Cette prohibition ne peut être levée que par la Commission générale (art. 3 de la loi de 1896). C'est elle encore qui autorise les aliénations totales, quand elles sont faites à d'autres qu'à l'épouse, aux descendants ou collatéraux en ligne directe; et elle doit refuser son consentement, quand l'individualité économique du bien lui paraît menacée par un de ces actes. Le Comité de cercle donne son avis au préalable; en cas de désaccord entre ces deux autorités, la décision appartient au Ministre de l'agriculture.

Le projet de loi primitif allait même plus loin encore : dans l'article 24, tel qu'il avait été tout d'abord voté par la Chambre des seigneurs, l'endettement était strictement limité. Quand l'Anerbe avait amorti la rente due à ses cohéritiers, les inscriptions correspondantes étaient rayées d'office. Mais il était défendu au propriétaire de donner à une nouvelle dette hypothécaire le rang précédemment occupé par le passif successoral. On entravait ainsi indirectement sa faculté d'emprunter. La Chambre refusa, il est vrai, de sanctionner un tel article[1].

2. En Autriche, le projet de M. de Falkenhayn sur les Rentengüter prévoyait des règles du même genre. Il y était expressément stipulé que toutes aliénations gratuites ou à titre onéreux d'un Rentengut, toutes locations, toutes constitutions d'usufruits, de servitudes ou d'autres charges seraient dénuées d'effets juridiques, si elles n'avaient été agréées par le syndicat agricole de la région et autorisées par le Ministre de l'agriculture (art. 33). De plus : « sur le Rentengut et ses dépendances, on ne peut établir aucune hypothèque conventionnelle ou légale. On ne peut davantage acquérir sur ces biens aucun droit quelconque par aucune mesure d'exécution ou de garantie. L'application de ces dispositions ne peut être ni écartée, ni restreinte par aucune convention » (art. 34).

3. La législation sur les Rentengüter n'est pas la seule qui ait prescrit ces indisponibilités. La constitution d'un fidéicommis ou d'un Erbgut produit essentiellement le même effet.

Le domaine soumis au fidéicommis est en principe inaliénable. Le titulaire n'étant en réalité investi que de sa garde et de sa jouissance, c'est à la collectivité familiale qu'il appartient d'autoriser une vente ou un échange. Le consentement de cette dernière, recueilli solennellement en Conseil, est nécessaire, parce qu'il équivaut à la suppression même du pacte fidéicommissaire. Encore est-il que, suffisante en Saxe, cette entente a besoin, pour recevoir son plein effet, d'une homologation du tribunal en Bavière et en Prusse.

L'endettement est également réglementé : les seules charges que le domaine puisse comporter sont celles que le fondateur lui a assignées, ou celles que les affectataires lui imposent pour son utile gestion. Elles sont d'ailleurs soumises à un amortissement obligatoire, dont les parents, ou à défaut le tribunal, fixent en Prusse les conditions.

4. L'Erbgut se présente avec les mêmes caractères : il ne peut être aliéné ou échangé en Bavière qu'avec le consentement de la famille, que, exceptionnellement, l'autorisation en justice peut suppléer. Au-

[1] Voir sur ce point : Lefébure, *La réforme agraire en Prusse.*

cune approbation n'est cependant nécessaire : 1° quand le propriétaire a, sans succès, offert la cession du bien à un de ses Anerben; 2° quand l'aliénation est imposée par la loi, par exemple en cas d'expropriation; 3° quand un échange a pour effet d'arrondir le domaine.

Il en est de même pour l'endettement; à moins qu'il ne s'agisse : 1° d'acquitter les soultes héréditaires; 2° ou de garantir une dette destinée à purger une hypothèque précédemment contractée; 3° ou, en dehors de ces deux cas, d'engager le bien pour moins du tiers de sa valeur.

La loi hessoise a même prescrit l'insaisissabilité de l'Erbgut pour dettes personnelles du propriétaire contractées sans l'assentiment des Anerben (loi 1858, art. 11).

C'est là, comme le dit fort bien M. Verdelot[1], un véritable homestead avant la lettre.

. . . .

C. Mais la sphère d'application de ces diverses mesures est, en réalité, des plus restreintes. Il ne s'agit soit que des biens de colonisation en Prusse, soit que des fidéicommis dans quelques états de l'Empire. Comment protéger tous les autres biens ruraux, sur la surface entière du sol allemand, contre les entreprises de créanciers exigeants?

On a songé d'abord à des réformes assez modestes, destinées à réduire le nombre des poursuites abusives et des expropriations téméraires. C'est ainsi qu'une loi du 24 mars 1897[2], s'inspirant d'une réglementation prussienne de 1883, a décidé que, pour être admis à faire vendre l'immeuble de son débiteur, le créancier devrait préalablement s'engager à porter les enchères à un taux minimum, calculé de façon à couvrir les créances préférables à la sienne. De plus, les titulaires de ces créances ne sont désintéressés sur le produit de la vente que s'ils y consentent; dans le cas contraire, leurs droits subsistent «in specie» sur l'immeuble après l'adjudication. Le nouvel acquéreur acquittera dès lors en argent : en premier lieu, la portion de la moindre enchère, représentant les réserves et salaires

[1] *Op. cit.*, p. 325.
[2] *Ann. lég. étrang.*, 1898, p. 89.

relatifs à l'entretien de l'immeuble; en second lieu, l'excédent du prix d'adjudication sur la moindre enchère, qui servira à le rembourser du montant de sa créance, en même temps qu'à désintéresser les créanciers qui le suivent.

Ce système a pour but tout à la fois d'élargir l'accès des enchères par la diminution de la somme liquide à verser, d'écarter des procédures frustratoires engagées par légèreté ou par malveillance, et d'empêcher des mutations et remboursements forcés trop fréquents.

D. On a proposé des mesures plus radicales et plus générales, en vue de limiter l'endettement lui-même, soit dans sa quotité, soit dans sa durée.

1. M. Max Sering demandait en 1896 au Conseil supérieur de l'agriculture, qui a approuvé son projet en 1897, que le propriétaire d'un bien rural pût fixer de son propre chef, par une déclaration expresse, un chiffre au delà duquel aucune hypothèque ne serait plus valablement reçue. Il circonscrirait ainsi volontairement son crédit.

M. Schaeffle et M. de Zedlitz-Trützschler, dans le même sens, proposent de réserver toujours l'indisponibilité de la moitié des domaines.

2. La conception qui rencontre le plus de faveur est celle d'une limitation dans le temps, par l'amortissement obligatoire des créances hypothécaires : parce qu'elle présente le double avantage de rendre inutiles les remboursements globaux, trop onéreux et très imprudemment consentis, et de déterminer indirectement un maximum de charges [1].

3. Il est même certains économistes qui n'hésiteraient pas à retirer aux particuliers le droit de prêter sur biens ruraux. M. de Zedlitz ne voudrait le reconnaître qu'aux établissements publics; M. Max Sering propose le rachat, par l'État ou par des associations d'utilité publique, des biens les plus fortement grevés; on les répar-

[1] Zakrzewski, *Die Organisation des landwirtschaftlichen Kreditwesens; Zur Schuldenlastung der landwirschaftlichen Berichte.*

tirait ensuite à l'instar de la Commission de colonisation, moyennant des annuités modérément calculées.

Le Ministre autrichien, M. de Falkenhayn, avait conçu à cet égard un projet intéressant. Les propriétaires ruraux seraient obligatoirement constitués en syndicats, qui interviendraient, en cas d'expropriation forcée, pour éviter des ventes désastreuses, rachèteraient, au besoin, les terres et y installeraient à nouveau les anciens possesseurs, devenus colons à rentes. Cette proposition a reçu l'adhésion de Schaeffle, qui préconise ardemment l'organisation des agriculteurs en corporations investies de privilèges.

Quant aux socialistes, ils demandent que l'État prenne sous son contrôle le crédit rural, qu'il détermine la quotité maxima de l'endettement d'après les revenus présumés du sol, et en impose l'extinction progressive. Ils espèrent même que l'État assurera un jour le service de cet amortissement.

E. Il est une réforme plus générale encore qui a, depuis vingt ans, recruté de nombreux partisans : c'est l'introduction en Allemagne d'une institution américaine : le homestead.

1. Dès 1883, le comte W. de Bismarck saisissait la Chambre des députés prussienne d'une proposition en ce sens. L'idée fit son chemin. En 1891, nous retrouvons deux projets très étudiés : l'un, rédigé par M. K. Schneider, juge provincial à Cassel; l'autre, élaboré par un certain nombre de députés, parmi lesquels M. de Riepenhausen, qui, depuis, y a attaché son nom. Ce dernier fut soumis au Conseil supérieur de l'agriculture, qui se montra peu favorable au principe et insista sur la nécessité de confier, en cas d'adoption, à des législations locales le soin de l'appliquer. Le Parlement en fut peu après saisi. Bien que le Reichstag en eut, dès 1892, approuvé les dispositions générales, il dut être abandonné, à raison des résistances du Bundesrath.

Les promoteurs de la réforme ne se sont pas découragés. A chaque législature, depuis 1894, ils n'ont pas hésité à renouveler leur proposition. M. de Riepenhausen a su grouper autour de lui un grand nombre de partisans actifs, résolus, que n'arrivent point à lasser ni l'indifférence ni l'opposition de leurs collègues. Ils viennent récemment de réitérer au Reichstag leur tentative. Bien qu'elle ait recueilli plus de succès que les précédentes, elle ne semble pas devoir être la dernière de ce genre. En décembre 1903, l'ancien projet a été à nouveau déposé, sous la signature de membres de la droite et du centre. Puis, lors de la discussion du budget de la justice, en février 1904, on a réclamé le vote d'une résolution «invitant les Gouvernements confédérés de l'Empire à déposer, dans la plus prochaine session du Reichstag, un projet de loi sur les biens de famille (les *Heimstätten*), conçu dans l'esprit de la récente proposition parlementaire». Après une longue discussion, la résolution a été finalement votée, grâce à l'appui du parti national-libéral et du centre. Mais leurs auteurs mêmes ne semblent guère se faire d'illusion sur sa portée pratique.

En Autriche, c'est un texte sensiblement analogue à celui de Riepenhausen qui, il y a quelques années, a été élaboré par une commission extra-parlementaire.

2. Comme on l'a fort justement remarqué, «le rapprochement entre ces diverses propositions fait apparaître la curieuse évolution accomplie par les partisans du homestead, dans les pays de langue allemande; la dissemblance entre les projets actuels et le modèle qu'on était allé chercher au delà de l'Atlantique est aussi complète que possible [1]».

a. L'*objet* a varié suivant les projets. Pour M. Schneider (1893), il s'agit de la propriété consacrée aux exploitations agricoles. M. de Bodelschwingh (1892) [2] se préoccupe, au contraire, avant tout, de la nécessité de fixer les travailleurs de la terre comme les ouvriers de la ville, en leur facilitant l'achat et la conservation d'une maison d'habitation, entourée d'un jardin qu'ils cultivent. Les projets plus récents (1895-1903) et la proposition autrichienne font rentrer dans la *Heimstätte* ou propriété soumise au homestead, outre l'habitation, toute l'exploitation rurale nécessaire à l'entretien d'une famille. Ce sont là, en particulier, les dispositions de l'article 2 du projet de 1903 qui, ce point mérite d'être signalé, repro-

(1) BUREAU, *Le Homestead.*

(2) *Das Heimstätten-Gesetz in Verbindung mit dem Alters-und Invaliden-Versorgungs-Gesetz.*

duit approximativement les termes de l'article 16 de la loi de 1896 sur l'Anerbenrecht des Rentengütern. Font partie de la Heimstätte :

1° La demeure du propriétaire;

2° Les dépendances nécessaires;

3° Les subsistances, les troupeaux et les champs, le fumier existant et les produits agricoles indispensables pour la continuation de l'entreprise jusqu'à la prochaine récolte.

Mais la Heimstätte ne doit pas dépasser l'étendue d'un Bauernhof, c'est-à-dire d'un bien de petit paysan, sans limitation précise de contenance.

Le texte autrichien vise, au contraire, expressément et exclusivement la moyenne propriété, la valeur du bien de famille y étant fixée à 1,000 florins au minimum et 20,000 au maximum.

b. La seule *formalité* à accomplir pour la constitution de la Heimstätte est son inscription sur un registre spécial : l'Erbgüterbuch (Autriche); le Heimstättenbuch (Allemagne).

c. Les effets de cette immatriculation sur la *possibilité d'un endettement* sont très différents, suivant les projets.

D'après M. Schneider, le bien ne peut être grevé qu'au profit d'établissements publics et pour une somme dont les arrérages ne dépassent pas le fermage moyen; celui-ci est fixé tous les cinq ans, d'après le revenu net imposable, que détermine l'assemblée représentative du cercle, et qui est inscrit sur le cadastre. En cas de contestation, l'autorité administrative décide si les charges d'un bien ne dépassent pas les limites permises; elle détermine aussi la liste des établissements publics de prêts (banques hypothécaires, caisses d'épargne, etc.).

L'article 4 du texte autrichien précise la nature et la quotité des dettes autorisées :

1° Jusqu'à concurrence de la moitié du revenu net cadastral, s'il s'agit du payement du terrain;

2° Un dixième seulement pour toutes autres dettes. Au delà, il faut l'agrément du tribunal, qui impose un amortissement de moins de vingt années;

3° Sans limites, s'il faut acquitter les obligations en rentes viagères contractées au profit du propriétaire précédent, de son conjoint survivant, ou celles souscrites pour l'entretien de leurs enfants mineurs.

Le projet de 1903 est plus strict encore : la Heimstätte ne peut être grevée que pour la moitié de sa valeur, et seulement sous la forme de rentes ou annuités amortissables. Un bien plus fortement endetté ne serait exceptionnellement inscrit qu'en vertu d'une autorisation administrative spéciale, et à la condition que l'excédent soit amorti, à raison de 1 p. 100 par an au minimum.

d. Quels sont les *droits des créanciers* régulièrement inscrits? Ils se réduisent, en 1891, à une administration forcée du bien; en 1903, on admet une véritable exécution, mais restreinte; en Autriche, il s'agit plutôt d'un séquestre, suivi de vente dans le cas où cette première mesure serait inefficace.

Le texte de M. Schneider était le suivant :

« En cas de non-payement des intérêts ou arrérages, les établissements dont les droits respectifs se règlent d'après la date d'inscription de leurs créances n'ont qu'un pouvoir d'administration forcée. S'ils prouvent péremptoirement que cette mesure est inefficace, le juge compétent peut autoriser une adjudication forcée. Sa décision est susceptible de recours. » (Art. 7.) — « Toutes autres hypothèques inscrites au profit de particuliers, ou au delà de la limite déterminée, sont inopérantes pour des poursuites et ne peuvent produire intérêt. » (Art. 8.)

Les articles 5, 6 et 7 du *projet autrichien* stipulent que le bien ne peut être saisi que dans trois cas :

1° Pour retard dans l'acquittement des impôts ou autres charges publiques;

2° Pour défaut de payement des travaux exécutés sur le fonds, quand les lois leur assurent un rang privilégié ou une hypothèque légale;

3° Pour des dettes qui sont expressément autorisées.

Mais même dans ces cas exceptionnels, le bien ne peut être saisi qu'après un séquestre de deux ans, pendant lequel les revenus sont affectés au remboursement des créanciers. Le propriétaire conserve l'habitation gratuite pour lui et sa famille, et touche, après déduction des remboursements obligatoires, une somme de 350 florins.

Si, au bout de deux ans, le poursuivant n'a pu obtenir satisfaction au moyen des revenus séquestrés, ou s'il y a un retard de plus de deux ans dans la restitution d'un capital garanti par une hypothèque, la vente forcée intervient.

Les créanciers conservent, par contre, l'exercice de leur droit de saisie et de poursuite, si le propriétaire n'a pas sur le bien son habitation fixe.

Les *propositions du Reichstag* limitent l'exécution forcée aux cas suivants :

1° Pour des obligations contractées avant la constitution du bien de famille et non éteintes trois ans après;

2° Pour payement des travaux et fournitures qui ont servi à l'établissement de la Heimstätte;

3° Pour retard dans le service des annuités;

4° Pour des obligations nées de la loi ou créées par des actes illicites.

En dehors de la première hypothèse, le seul acte d'exécution forcée qui soit permis est «l'administration forcée», sorte de mise sous séquestre faite par les soins des autorités locales nouvellement créées à cet effet.

e. Les textes allemands édictent certaines règles *d'inaliénabilité et d'indivisibilité.* La Heimstätte, à l'exception du droit d'usufruit de l'époux survivant, ne peut être attribuée qu'à un héritier unique (art. 6). Son aliénation n'est possible qu'avec le consentement du conjoint, et au profit de sujets allemands (art. 7). Elle n'est échangeable qu'avec l'approbation des autorités compétentes.

f. Enfin, des *exemptions d'impôt* y sont prévues. L'article 9 en confie la fixation aux législations locales, tant en ce qui touche la remise des droits de timbre et d'enregistrement pour l'immatriculation de l'établissement, que pour les exonérations de contributions annuelles durant son exploitation.

C'est à ces mêmes réglementations particulières que le projet renvoie la création d'autorités administratives chargées de l'application de la loi, la fondation de banques et d'institutions de crédit propres à en faciliter son exécution.

En résumé, l'inspiration générale de ces divers plans de réforme est identique. Ils ont pour objet la protection moins du foyer domestique que de l'exploitation rurale; et ils cherchent presque tous à réaliser la constitution si ardemment désirée d'une classe de moyens propriétaires. On y entrave, on y limite l'endettement, sans le proscrire; on y introduit l'insaisissabilité, sans la rendre générale ni absolue. Et on espère ainsi arrêter, avec plus de succès que par le passé, le morcellement des terres, le dépeuplement des campagnes, le développement menaçant du prolétariat agrarien!

V. CONCLUSION.

RÉSULTATS ET CRITIQUES.

C'est qu'en effet toutes les tentatives dont nous avons essayé de retracer la genèse ne semblent pas jusqu'alors avoir répondu aux désirs de leurs promoteurs. Il convient, d'ailleurs, de reconnaître que les économistes ou hommes d'État ne sont guère d'accord, en Allemagne, sur l'appréciation des mesures prises et des réformes à adopter.

A. L'efficacité de l'*Anerbenrecht* est très discutée et fait l'objet de polémiques ardentes, qui ont encore aujourd'hui leur écho au Parlement.

1. En faveur de l'extension de ce système, on invoque des arguments économiques, politiques et sociaux. Le partage successoral, dit-on, est une aliénation forcée, accidentelle, partant anti-rationnelle. L'Anerbenrecht permet d'en corriger les pernicieux effets en rétablissant la continuité dans une exploitation[1]. Il enraye le morcellement des terres[2]. Sans la transmission intégrale, il est impossible de fonder et de consolider d'une manière durable une classe moyenne de petits propriétaires ruraux; parce que sans elle, la

[1] Stein, *Handbuch der Verwaltungslehre*, p. 639-640.

[2] «Il n'y a pas de doute pour nous que l'Anerbenrecht ne soit en état d'écarter «de la propriété foncière les dangers que lui fait courir la division des héritages, là «du moins où il s'est introduit non d'une manière timide, mais d'une façon très «nette.» (Kautsky, *Die Agrarfrage*. Trad., p. 304.)

famille paysanne ne peut trouver d'assise solide[1]. « L'observation d'une égalité purement externe, d'aspect uniforme, lors de la répartition de l'héritage, peut aboutir aux pires injustices et entraîner les pires catastrophes ».

Mais ses adversaires sont nombreux, et leurs attaques réitérées ne laissent pas d'en ébranler quelque peu les bases.

L'agriculture souffre en réalité de ce régime, partout où il est en vigueur. C'est en effet l'Anerbenrecht qui est une des principales causes d'endettement du sol, puisque le bien n'arrive à l'attributaire que grevé de toutes les soultes dues aux cohéritiers. Les investigations faites à ce sujet en Bavière et en Würtemberg semblent des plus concluantes et l'exemple du Tyrol est particulièrement saisissant : tandis que dans la Basse-Autriche, où la circulation des biens est libre, les dettes foncières n'étaient, en 1892, que de 29.5 p. 100 de la valeur du revenu net, elles s'élevaient dans le Tyrol, où s'est conservé l'héritier unique, à 108 p. 100, de sorte, ajoute Hertz[2], qui rapporte ces chiffres d'après Grabmayer[3], que « dans ce pays modèle du conservatisme, le montant des dettes dépasse de 8 p. 100 sa valeur. C'est dans les hautes vallées de l'Allemagne, où existe encore l'ancienne constitution agraire, que les dettes sont le plus élevées, et c'est dans les régions italiennes, où ne fonctionne pas ce droit successoral, que les dettes sont le moins élevées[4] ».

Loin de réparer les injustices de la nature, les antiques coutumes les aggravent; elles attribuent le domaine au plus capable, au mieux doué, au plus riche, laissant le faible sans ressources. Elles aboutissent donc à une concentration des biens en quelques mains et à une expropriation de la majorité des paysans. Elles

(1) Miaskowski, *op. cit.*, II, p. 279 et suiv.

(2) *Rev. d'écon. polit.*, 1900; *loc. cit.*

(3) *Schuldnoth und Agrarreform; — Die Agrarreform in Tirolem Landtag.*

(4) « Le droit de succession fait que l'héritier reçoit son exploitation endettée a priori et qu'il est forcé de consacrer ses bénéfices non à l'accumulation de capitaux ou à l'amélioration de ses terres, mais au payement des dettes hypothécaires. Et quand il arrive à se libérer, son successeur se trouve dans la même situation que lui, bien plus, avec des dettes beaucoup plus considérables, si, dans l'intervalle, la rente foncière a monté et si la valeur de la terre a augmenté... » (Kautsky, *op. cit.*)

provoquent l'émigration de tous ceux qu'elles sacrifient; elles favorisent les naissances illégitimes[1] en rendant les mariages plus difficiles[2]. Elles tendent en réalité à la prolétarisation de la majorité des paysans[3]. Elles amènent la dissolution de la famille, en y semant la jalousie, l'envie, la discorde, en fondant la prospérité d'un seul sur la ruine de tous les autres[4].

En fait, les populations semblent peu disposées à suivre les impulsions du législateur. Le Reichsrath autrichien avait, en 1889, laissé chaque Landtag local libre d'introduire ou de repousser le système qu'il réglementait. Le projet fut adopté dans cinq d'entre eux, mais ne put être appliqué. Dans les trois cinquièmes des communes de la Haute-Autriche, on n'est même pas parvenu à se mettre d'accord sur la forme la moins restrictive de l'Anerbenrecht[5].

On a eu soin, d'ailleurs, de faire remarquer, au Congrès juridique de 1898, que le système peut être excellent pour les grandes propriétés et désastreux pour les petites[6].

2. Nous avons vu cependant l'effort qui a été tenté pour étendre le fidéicommis des unes aux autres. Il a été stérile; mais cet échec n'a pas découragé les partisans de l'institution. Il se recutent même chez les économistes libéraux.

Gerber[7], Miaskowski, Gierke, estiment que la propriété est une fonction plutôt qu'un droit; et que le fidéicommis peut souvent en faciliter l'exercice. On leur a souvent objecté cependant qu'une telle pratique constitue une entrave à la circulation nécessaire des biens; qu'elle favorise leur transmission en

(1) C'est ainsi que dans certains districts de Hohenzollern, sur 10 filles, 9 sont mères quand elles se marient.

(2) Dr Fick, *Bäuerliche Erbfolge im rechtsrheinischen Bayern.*

(3) «L'Anerbenrecht a pour résultat d'exhéréder ceux qui avaient jadis part à «l'héritage, de sauver la propriété paysanne aux dépens du plus grand nombre; il a «pour résultat d'élever une digue contre le prolétariat en accroissant le nombre des «prolétaires..., de condamner au salariat tous ses enfants à l'exception d'un seul.» (Kautsky, *loc. cit.*)

(4) Discours des députés Gothein et Stadthagen au Reichstag, 25 février 1904.

(5) *Bericht des oberœsterreich. Landesausschuss;* Landtags-Beilage, 1893.

(6) Voir notamment : Juristentag, 1898. *Comptes rendus*, IV, p. 162 et suiv.

(7) *Beitrage zur Lehre vom deutschen Familienfidéikommis.*

des mains inhabiles et peut ruiner une exploitation jusque-là féconde[1].

Aussi songe-t-on à mieux adapter l'institution aux nécessités modernes. Gierke voudrait faire du bien fidéicommissaire une sorte de bien de famille, aliénable, divisible, susceptible d'hypothèque; mais la famille, dans sa collectivité, en serait la véritable propriétaire; cette personne morale unifiée, substituée à l'individu, aurait seule compétence pour décider des actes qui affecteraient l'intégrité du domaine. D'autres (Hager, Conrad) proposent de limiter la durée et la quantité du fidéicommis.

Il est peu probable qu'une extension de ce régime, même ainsi transformé, déféodalisé, ait quelque chance d'aboutir, malgré les efforts du parti agrarien. Car le paysan est, avant tout, jaloux de sa liberté ; et celui qui ne recueille pas sa part d'avantages matériels ne trouve point dans la satisfaction de ses sentiments familiaux une compensation suffisante à la diminution de ses droits[2].

M. Blondel estimait récemment que «la pratique de l'indivisibilité des domaines ruraux a amené à toutes les régions où elle a pu se maintenir divers avantages et notamment une grande stabilité»[3]. Mais nous serions beaucoup plutôt tenté de nous rallier à l'opinion de MM. Jobbé-Duval et Bureau, qui constataient l'échec des tentatives du législateur; en dehors du Hanovre et de quelques régions très limitativement restreintes, elles n'ont pu triompher de l'indifférence ou de la résistance des populations rurales.

B. La *colonisation intérieure* de la Prusse a, de l'aveu de la grande majorité des hommes compétents, été condamnée à l'avortement. Et aujourd'hui, le parti agrarien, seul, mais très puissant, cherche encore à utiliser la réforme au mieux de ses intérêts propres.

De graves erreurs ont, il est vrai, compromis, dès le début, le succès de l'entreprise : on a créé de trop petits domaines et réclamé

(1) «Le propriétaire d'un bien garanti par le fidéicommis peut l'administrer aussi «mal qu'il voudra, il ne pourra ainsi que diminuer ses recettes, sans jamais mettre «sa propriété en danger.» (Kautsky, *loc. cit.*)

(2) Miaskowski, *op. cit.*, p. 117.

(3) *Bull. soc. lég. comp.*, *loc. cit.*

des redevances trop élevées. Mais en s'inspirant des leçons de l'expérience, on tenta de les corriger. Les résultats ne furent guère plus satisfaisants. C'est que le principe était mauvais.

L'État prussien, explique éloquemment M. Brentano, a dit aux grands propriétaires : Morcelez vos biens sans créer des colonats indépendants. Gardez votre influence politique et sociale, au profit de l'Empire qu'elle a fondé et qui a besoin que vous la conserviez à son service. Par la combinaison des biens à rente, vous partagerez avec l'État le domaine éminent sur les terres ainsi cédées; vous maintiendrez autour de vous une clientèle de petits paysans, toujours redevables envers vous d'une partie de la rente irrachetable et, tandis que votre situation matérielle se trouvera allégée, vous perpétuerez, en la consolidant, votre prépondérance sociale[1] ».

M. Miquel, l'auteur de la réforme, et ses amis ne sont en réalité que les exécuteurs testamentaires de l'héritage intellectuel transmis par Justus Möser, le grand patron du Conservatisme agraire allemand. Ils veulent une restauration semi-féodale. « La situation qui doit être réservée au paysan n'est pas celle du serf proprement dit, mais celle d'un deux tiers de serf (Zweidrittelsknechten); » il aura la simple jouissance de la terre, qui appartiendra en propre à une aristocratie financière sous la garantie et le contrôle de l'État; il versera en retour certaines prestations; mais il ne pourra aliéner, échanger, diviser, endetter son exploitation sans l'autorisation du vrai propriétaire.

Certains publicistes et politiciens soupçonnent même les agrariens de calculs plus directement intéressés : ces derniers auraient favorisé la constitution de Rentengüter exigus, insuffisants pour assurer la nourriture d'une famille, dans le but de réduire le colon au salariat et de se ménager ainsi à eux-mêmes des ouvriers stables, peu exigeants, à leur merci. M. Bureau estime que les mesures accessoires proposées en ces derniers temps par leur parti au Parlement ne confirment que trop bien cette présomption. Sous prétexte de mettre un terme au vagabondage par exemple, ils votent l'augmentation du prix des billets de chemin de fer, la sup-

(1) L. Brentano, *Gesammelte Aufsätze*, p. 338-350.

pression de la quatrième classe dans les trains. Aussi, d'après cet auteur, « ce qu'on peut espérer de mieux, c'est que les lois sur les Rentengüter ne soient pas appliquées[1] ».

Aussi longtemps que la colonisation intérieure sembla avoir pour unique objet le peuplement des provinces orientales, la germanisation de la Pologne, voire même la constitution d'une classe indépendante de petits paysans, elle ne se heurta qu'à des difficultés d'exécution. Mais depuis que les préoccupations de conservation, ou mieux de réaction sociale se sont fait jour, depuis que la féodalisation du sol au profit des grands terriens et de l'État, l'asservissement de fermiers héréditaires, corvéables et rentables à perpétuité est apparu comme le but réellement poursuivi, depuis qu'une œuvre nationale est devenue un programme de parti, la réforme a soulevé des résistances que les compromis, les alliances, les sollicitations ou les menaces n'ont pu vaincre. La classe rurale s'y est déclarée irrévocablement hostile et l'avortement des mesures prises explique seul son indifférence apparente, qui n'est qu'une opposition discrète, prête à se manifester plus violemment, au moment opportun.

En fait, les sacrifices consentis par le Gouvernement ont été considérables. Chaque année s'élèvent les prétentions des vendeurs de terres[2], tandis que la situation des colons acquéreurs devient de plus en plus précaire.

M. Miquel a été obligé de reconnaître à la Chambre des députés, le 21 mars 1900, que le nombre des propriétaires de Rentengüter en retard pour le payement de leurs rentes aux banques allait en augmentant chaque jour; et le professeur Sering lui aussi, bien que primitivement favorable au principe de l'institution, déclarait au Collège d'économie rurale, le 2 février 1901, que la création des Rentengüter, en dernière analyse, était complétement arrêtée.

Les promoteurs de la réforme avaient compté, comme ils le

[1] *Op. cit.*, p. 318, et suiv.

[2] En 1896, le prix de l'hectare était de 648 marks; en 1897, de 766; en 1898, de 774; en 1899, de 824 marcks. — (Lefébure, *op. cit.* D'après les documents de la Chambre des députés prussienne.)

proclamaient, sur la «faim de terre» des paysans. Ils avaient méconnu leur soif de liberté!

C. Et c'est pourquoi ils ont essayé de renouveler leur effort et de modifier leur plan. Ils poursuivent désormais avec ardeur le vote d'une loi sur les biens de famille (les Heimstätten), dont ils attendent un succès jusqu'alors inutilement cherché.

Obtiendront-ils bientôt la sanction législative que depuis vingt ans ils essayent en vain d'arracher au Parlement? Et si quelque jour le projet recueille enfin le vote d'une majorité gouvernementale, recevra-t-il une exécution conforme aux désirs de ses auteurs? Il serait absolument téméraire de risquer à ce sujet quelque opinion précise.

Mais il est intéressant de rappeler ici les délibérations récentes auxquelles la réforme a donné lieu dans deux assemblées bien différentes par leur composition, leurs préoccupations et leurs tendances.

En 1898, le Congrès général des jurisconsultes allemands s'est réuni à Posen, et a mis la question à l'ordre du jour. L'un des deux rapporteurs, Dr Grünberg, privat-docent à Vienne, fortement appuyé par le professeur Gierke, avait longuement développé les raisons qui lui semblaient militer en faveur de l'introduction du homestead en Allemagne. Mais la majorité s'est rangée à l'opinion contraire, exposée par l'autre rapporteur, le professeur Max Weber, de Fribourg, et éloquemment défendue par plusieurs orateurs, notamment par M. Alfred Meyer, Regierunsrath à Bromberg. Selon ces derniers, en effet, la petite et la moyenne propriété sont plutôt moins endettées que la grande et il serait en tous cas dangereux de porter atteinte au crédit du paysan, en décrétant l'insaisissabilité de ses biens fonciers. Les Heimstätten deviendraient «les citadelles de la routine et de la misère»! La crise agricole est due à des causes générales, bien plus graves que l'endettement de la petite propriété. Elle s'explique par la concurrence étrangère, par l'abaissement des prix et des salaires, par l'augmentation des besoins, par l'intermittence et l'irrégularité du travail de la terre. Bref, le homestead serait un remède inefficace et dangereux.

Aussi la majorité du Congrès a-t-elle décidé le rejet de la réforme[1].

C'est d'hier que date sa discussion au Reichstag allemand (25 février 1904). Nous en avons déjà signalé le résultat : le vote d'une résolution en faveur du projet Riepenhausen[2]. Victoire plutôt faite pour satisfaire l'amour-propre des agrariens que pour hâter la réalisation pratique de leur programme! Le ministre ne leur a laissé aucune illusion sur les difficultés de son exécution et ne leur a pas caché le peu d'empressement que le Gouvernement apportera à le seconder!

M. de Riepenhausen a bien essayé d'établir que la réforme profiterait à toutes les classes sociales, au grand comme au petit propriétaire; qu'elle avait pour but de relever la force morale et sociale de la famille, sacrifiée depuis la Révolution française. Invoquant le haut témoignage de Gierke, il a déclaré que les biens fonciers et les capitaux mobiliers, qui ont une fonction sociale et des caractères différents, doivent être soumis à des règles de droit distinctes. A la vieille conception romaine, à celle du Code Napoléon, il faut substituer celle de l'ancien droit germanique, et considérer la terre non pas seulement comme une richesse et une marchandise, mais comme l'assise nécessaire au développement économique et moral des individus et de la famille; le coin de terre, qui constitue le foyer, doit être ainsi inaliénable, insaisissable. La législation sur les Heimstätten, s'écriait-il, n'est que le complément en même temps que le correctif nécessaire de celles sur l'Anerbenrecht et les Rentengüter! Il faut consolider la petite propriété, empêcher l'endettement excessif, comme on a essayé d'arrêter le partage des biens. Il faut lutter contre le socialisme en libérant la terre des exigences du capital et assurer la conservation sociale!

Au nom du centre, M. Bachem, et, pour les national-libéraux, M. Heyl zu Herrnsheim, co-signataires du projet et de la résolution, sont venus corriger habilement ce qu'il y avait d'excessif dans

[1] Voir les rapports et le compte rendu des délibérations du Juristentag, 24e congrès 1898, notamment vol. II et IV.

[2] Compte rendu sténographique de la séance du 25 février 1904.

la thèse de l'orateur de la droite, en insistant surtout sur la nécessité de protéger le petit paysan contre les empiétements du grand propriétaire ou du spéculateur, et l'utilité de restaurer l'unité de la famille.

Mais les orateurs de la gauche, comme Gothein et Pohl, et le social-démocrate Stadthagen n'ont pas eu de peine à dénoncer les véritables préoccupations, les arrière-pensées secrètes qui guidaient leurs adversaires et les conséquences que ceux-ci escomptaient du vote réclamé. Le projet, sous prétexte de favoriser les petits, tend en réalité à consolider, à perpétuer les grands domaines. On voudrait attacher au sol des travailleurs qui, réduits à l'immobilité, accepteraient en fin de compte la servitude, pour atténuer les rigueurs de leur misère! On en ferait des esclaves de la terre, en leur laissant croire qu'ils en deviennent les maîtres. On ruinerait le crédit du cultivateur, bien qu'il lui soit indispensable pour prospérer. Mais on conserverait, par une exception étrange, au vendeur, c'est-à-dire au grand terrien, le droit d'exécution forcée[1]! Le paysan deviendrait une sorte de serf, soumis à la dépendance du seigneur, à l'obéissance des autorités administratives! On rétablirait, pour son malheur, un fidéicommis transformé[2]. On ne favoriserait, en définitive, que le développement de l'usure! On dispenserait généreusement à l'ouvrier le droit de devenir propriétaire, comme on lui octroierait quelque autre jour celui de devenir millionnaire, sans songer nullement à lui en offrir les moyens[3].

C'est «par considération à la fois pour les intérêts de la petite propriété, pour les sentiments de droit et d'équité innés dans le peuple, comme pour le maintien de la paix dans les familles[4]»,

(1) M. Gothein, séance du 25 février 1904 au Reichstag.

(2) M. Pohl, *id.*

(3) M. Stadthagen, *id.*

(4) Il importe de remarquer d'ailleurs que, sous le même nom, certains socialistes, comme Kautsky, ont en vue une situation économique toute différente:

«...La base du socialisme moderne est la propriété collective des moyens de production, non celle des moyens de jouissance. Ceux-ci resteront des propriétés privées... Le socialisme ne cherche pas à étouffer le désir qu'a toute personne de son complet développement, d'avoir un chez soi; il le généralisera au contraire, en créant en même temps les moyens de le satisfaire.» (Kautsky, *La politique agraire du parti socialiste*. Trad. 212-217.)

que la gauche et le parti des « Freisinnigen » (les libéraux) ont refusé de s'associer au vote de la motion.

Aussi peut-on légitimement supposer que la population paysanne, dans sa grande majorité, ferait à cette réforme le même accueil qu'elle a réservé à celles de l'Anerbenrecht et des lois de colonisation. En admettant même que le projet réussisse à triompher des lenteurs de la procédure parlementaire et des résistances de ses nombreux adversaires, il est douteux que son application réponde aux vœux secrets des partis mêmes qui le préconisent.

Juin 1904.

Georges CAHEN,
Auditeur au Conseil d'État.

BIBLIOGRAPHIE [1].

I. *Documents :*

REICHSTAG. Projet de loi sur les Heimstätten, 9e législature, 4 session, décembre 1895.

REISCHTAG. Projet de loi, 11e législature, n° 64, décembre 1903.

REISCHTAG. Projet de résolution sur le Heimstättenrecht, février 1904.

REICHSTAG. Compte rendu sténographique de la séance du 25 février 1904.

REICHSGESETZBLATT (autrichien), 1889, n° 52.

XXIVe JURISTENTAG, 1898. Rapports et comptes rendus, vol. II et IV.

Annuaire de législation comparée (pour le texte des principales lois citées).

II. *Ouvrages allemands :*

AAL. Das preussische Rentengut 1901.

BODELSCHWINGH. Das Heimstätten-Gesetz, Bielefeld, 1892.

BRENTANO. Ueber Anerbenrecht und Grundeigenthum, Berlin, 1895.

BRENTANO. Agrarpolitik, 1897.

BRENTANO. Gesammelte Aufsätze, 1899.

BUCHENBERGER, Grundzüge der Agrarpolitik.

CONRAD. Handwörterbuch der Staatswissenschaft, aux mots : Anerbenrecht ; Fideikommis ; Heimstätte.

FICK. Die bäuerliche Erbfolge im rechtsrheinischen Bayern, Stuttgart. 1895.

FROMMHOLD. Die rechtliche Natur des Anerbenrechts, Breslau, 1885.

KAULL (Dr Arveld von). Die preussische Rentengesetzgebung und das Heimstättenrecht, Heidelberg, 1895.

KAUTSKY. Die Agrarreform. (Voir la traduction Bilhaud et Polack : *La question agraire*, 1900.)

KAUTSKY. Die Agrarpolitik. (Voir la traduction Polack : *La politique agraire du parti socialiste*, 1903.)

MEYER (Rud.). Heimstätten, 1883.

MIASKOWSKI (A. von). Das Erbrecht und die Grundeigenthumsvertheilung im Deutschen Reiche, Leipzig, 1882-1884.

MIASKOWSKI (A. von). Agrarpolitische Zeit- und Streitfragen, 1889

[1] Nous ne donnons ici qu'une liste succincte des ouvrages qui nous ont paru les plus utiles à consulter, la littérature allemande sur notre sujet étant très copieuse et très disséminée.

SCHNEIDER (K.). Das sogenannte Heimstättenrecht (Jahrbuch für Gesetzgebung, 1892).

SCHRIFTEN UND VERHANDLUNGEN DES VEREINS FÜR SOZIALPOLITIK, notamment les tomes 20 à 25, 32, 43, 44, 56, 73 et 74.

SERING (Max). Die innere Kolonisation im östlichen Deutschland, Leipzig, 1893.

SERING (Max). Die Vererbung des ländlichen Grundbesitzes im Königreich Preussen. Berlin, 1899.

STENGELE (Alf.). Die Bedeutung des Anerbenrechts für Suddeutschland, Stuttgart, 1894.

WALDHECKER. Ansiedlungskommission und Generalkommission. (Jahrbuch für Gesetzgebung, 1897.)

III. *Ouvrages français :*

a. Nous tenons à signaler tout particulièrement trois ouvrages importants, auxquels nous avons fait d'utiles emprunts et où l'on trouvera une abondante bibliographie :

G. BLONDEL. Études sur les populations rurales de l'Allemagne et la crise agraire, 1897.

LEFÉBURE. La réforme agraire en Prusse, Paris, 1902.

VERDELOT. Du bien de famille en Allemagne, Paris, 1899.

b. Consulter encore :

M. BLOCH. Le mouvement économique et social en Allemagne. (*L'Économiste français*, 1896.)

G. BLONDEL. Étude sur l'enquête allemande concernant le régime successoral. (*Bull. soc. lég. comparée*, 1897-1898.)

BOURDEAU. La démocratie socialiste en Allemagne et la question agraire au congrès de Breslau. (Circulaire du Musée social, 1896.)

BRENTANO. Pourquoi n'y a-t-il pas de hobereaux en vieille Bavière. (*Revue écon. pol.*, 1897.)

BUREAU. Le Homestead, 1895.

DUBOIS (Ernest). La loi du 1er avril 1889 en Autriche. (*Annuaire lég. comp.*, 1890, n° 4, série B.)

Enquête de l'Union pour la paix sociale sur l'état des familles et l'application des lois de succession (7 fascicules).

JANNET (Claudio). La réforme des lois de succession en Allemagne. (*La réforme sociale*, 1883.)

JOBBÉ-DUVAL. Notice sur la loi du 8 juin 1896. (*Annuaire lég. étrang.*, 1897.)

HERTZ. Les populations rurales en Allemagne. (*Revue d'écon. pol.*, 1900.)

TABLE DES MATIÈRES.

ALLEMAGNE-AUTRICHE.

II

ANGLETERRE ET IRLANDE.

ANGLETERRE.

INTRODUCTION.

Un certain nombre de mesures ont été récemment adoptées, en Angleterre, en vue de restaurer la petite propriété ou tout au moins la petite culture et d'accroître, par là même, le chiffre de la population agricole. Cette législation nouvelle porte l'impression profonde de ses origines historiques; aussi est-il nécessaire, pour en bien retracer le caractère, d'étudier brièvement la formation de la grande culture et de la grande propriété et les causes de la dépopulation rurale en Angleterre.

CHAPITRE PREMIER.

ORIGINES HISTORIQUES DES MESURES DESTINÉES À RESTAURER LE RÉGIME DE LA PETITE PROPRIÉTÉ.

I. C'est au cours du XVIIIe et du XIXe siècle que se sont accomplies la concentration de la propriété foncière et la dépopulation progressive des campagnes.

Les causes principales de cette évolution furent, d'une part, le développement industriel et commercial qui attirait les capitaux et la main-d'œuvre vers les villes ou vers les colonies; d'autre part, l'expropriation systématique de la petite propriété par la haute aristocratie et la gentry rurale, poursuivie dans le double but d'acquérir la puissance politique et d'appliquer le système de la grande culture alors préconisé par les économistes. Le plus énergique des moyens employés consista dans la mainmise sur les biens communaux perpétrée, soit en vertu des Actes d'enclosure de communaux accordés en grand nombre par le Parlement aux grands seigneurs, soit même par usurpation violente; ces mesures eurent pour conséquence l'émigration des petits cultivateurs privés des vastes communaux qui leur permettaient de vivre sans être propriétaires. Le régime successoral, le privilège de primogéniture et la pratique des substitutions contribuèrent enfin à assurer la concentration de la propriété.

Cette évolution eut pour résultat de faire de l'Angleterre un pays de grands pâturages, la culture intensive, partiellement mais savamment pratiquée, et les progrès techniques de l'exploitation agraire réalisés sur les terres des riches landlords permettant, d'ailleurs, de satisfaire, sauf pour le blé, aux débouchés toujours croissants fournis par l'industrie. Elle eut également pour résultat de raréfier la population des campagnes.

II. La crise agricole qui sévit en Angleterre depuis 1875 vint révéler tous les inconvénients de cette situation. Les causes de cette crise sont diverses : concurrence des pays neufs, percement du canal de Suez, fléchissement de la prospérité industrielle, bimétallisme, etc.; en présence de la diminution de la production agricole, du prix des terres et des fermages, en présence aussi de la dépopulation croissante des campagnes, on tenta de remédier à la situation critique de l'agriculture, par la promulgation de lois agraires favorables à la petite propriété. Les promoteurs de ces textes poursuivaient en réalité un double but :

1° Ménager la transition économique en prévision de la perte de l'hégémonie industrielle de l'Angleterre et détourner vers l'agriculture délaissée une partie des forces économiques du pays. L'impérialisme protectionniste et la colonisation intérieure formèrent ainsi un programme homogène;

2° Maintenir ou créer la classe des petits paysans-propriétaires, considération qui amena l'alliance des radicaux de Birmingham et des conservateurs désireux de s'appuyer sur un parti agricole nombreux et d'avoir une main-d'œuvre plus abondante pour l'exploitation rurale.

Enfin, l'opinion en faveur des lois agraires fut très nettement influencée par le désir de réparer, dans une certaine mesure, les injustices et les spoliations qui ont présidé à la formation de la grande propriété anglaise.

CHAPITRE II.

LA LÉGISLATION DES ALLOTMENTS[1].

§ 1. But de cette législation.

La législation des allotments fut la première tentative, assez timide, d'ailleurs, en faveur de la restauration de la petite culture.

L'objet de la loi de 1887 (modifiée en 1890 et 1894) est très limité et très modeste : procurer à l'ouvrier rural ou urbain une parcelle de terre destinée à occuper les loisirs que lui laisse son travail quotidien et à lui fournir, en même temps, un supplément de salaire en nature.

Faciliter les conditions d'existence de l'ouvrier et développer en lui le goût de la vie rurale par la concession d'allotments, tel était déjà le but poursuivi par certains landlords et par diverses sociétés privées très puissantes qui devancèrent, dans cette voie, l'œuvre du législateur[2].

§ 2. Constitution et régime des allotments.

La loi de 1887 prévoit la concession dans les campagnes ou dans la banlieue des villes de lots de 1 acre (40 ares), au maximum, surface qui répond à la définition généralement donnée de l'allotment : « une petite quantité de terre arable ou une surface de prairie suffisante pour nourrir une vache, sans compter le jardin attenant au cottage ».

L'autorité municipale (conseil de cité ou conseil rural) est chargée de donner à bail ces petites tenures aux journaliers ou ouvriers moyennant un fermage perpétuel (quit rent). On a, en effet, adopté, conformément à certaines théories économiques assez en faveur en Angleterre, le système du bail perpétuel qui exige, d'ailleurs, moins de capitaux chez les demandeurs d'allotments.

[1] Nous avons utilement consulté l'intéressante étude de M. J. Gaillard, *La petite propriété en Angleterre*, période 1887-1892, Paris, Larose, 1902.

[2] *National Land Company. Smmall farm labourer's Company.*

L'autorité locale est obligée d'agir et d'appliquer la loi lorsqu'elle en est requise par six électeurs ou contribuables qui peuvent recourir contre son silence ou son inaction devant le Conseil de comté; cette assemblée nomme chaque année, à cet effet, un Comité des allotments (loi de 1890).

Comment les conseils ruraux se procurent-ils les terres nécessaires à la constitution des allotments?

Ils disposent parfois de certains biens communaux, biens ecclésiastiques, biens de la Couronne, mais ceux-ci sont d'ordinaire déjà affectés à des services publics; aussi la loi de 1887 établit-elle en faveur de l'autorité locale une sorte de droit de préemption sur les «terres charitables», biens fonds donnés à l'État dans une pensée d'assistance : les trustees (administrateurs) ne peuvent pas les vendre s'ils refusent de les céder aux autorités locales à fin d'allotments.

D'autre part, des terrains appartenant à des particuliers peuvent être loués ou achetés à l'amiable.

Enfin, la loi de 1887 a prévu l'expropriation sur décision du Conseil de comté, avec appel devant le Local Government Board (loi de 1894). L'expropriation est, en effet, nécessaire pour l'acquisition des terrains urbains et se justifie par le caractère quasi-charitable du but poursuivi. D'ailleurs, cette procédure n'est pas applicable aux parcs, jardins, emplacements de jeux, etc.

La location forcée est prévue par la loi de 1894 qui a limité, en outre, l'étendue des emprunts et des charges que l'autorité locale peut s'imposer dans le dessein de créer des allotments, car il est à craindre que les fermages ne la couvrent pas intégralement de ses débours.

Le bénéficiaire d'un allotment ne peut pas sous-louer sa tenure. Il est astreint, à peine de résiliation, au payement régulier de son fermage, à la mise en culture de son lot, etc.

Ajoutons enfin que la procédure de la loi de 1887 peut être appliquée par l'autorité locale à l'acquisition et à la reconstitution de pâturages communaux.

CHAPITRE III.

LA LÉGISLATION DES SMALL HOLDINGS.

§ 1. But de cette législation.

Le but de la législation des « small holdings » est la création d'une classe de petits propriétaires ou de petits cultivateurs indépendants, par la concession de terres d'étendue suffisante pour occuper et nourrir une famille agricole. Plus ambitieuse que la législation des allotments, elle tend donc à modifier la répartition du sol et de la propriété foncière.

§ 2. Constitution des small holdings.

La loi de 1892 attribue au small holding une superficie minima de 1 acre, maxima de 50 acres (ou un revenu maximum de 1,250 francs, si la surface est supérieure à 50 acres).

C'est le Conseil de Comté qui est l'agent d'exécution : il est chargé de vendre en pleine propriété aux cultivateurs les lots de terrains dont il a acquis la disposition.

La loi de 1892 a édicté des conditions de payement particulièrement favorables à l'acheteur : le cinquième du prix d'achat est payé comptant; le surplus, garanti par une hypothèque inscrite au bénéfice du comté, est payé par annuités semestrielles réparties sur cinquante années; le Conseil de comté peut décider qu'un quart de ce surplus sera converti en rente perpétuelle (quit rent) afin de diminuer la charge de l'amortissement. Enfin il est toujours loisible à l'acquéreur de se libérer plus vite que ne le prévoient les délais légaux.

Le Conseil de comté peut remettre le payement de l'annuité pour une période qui ne dépassera pas cinq ans, en cas de travaux d'amélioration accomplis par le « small holder ».

Le législateur, prévoyant que l'absence de capitaux éloignerait beaucoup de cultivateurs de l'acquisition en pleine propriété, a décidé que les small holdings, au lieu d'être vendus, pourraient être donnés à bail; les lots ne doivent pas, dans ce cas, dépasser 15 acres en superficie ou 375 francs en revenu.

Les terres nécessaires à l'exécution de la loi sont acquises ou prises à bail (en vue de la location) par le Conseil de comté; mais le principe de l'expropriation n'a pas été admis par la loi de 1892, d'une part en raison de la facilité probable de l'acquisition des terres dans les campagnes, d'autre part en raison de l'opposition qu'eût suscitée la vente forcée de surfaces relativement considérables si on les compare aux terrains acquis en vue d'allotments.

Le Conseil de comté aménage les terres qu'il a achetées ou louées; il les lotit; il construit les routes, établit les canalisations, construit, au besoin, des habitations, etc.

§ 3. Conservation et réglementation des small holdings.

La requête du cultivateur désireux d'acquérir un small holding est soumise au comité du Conseil de comté qui en examine la bonne foi.

Lorsque le « small holder » a été mis en possession de son lot, il est astreint à l'observation des conditions suivantes : pendant vingt ans au moins et pendant toute la durée du paiement du prix au plus, les versements doivent être faits aux échéances; aucune division, ni affermage, ne peut avoir lieu sans autorisation; le small holding doit être cultivé par le tenancier lui-même; il est interdit d'établir sur le lot un débit de boisson. La sanction de cette réglementation est la vente forcée.

A l'expiration des charges et délais, la propriété reste grevée de la clause suivante : si le propriétaire veut changer la destination ou la constitution du small holding, il doit l'offrir d'abord au Conseil de comté, puis, en cas de refus de cette autorité de reprendre le lot, aux propriétaires originaires, enfin aux propriétaires des terrains contigus.

Si le small holding a été divisé par legs ou assignation testamentaire, le Conseil de comté peut exiger la vente dans les douze mois du décès du propriétaire.

Enfin la loi de 1892 contient, en faveur de la constitution des petits domaines, une disposition fort importante : elle autorise les Conseils de comté à consentir des prêts aux tenanciers qui désirent acquérir directement de leurs landlords la terre dont ils sont fermiers ou locataires. Les quatre cinquièmes du prix, garantis par une hypothèque sur le small holding, peuvent être avancés.

CHAPITRE IV.

RÉSULTATS DONNÉS PAR L'APPLICATION DES LÉGISLATIONS SUR LES ALLOTMENTS ET LES SMALL HOLDINGS.

Les résultats donnés par les deux législations que nous venons d'exposer sont assez faibles; partout on s'est heurté au manque de terres et au manque d'acheteurs. L'attrait de la propriété absolue ou limitée n'a pas décidé les cultivateurs à payer une quit-rent ou des annuités terminales dont le montant est sensiblement supérieur aux fermages qu'ils payent à leurs landlords. En outre, la grave question de la construction des habitations n'est pas résolue dans ces textes.

En 1890, on comptait 441.000 allotments.

En 1895, 473.714.

Les terres concédées en small holdings sont, en fait, d'une superficie peu supérieure à celle des allotments. Elles sont le plus souvent données à bail, ce qui exige moins de capitaux disponibles chez le cultivateur; en outre, les small-holders ne vivent pas exclusivement des produits de leur sol : ils les vendent pour se procurer un complément de salaire. Le but de la loi, la création de petits propriétaires indépendants, n'est pas atteint, et son application est très restreinte.

CHAPITRE V.

DIVERSES MESURES FAVORABLES AU DÉVELOPPEMENT DE LA PETITE PROPRIÉTÉ.

Diverses mesures, d'ordre général, ont été adoptées, qui ont indirectement contribué au développement ou au maintien de la petite propriété et de la petite culture. C'est ainsi qu'à plusieurs reprises, le législateur a consolidé les droits du fermier à l'encontre de ceux du landlord et a limité les cas d'éviction. (Act de 1883.)

D'autre part, le système de l'Act Torrens, favorable à la mobilisation du sol et à la constitution d'hypothèque, peut être rendu obligatoire, en exécution de la loi de 1897, sur la demande des autorités du comté. Il fonctionne actuellement dans le comté de Londres.

Il faut enfin signaler une réaction notoire contre le régime des substitutions; depuis 1856 une série de textes qui ont abouti au Settlement Act de 1882 tendent à accorder de plus en plus la pleine disposition de sa propriété au grevé de substitution.

Il est piquant de noter que ces mesures sont précisément contraires aux principes du bien de famille et aux innovations de la législation allemande. Mobilisation du sol, constitution facile de l'hypothèque, réaction contre la transmission intégrale forment, il est vrai, un programme qui est plutôt dirigé contre le régime de la grande propriété en Angleterre qu'édicté en faveur de la petite propriété.

IRLANDE.

Les réformes agraires en Irlande ont abouti à la création législative, et au moyen des deniers publics, d'une véritable population de petits propriétaires.

Le dernier terme de cette évolution est la loi agraire qui est entrée en application le 1er novembre 1903.

Le régime d'oppression et de confiscations arbitraires qui pesa longtemps sur l'Irlande aboutit à la misère effroyable des petits tenanciers, à la ruine complète de la culture, aux émigrations en masse vers l'Amérique, surtout après la famine de 1846.

La réforme agraire qui est en étroite connexité avec la réforme politique et la question du Home rule est due, en partie, à la généreuse intervention de Gladstone qui prit en main, depuis 1868, la cause irlandaise : de nombreux textes vinrent mettre une limite aux évictions arbitraires des fermiers ou tenanciers par les landlords ou leurs régisseurs; la tenure irlandaise, et c'est là un souvenir des confiscations passées, est considérée par le parti irlandais comme une sorte de co-propriété entre le fermier et le landlord.

Le Bill de 1881 consacre le programme des 3 F soutenu par la Land ligue : fixity of tenure (fixité de la tenure); fair rents (fermage équitable); free sale (liberté de cession du bail par le tenancier). Il interdit l'expulsion du fermier tant que le payement du fermage est régulier. Il crée les «Land commissions», commissions administratives et judiciaires qui fixent le taux du fermage.

Enfin le Bill de 1881, en vue de faciliter le rachat du sol par le tenancier, autorise l'État à lui avancer les trois quarts du prix.

Dans le même but, l'Ashbourne bill de 1885 et le Balfour bill de 1889 prévoient l'avance par l'État de l'intégralité du prix approuvé par la Land commission, avance remboursée en 49 annuités à 4 1/2 p. 0/0.

La loi de 1903 va beaucoup plus loin dans cette voie et consacre une véritable expropriation indirecte des landlords : elle permet au tenancier d'acheter la terre moyennant payement à l'État d'une annuité égale ou, d'ordinaire, inférieure au fermage qu'il payait annuellement à son landlord; le paysan payera moins pour acquérir la pleine propriété qu'il ne payait autrefois pour ne rien acquérir.

Le landlord reçoit de l'État, et de suite, un capital représentant le montant des annuités telles qu'elles ont été fixées par accord avec le tenancier, accord homologué par une Land commission spéciale; il reçoit, de plus, une bonification représentant, d'une part, la différence provenant de la diminution légale du taux du fermage et destinée, en outre, à le pousser à l'acceptation du rachat. Cette bonification est calculée d'après le prix d'achat débattu avec le tenancier.

L'Etat est le banquier des deux parties et c'est lui qui comble le déficit laissé par l'opération : 300 millions de francs sont votés en vue d'assurer le rachat, car la mesure est facultative, en principe, pour le landlord comme pour le tenancier.

Quels ont été les résultats de cette législation que l'on pourrait sans conteste qualifier de socialiste si elle n'avait pour objet la création de petits propriétaires capitalistes?

En 1885, 125 millions ont été consacrés aux avances et aux rachats; en 1888, 125 millions; en 1891, 825 millions.

30,000 petits propriétaires avaient été établis en 1893.

On espère que l'application de la loi nouvelle en créera 100.000. Malheureusement, les landlords redoutent, paraît-il, la perte de leur influence politique. De plus, l'état de la culture est resté très précaire; après s'être consacrés à la production exclusive de la pomme de terre, les paysans irlandais ont abusé du système des pâturages et sont demeurés aussi misérables; il faudrait, pour assurer le succès de la réforme agraire, introduire en Irlande la culture maraîchère et intensive.

Juin 1904.

Paul TIRARD,
Auditeur au Conseil d'État.

TABLE DES MATIÈRES.

ANGLETERRE ET IRLANDE.

ANGLETERRE.

IRLANDE.

III

AUSTRALIE ET NOUVELLE-ZÉLANDE.

CHAPITRE PREMIER.

ORIGINES HISTORIQUES ET ÉCONOMIQUES DES LOIS FAVORABLES À LA CONSTITUTION DE LA PETITE PROPRIÉTÉ.

La législation agraire, en Australasie, répond à deux situations économiques distinctes et à deux buts différents, qu'il convient d'étudier séparément [1].

Premier but poursuivi. — Accroître la population et la production agricole de la colonie.

Les débuts de la colonisation, en Australasie, furent marqués par la toute puissance des « squatters » ou possesseurs de troupeaux; mais l'élevage des moutons pratiqué sur d'immenses étendues encloses de fils de fer, à peine surveillées par quelques cavaliers isolés, impliquait une population agricole très faible. Malgré les efforts de la Couronne, désireuse de mettre en valeur les bonnes terres et d'encourager l'immigration, les squatters occupaient des surfaces considérables, sans titre valable, poussant leurs troupeaux vers l'intérieur, au mépris des droits du domaine. Ils obtinrent même, en 1847, des baux renouvelables de longue durée moyennant payement de faibles loyers, avec droit de préemption en cas de mise en vente du sol. Ils disposaient alors des capitaux et de la puissance politique.

En 1848, la découverte de l'or eut pour effet une immigration

[1] Nous avons consulté utilement les deux remarquables ouvrages de MM. Albert Métin et Louis Vigouroux, qui contiennent les résultats d'enquêtes faites sur place par ces auteurs, chargés de missions en Australie presqu'à la même époque : Albert Métin, *Socialisme sans doctrine, Australie et Nouvelle-Zélande*, Paris, Alcan, 1901; Louis Vigouroux, *L'évolution sociale en Australie*, Paris, 1902. Voir également Pierre Leroy-Beaulieu, *Les nouvelles sociétés anglo-saxonnes*, Paris, 1897.

formidable et une demande de terres causée par cet afflux de population. C'est de cette époque que date la lutte entre le petit cultivateur et le squatter, entre la charrue et le mouton : le pâturage, qui fut pendant longtemps l'instrument de la fortune du pays, devint un obstacle à son développement économique et à l'immigration.

A ce moment, le Domaine fut remis aux colonies; celles-ci firent, au début, de leur droit de concession l'usage le moins raisonnable et le moins régulier : d'immenses domaines et les meilleures terres furent acquis par les premiers demandeurs, qui n'étaient autres que les squatters, seuls détenteurs des capitaux; c'est ainsi que se forma, en Australie, la grande propriété.

Un certain nombre de textes mit fin à cette dilapidation du Domaine, et le nouveau régime foncier qui résulte des lois échelonnées de 1882 à 1892 marque l'effacement progressif de la puissance politique et de l'utilité économique du squatter : on veut développer la petite propriété en vue d'accroître la production agricole et la population.

Deux échelons sont prévus pour arriver à ce résultat : créer d'abord une main-d'œuvre agricole nombreuse, qui sera employée par les grands propriétaires, créer ensuite une classe de petits propriétaires indépendants.

Deuxième but poursuivi. — Remédier à la pléthore de la main-d'œuvre ouvrière dans les villes, conséquence des crises industrielles et financières.

Le développement exagérément rapide des capitales australiennes, la hardiesse excessive des spéculations, l'imprudence des sociétés de crédit et de construction eurent pour terme fatal des crises qui mirent en chômage les populations ouvrières des grandes villes : il était naturel de dériver vers les campagnes cet excès de main-d'œuvre.

L'organisation étatiste du marché du travail et les lois agraires furent, en effet, les deux principaux remèdes employés en cette occurrence.

Telle est l'origine des textes qui organisent certaines concessions de petites tenures, certaines colonies ouvrières destinées à transformer la main-d'œuvre ouvrière en main-d'œuvre agricole, ou qui tendent à assurer un home aux salariés dont la situation est devenue précaire.

CHAPITRE II.

CRÉATION ET CONSERVATION DE LA PETITE PROPRIÉTÉ.

Les mesures législatives que nous allons exposer correspondent au premier but indiqué ci-dessus. Les unes, d'ordre général, sont dirigées contre la grande propriété ou sont directement favorables à la petite propriété; les autres, plus spéciales, constituent des essais de colonisation intérieure.

§ 1er. Mesures contre la grande propriété.

Le législateur poursuit le démembrement systématique de la grande propriété en vue d'obvier à la pénurie des bonnes terres disponibles et de pouvoir établir des petits cultivateurs sur les surfaces occupées par les squatters ou les grands propriétaires fonciers. Deux moyens sont employés :

a. L'impôt : l'impôt progressif est payé par les grands propriétaires seuls; 13,000 détenteurs du sol sont imposés, alors que 100,000 ne supportent aucune taxe. La plupart des colonies ont adopté ce moyen fiscal destiné à contraindre les propriétaires à subdiviser et à lotir leurs fonds.

Le Sud-Australie et la Nouvelle-Zélande, conformément aux théories d'Henry Georges, taxent seulement la plus-value foncière qui résulte, indépendamment du travail de l'homme, du développement économique du pays; ces colonies ont également adopté une taxe de 20 p. o/o sur les propriétaires qui n'exploitent pas personnellement leur sol.

b. Le rachat et l'expropriation : presque toutes les colonies achètent de gré à gré de grands domaines et les lotissent en vue d'y établir de petits cultivateurs. Depuis 1894, la Nouvelle-Zélande et le Sud-Australie ont même promulgué des lois qui permettent, à cet effet, l'expropriation des grandes propriétés.

§ 2. Mesures en faveur de la petite propriété.

a. Toutes les colonies ont strictement limité l'étendue maxima des concessions accordées aux colons afin d'éviter, dans l'avenir, la formation de la grande propriété [1]. Elles ont également diminué, à chaque échéance des baux antérieurs, la durée des baux consentis aux squatters et la surface des terres qu'ils peuvent occuper.

b. Le principe qu'aucune concession n'est gratuite a été maintenu, mais les législations nouvelles prévoient des modes de concession particulièrement favorables aux petits capitalistes : partout le bail à durée illimitée avec promesse de vente est pratiqué, de préférence à la vente pure et simple qui exige plus de capitaux immédiats. (Lois échelonnées de 1885 à 1892.) Le tenancier est, d'ordinaire, dans l'obligation de mettre le sol en valeur et d'élever une habitation.

La Nouvelle-Zélande a adopté le système de la tenure emphytéotique ou du bail de 999 ans, qui confère, sous la clause de résidence personnelle sur le sol et de mise en culture, la quasi-propriété au concessionnaire, moyennant payement d'une rente fixée à 4 p. o/o du prix qu'eût représenté la pleine propriété du fonds lors de la concession. (Loi de 1892.)

§ 3. Législations spéciales destinées à la création de villages de petits cultivateurs.

On a cherché à développer la fertilité du sol ou le défrichement des terres de qualité médiocre par la constitution de communautés de très petits propriétaires. Les nombreux systèmes qui ont été expérimentés tendent à organiser, sur des terres concédées à des conditions extrêmement favorables, des villages dont les habitants vivront, on l'espère du moins, exclusivement des produits de leur sol. Quelquefois le travail et la répartition des fruits sont organisés selon le régime communiste. La période du défrichement est particulièrement difficile à traverser, aussi l'un des systèmes les

[1] En Nouvelle-Zélande, la loi de 1892 limite à 640 et à 2,000 acres, suivant la qualité des terres, la surface qu'une seule personne peut sélecter sur le domaine public.

plus en faveur consiste-t-il à employer les habitants du village à des travaux publics et à leur assurer ainsi un salaire, tout en leur laissant les loisirs nécessaires pour mettre progressivement en culture le lot qui leur a été concédé.

§ 4. Avances de fonds.

Toutes les lois agraires (1882 à 1892) autorisent les gouvernements à faire *des avances* aux villageois bénéficiaires de concessions et à leur procurer les fonds nécessaires à leur installation. Les colonies font ainsi profiter les futurs propriétaires de leur crédit et de leurs facilités d'emprunt.

CHAPITRE III.

COLONIES OUVRIÈRES ET MESURES DESTINÉES À REMÉDIER AUX CONSÉQUENCES DU CHÔMAGE.

§ 1. Création de villages.

En présence du grand nombre d'ouvriers sans travail par suite des crises industrielles, on songea tout naturellement à employer cet excès de main-d'œuvre à la mise en valeur du sol[1].

Les gouvernements tentèrent d'appliquer spécialement aux ouvriers urbains les lois dont nous venons d'exposer l'économie et organisèrent des communautés de village de divers types.

La colonie de Sud-Australie s'est notamment signalée par ses essais de villages communistes (loi de 1893) : les concessions sont accordées à des associations de vingt personnes au moins, moyennant un fermage minime. Les gros travaux de défrichement et les cultures se font en commun; les produits. les subsistances, les divers éléments nécessaires à l'existence sont également répartis entre les membres de la communauté. Ceux-ci sont solidairement responsables des avances faites par le Gouvernement et le lien social est indissoluble tant qu'ils ne sont pas libérés. C'est seulement

(1) Les gouvernements désiraient également éloigner des capitales le plus grand nombre possible de sans-travail. Ils s'imposèrent, dans ce but, de gros sacrifices.

après complet remboursement que les lots peuvent être l'objet d'attributions individuelles avec baux de 999 ans.

§ 2. Colonies de travail.

La colonie de Victoria possède un établissement agricole qui procède à la fois de la ferme expérimentale et de la maison d'assistance par le travail. On y embauche les ouvriers des villes sans travail et on les transforme en ouvriers agricoles en les employant d'abord à des travaux de défrichement; ils peuvent ensuite se placer chez de grands cultivateurs. La Nouvelle-Zélande et la Nouvelle-Galles possèdent des institutions analogues.

§ 3. Les blocks urbains et ruraux.

Les blocks sont de très petites tenures destinées à assurer aux travailleurs un home ou un complément de salaire fourni par la culture en dehors des heures de travail. Cette institution se rapproche de celle des Allotments anglais. Les blocks sont parfois insaisissables, comme le homestead américain, mais cette clause ne paraît pas générale [1].

Le block urbain, situé dans la banlieue des villes, est concédé aux ouvriers qui l'emploient soit à la construction, soit au jardinage, soit à la culture maraîchère.

Le block rural fournit un complément de salaire à l'ouvrier agricole; il permet même, lorsqu'il est de quelque étendue, de créer des petits cultivateurs indépendants, qui vivent des seuls produits de leur sol.

[1] *Homestead Blocks*, en Sud-Australie : le *blocker* peut, par une déclaration enregistrée, rendre sa terre insaisissable dans l'avenir, pour payement de dette quelconque ou à la suite de faillite, exception faite toutefois pour le recouvrement des taxes et impôts (*Victoria year-book*, p. 789). Quelques lois, peu nombreuses, étendent ce privilège aux lots de village concédés, à des conditions particulièrement favorables, dans des régions incultes : dans la Nouvelle-Galles du Sud, le *Homestead-selector*, s'il est solvable au moment de l'enregistrement de la déclaration, peut rendre sa tenure insaisissable (*Crown lands Act*, de 1895. *Homestead Selections; Wealth and Progress, New-South Wales*, 1900-1901, par A. Coghlan, p. 443). Il en est de même, en Nouvelle-Zélande, pour les *Homestead allotments*. (*Village Settlements, New-Zealand Official year-book*, 1903.) Ces clauses exceptionnelles applicables à des concessions sur terres publiques rappellent le régime du Homestead fédéral des États-Unis, mais sont d'une portée très restreinte et ne se sont pas généralisées.

CHAPITRE IV.

LES RÉSULTATS.

Le morcellement du sol a notablement augmenté au cours de ces dernières années et la culture intensive remplace peu à peu les pâturages[1].

Les achats de bonnes terres effectués par les états, en vue de les revendre par lots de faible étendue, ont certainement contribué à ce résultat. Le Queensland, en trois ans, a installé 3,000 personnes sur des terres provenant de grands domaines achetés et morcelés.

Dans la Nouvelle-Zélande, de 1890 à 1900, le nombre des sélections de moins de 1 acre a doublé chaque année.

Mais les sacrifices d'argent considérables que se sont imposés les colonies sont souvent restés infructueux : les associations de village et les communautés ouvrières installées dans les régions incultes ont peu réussi et végètent. Le régime communiste, adopté par certains statuts, ne semble fonctionner qu'avec difficulté : le travail en commun et le partage égalitaire donnent lieu à des conflits incessants et les colons réclament l'allotissement et la propriété individuelle.

Il reste donc que partout, avec une intensité variable selon les régions, les squatters et les grands propriétaires fonciers cèdent peu à peu la place et la puissance politique aux cultivateurs et aux ouvriers; mais peut-être est-ce là plutôt l'effet d'une évolution économique inéluctable que le résultat de la législation qui vient d'être exposée et des efforts tentés par les colonies australiennes en vue de précipiter la constitution d'une classe nombreuse de petits propriétaires.

Juin 1904.

Paul TIRARD,
Auditeur au Conseil d'État.

[1] Cependant l'élevage représente encore aujourd'hui une des principales ressources des colonies australiennes.

TABLE DES MATIÈRES.

AUSTRALIE ET NOUVELLE-ZÉLANDE.

IV

BELGIQUE.

INTRODUCTION.

Le premier effort notable du législateur belge, en vue d'assurer un foyer à chaque famille, a porté sur la question des logements ouvriers; les lois de 1889 et de 1893 sur les habitations ouvrières ont devancé notre loi de 1894 sur les habitations à bon marché et lui ont, en partie, servi de base et de modèle. D'urgentes raisons d'hygiène et d'humanité, l'insalubrité de certaines cités ouvrières, d'autre part la nécessité de ne pas étendre exagérément la portée d'application de la loi, afin de n'en pas retarder l'adoption, expliquent que la sollicitude du législateur se soit manifestée d'abord en faveur des travailleurs urbains avant de s'étendre aux familles rurales. D'ailleurs, l'agriculture belge, au cours de ces dernières années, semble avoir suppléé à l'intervention de l'État par le développement véritablement extraordinaire de l'esprit d'association, et l'on peut dire que la caractéristique du mouvement rural, en Belgique, réside dans cet essor prodigieux des associations agricoles [1].

Mais si ce développement est très favorable au régime de la petite propriété, il ne réussit pas cependant à assurer toujours la conservation des foyers de famille ruraux, dont l'existence est menacée par l'exagération de la dette hypothécaire et de la dette fiscale, ainsi que par les dispositions du Code civil sur le partage successoral. Aussi les récentes lois ou propositions de lois élaborées en

[1] Comices agricoles, ligues agricoles, syndicats pour l'amélioration de la race bovine (187 en 1900). Sociétés d'achats en commun : engrais, matières alimentaires, semences, machines, etc. (602 en 1898). Sociétés ou syndicats de vente pour le lait, pour la fabrication et la vente du beurre et du fromage; laiteries coopératives (258 en 1900); distilleries coopératives. — Crédit agricole : caisses Raiffeisen (199 en 1898); sociétés mutualistes d'assurances agricoles pour le bétail, les récoltes, etc. — Louis Varlez, Rapport général pour l'Exposition de 1900, Belgique; Économie rurale, Bruxelles, 1901.

faveur de la petite propriété protègent-elles indistinctement l'habitation de l'ouvrier urbain et les terres du petit cultivateur, ou, plus exactement, la petite propriété en elle-même sans rechercher la qualité de son possesseur. . . . .

CHAPITRE PREMIER.

CONSTITUTION DE LA PETITE PROPRIÉTÉ.

Nous venons d'indiquer que les mesures destinées à favoriser la diffusion de la petite propriété, en Belgique, forment deux législations distinctes, selon qu'elles s'appliquent à la petite propriété urbaine ou au petit domaine rural : la première constitue la législation des habitations ouvrières, que nous allons rappeler brièvement; la seconde consiste en faveurs fiscales accordées aux acquéreurs de petites exploitations agricoles.

§ 1. Habitations ouvrières.

La loi organique, en la matière, est la loi du 9 août 1889, modifiée par celle du 18 juillet 1893. Déjà la loi du 12 août 1862 avait accordé des facilités pour le payement des droits dus au fisc, du chef de l'acquisition de maisons ouvrières et les lois des 20 juin 1867 et 3 juillet 1871 avaient favorisé la fondation de sociétés anonymes pour la construction d'habitations ouvrières.

La loi du 9 août 1889 a surtout cherché ses moyens d'action dans le développement du crédit et la diminution des charges fiscales; ses dispositions principales portent sur les points suivants [1] :

1° Création de comités de patronage destinés à étudier la question des habitations ouvrières, à encourager l'initiative privée, à favoriser le développement des sociétés de construction et des sociétés de prêts;

2° Faveurs accordées aux sociétés de construction, d'achat, de vente ou location d'habitations ouvrières et aux sociétés de crédit qui consentent aux ouvriers les prêts nécessaires à la construction ou à l'acquisition de ces habitations;

3° Exemptions fiscales dont peuvent bénéficier les ouvriers pro-

[1] Rapport général, par Louis Varlez, *op. cit.*

priétaires (décharge de la contribution personnelle); réduction de la moitié des droits d'enregistrement et de transcription hypothécaire pour certains actes tendant à procurer aux ouvriers la propriété de leur habitation;

4° Autorisation donnée à la Caisse d'épargne et de retraites d'employer une partie de ses fonds disponibles en prêts destinés à la construction ou à l'achat d'habitations ouvrières et organisation des assurances mixtes sur la vie. Ces dernières dispositions sont capitales. Elles permettent de fournir aux sociétés de construction ou de crédit les fonds nécessaires à l'accomplissement de leur œuvre. D'autre part, le système de l'assurance sur la vie règle la difficile question des habitations dont le prix n'est pas encore soldé au décès de l'ouvrier; un supplément de prime assure à ce dernier la propriété intégrale de la maison à son décès, et parfois même un capital supplémentaire [1].

Ajoutons enfin que les communes et divers établissements financiers commencent à seconder la Caisse d'épargne et à fournir également des capitaux destinés aux habitations ouvrières.

Les effets bienfaisants de la loi de 1889 ont été considérables et les sociétés d'habitations ouvrières, dont elle a suscité la naissance, se sont développées avec la plus grande rapidité. Mais son champ d'activité est limité à la classe des ouvriers urbains, aussi le législateur a-t-il édicté, au profit des ouvriers agricoles et des cultivateurs, des mesures de faveur spéciales à la constitution de la petite propriété rurale.

§ 2. La petite propriété rurale et la loi du 21 mai 1897.

La loi du 21 mai 1897 porte réduction des droits d'enregistrement et de transcription pour les acquisitions de petites propriétés rurales.

L'idée mère de cette réforme fiscale, telle que la définit l'exposé des motifs du gouvernement et les rapports devant la Chambre et devant le Sénat, est de «faciliter la constitution entre les mains

[1] Cette disposition est presque toujours adoptée : au 1er janvier 1900, 10,914 prêts sur 13,697 comportaient une assurance sur la vie.

du cultivateur et de l'ouvrier agricole d'un petit patrimoine modeste, mais suffisant pour former le fonds d'une petite exploitation ». — « C'est l'application, en matière de propriété rurale, du principe admis déjà par la loi du 9 août 1889, relative aux habitations ouvrières. . . Cette loi et le projet actuel ont un objet commun : aider à la diffusion, parmi le plus grand nombre, de la propriété immobilière [1]. »

La loi de 1897 réduit de moitié les droits d'enregistrement et de transcription [2] en faveur des acquisitions d'*immeubles ruraux*, c'est-à-dire de ceux dont le revenu cadastral n'excède pas 200 francs (art. 1er) et qui sont destinés à l'exploitation agricole (art. 2). L'acquéreur, son conjoint, son descendant ou le conjoint de celui-ci, doivent exploiter eux-mêmes l'immeuble objet du contrat (art. 3) et ne pas posséder d'autre immeuble dont le revenu cadastral forme avec celui de l'immeuble acquis un total supérieur à 200 francs.

La loi de 1897 constitue donc une réforme très favorable au développement du régime de la petite propriété dans les campagnes. A la vérité, la statistique ne fournit aucun document probant sur la concentration ou l'éparpillement de la propriété foncière, dont la situation paraît rester stationnaire dans son ensemble, en Belgique; peut-être cependant accuse-t-elle une légère diminution du nombre des petites propriétés que leurs propriétaires font valoir eux-mêmes; mais on constate un accroissement considérable et certain du nombre des petites exploitations tenues en location, une disparition très nette de la grande culture qui fait place à la petite. Il y a, par suite, un plus grand nombre de travailleurs agricoles susceptibles d'être attachés au sol par le lien de la pleine propriété: tel a été le but du législateur de 1897 qui a pensé « qu'il incombait aux pouvoirs publics d'aider le petit cultivateur à devenir propriétaire de sa maison ou de son champ ».

(1) Rapport à la Chambre des représentants par M. Van der Linden.

(2) Droit d'enregistrement réduit à 2 fr. 70 p. o/o. Droit de transcription hypothécaire à o fr. 65 p. o/o.

§ 3. Projet de loi portant réduction des droits d'enregistrement et de transcription en faveur de la petite propriété, etc.[1].

Le Gouvernement a présenté aux Chambres un projet contenant une série de réformes très diverses et de nature à favoriser la diffusion ou la conservation de la petite propriété, principalement au moyen de réductions ou de modifications des droits d'enregistrement et de transcription.

D'après le Ministre des Finances, M. de Smet de Naeyer, les principales dispositions de son projet, spécialement favorables à la constitution de la petite propriété, sont les suivantes :

1° Réduction à moitié des droits d'enregistrement et de transcription ordinaires, pour les *acquisitions*, par un particulier ou par plusieurs particuliers réunis, de la totalité de biens immeubles dont la valeur, — ajoutée, le cas échéant, à la valeur des biens déjà possédés en totalité par l'acquéreur, — ne dépasse pas 10,000 francs, quelle que soit la nature de l'immeuble, quelle que soit la profession de l'acquéreur;

2° Réduction à moitié des droits d'enregistrement ordinaires pour tous emprunts souscrits par des particuliers, soit en vue de semblables acquisitions, soit en vue de l'érection d'une construction, pourvu, dans ce dernier cas, qu'ils ne dépassent pas 10,000 francs;

3° Extension du privilège de la personnification civile et des nombreuses faveurs fiscales dont jouissent actuellement les sociétés ayant pour objet exclusif la construction, l'achat, la vente ou la location d'habitations *ouvrières* aux sociétés ayant pour objet exclusif la construction, etc., d'*habitations à bon marché* ou l'achat de

[1] Ce projet a donné lieu à de remarquables débats à la Chambre des représentants, qui l'a discuté du 14 avril au 6 mai 1904. En présence de l'encombrement de la fin de session imminente, en présence surtout de la vive opposition qui s'est manifestée même parmi les membres de la majorité, le Gouvernement a proposé l'ajournement à la prochaine session de la majeure partie des réformes de son projet. En conséquence, la Chambre s'est bornée à adopter, le 6 mai 1904, le titre portant modification des droits d'enregistrement sur les actes de partage. Ce projet réduit est actuellement transmis au Sénat. (Voir l'exposé des motifs, le rapport de M. Tibbaut, rapporteur de la Commission spéciale, les *Annales parlementaires*, Chambre des représentants, du 14 avril au 6 mai 1904.)

terrains et leur revente en vue de la construction d'habitations à bon marché ;

4° Extension des faveurs fiscales dont jouissent les sociétés de prêts destinés aux habitations ouvrières, aux sociétés de prêts destinés aux habitations à bon marché ;

5° Restitution des droits d'enregistrement et de transcription perçus ur lesdites sociétés, lorsque l'immeuble est revendu dans les dix ans de l'achat : la société est alors considérée comme un simple intermédiaire entre le vendeur primitif et les acquéreurs définitifs ;

6° Extension considérable du rôle de la Caisse d'épargne en matière d'assurances sur la vie. Substitution des habitations à bon marché aux habitations ouvrières dans les dispositions de loi autorisant les prêts par la Caisse d'épargne en cette matière.

Le projet s'efforce donc de créer un régime de droit commun pour la petite propriété ; actuellement la faveur fiscale va à la qualité de la personne ou à la nature de l'immeuble ; il en résulte certaines difficultés d'application : nécessité de certificats ouvriers, d'extraits du cadastre, intervention du comité de patronage, etc. « Notre objectif, dit le Ministre des Finances, est, en premier lieu, de favoriser la constitution dans le chef de tous les citoyens de condition modeste, sans distinction de classes, d'un petit patrimoine immobilier, urbain ou rural ; en second lieu, de faciliter la conservation, le maintien de ce patrimoine dans la famille de son auteur, au décès de celui-ci[1]. »

Nous allons signaler les dispositions relatives à ce dernier objet, dans les chapitres qui suivent, à propos de la conservation et de la transmission de la petite propriété.

[1] M. Beernaert, le promoteur de la loi sur les habitations ouvrières, s'est élevé contre cette généralisation. « Pourquoi, en règle générale, les petits biens devraient-ils payer moins cher que les domaines plus étendus, lorsqu'on les achète par spéculation ou comme placement ? Pourquoi n'y aurait-il plus à distinguer d'après le but et l'utilité sociale de l'opération ? » (Séance du 28 avril 1904.) L'extension du rôle de la Caisse d'épargne, la diminution indirecte des faveurs accordées aux habitations ouvrières, et surtout les réformes fiscales destinées à compenser les pertes subies par le Trésor du chef des dégrèvements ont également soulevé les plus vives critiques.

CHAPITRE II.

CONSERVATION DE LA PETITE PROPRIÉTÉ.

§ 1. La proposition de loi de M. H. Carton de Wiart relative à l'insaisissabilité de la petite propriété familiale.

La conservation de la petite propriété a été l'objet d'une proposition de loi «relative à l'insaisissabilité de la petite propriété familiale», émanant du M. H. Carton de Wiart et déposée à la Chambre des Représentants le 20 mars 1901 (1).

Sans s'attacher uniquement à la recherche statistique de la progression ou de la régression de la petite propriété, M. Carton de Wiart met en évidence les inconvénients que présente pour les individus, pour la société, pour l'agriculture, l'instabilité croissante des foyers de famille. Cette instabilité est provoquée par l'exagération de la dette hypothécaire et rurale, par le taux excessif de l'impôt foncier, par le partage forcé (du moins avant la loi du 14 mai 1900). C'est la première de ces causes que le projet de M. de Wiart a pour but d'enrayer en conférant le privilège de l'insaisissabilité à la petite propriété familiale.

L'usage inconsidéré de l'hypothèque, le taux excessif de l'intérêt, la difficulté pour le cultivateur de recomposer le capital emprunté en vue du remboursement, même lorsqu'il l'a employé à améliorer son sol, ont pour conséquence des évictions qui deviennent de plus en plus nombreuses (2).

«En interdisant au petit propriétaire la faculté d'hypothéquer»,

(1) Cette proposition de loi a été prise en considération le 28 mai 1901 et renvoyée à l'examen d'une commission spéciale qui ne l'a pas encore examinée. Elle reproduit sensiblement une proposition du même auteur déposée le 5 octobre 1899 et qui était devenue caduque.

Les développements qui vont suivre sont empruntés aux observations présentées par M. Carton de Wiart à l'appui de sa proposition de loi et à un article qu'il a fait paraître sur le même sujet dans l'*Enquête de la Réforme sociale*, 3e fascicule, Paris, 1901.

(2) D'après les statistiques du Ministère de la Justice, le nombre des évictions aurait doublé presque partout en Belgique, de 1873 à 1893, sauf dans l'Ardenne.

le projet lui enlève « une faculté dangereuse, une tentation condamnable ».

M. de Wiart estime que la perte du crédit hypothécaire sera compensée par le développement du crédit personnel des propriétaires « dont la situation financière sera bien meilleure qu'auparavant ».

La proposition de M. de Wiart rappelle, dans ses détails et dans sa forme, le régime des « Homestead laws » des États-Unis, mais son auteur reconnaît qu'elle en diffère totalement par l'esprit qui l'inspire et par le but qu'elle poursuit : l'institution américaine avait en vue la protection temporaire des « farmers » en temps de crise ; le projet belge étend au foyer familial l'insaisissabilité déjà assurée aux objets indispensables à l'existence, pour satisfaire à des considérations d'humanité et pour assurer la stabilité de la famille.

Les principales dispositions de la proposition de loi belge sont les suivantes :

1° Objets qu'il est permis d'ériger en bien de famille :

L'habitation seule ou l'habitation et le fonds de terre, atelier ou chantier.

Le revenu cadastral intégral de ces immeubles ne doit pas dépasser 300 francs, maximum adopté par la loi du 14 mai 1900 sur le régime successoral des petits héritages.

2° Conditions et formalités légales :

Pour constituer un bien de famille, il faut être Belge, non interdit, majeur ou mineur émancipé et être chef de famille, c'est-à-dire être marié *ou* avoir des enfants légitimes ou naturels reconnus. Il faut, en outre, résider dans l'habitation et faire valoir personnellement les terres; être propriétaire indivis ou unique du bien (ou en avoir l'administration s'il s'agit d'un bien de la femme); enfin, n'être pas déjà possesseur d'un bien de famille.

Un acte notarié constate la constitution du bien de famille et cet acte est transcrit au bureau des hypothèques; jusque-là, le privilège ne peut être opposé aux créanciers qui ont contracté sans fraude et dont la créance a date certaine antérieure à la transcription.

3° Effets de la constitution du bien de famille :

A. Le bien ne peut être vendu que du consentement des deux époux.

B. Le bien est insaisissable, y compris les améliorations, les animaux et instruments de culture et la prime d'assurance payée en cas de destruction.

Exception est faite en faveur du fisc, des entrepreneurs, ouvriers, etc., qui ont amélioré le fonds, des créanciers du chef de fourniture d'aliments, des victimes des délits ou quasi-délits.

C. Le bien ne peut être ni hypothéqué, ni vendu à réméré (à la différence du Homestead américain).

L'insaisissabilité du bien de famille prend fin dès qu'une des conditions nécessaires à sa constitution cesse d'être remplie. En cas de décès du constituant, le privilège subsiste au profit du conjoint survivant s'il a des enfants [1], et au profit des enfants mineurs, si l'indivision du bien de famille est maintenue.

§ 2. Le projet de loi portant réduction des droits d'enregistrement et de transcription, etc. [2].

Il convient de signaler ici certaines dispositions du projet de loi discuté aux mois d'avril et de mai 1904 par la Chambre des représentants, qui sont destinées à favoriser la conservation de la petite propriété. La réforme proposée consiste à faciliter le dégrèvement de la propriété immobilière par la substitution d'une dette amortissable à une dette hypothécaire remboursable en une fois. A cet effet, le projet exempte totalement du droit proportionnel d'enregistrement les payements avec subrogation ayant pour objet de substituer à une dette à terme fixe une dette amortissable, quels que soient, d'ailleurs, l'emprunteur et l'importance de la dette. De plus, une extension nouvelle est donnée aux sociétés de crédit qui pourront également prêter en vue du dégrèvement des habitations à bon marché.

La proposition de loi de M. Carton de Wiart et les dispositions

(1) Le Homestead américain protège toujours la veuve, même sans enfants.

(2) Voir le chapitre Ier, *Constitution de la petite propriété*, § 3.

du projet du Gouvernement ont pour objet d'assurer la conservation de la petite propriété du vivant de son propriétaire.

La loi du 16 mai 1900, due à l'initiative et aux efforts persévérants de M. Van der Bruggen, poursuit le maintien de son intégrité, *après le décès*, par la réforme, au profit des petits héritages, du régime successoral organisé par le Code civil.

Nous sommes ainsi conduits à l'étude des mesures relatives à la transmission successorale de la petite propriété.

CHAPITRE III.

TRANSMISSION DE LA PETITE PROPRIÉTÉ.

LOI DU 16 MAI 1900 SUR LE RÉGIME SUCCESSORAL DES PETITS HÉRITAGES.

Le Code civil prescrit le partage en nature et par parts égales entre les héritiers, sur la demande d'un seul des héritiers; le partage judiciaire, obligatoire en cas de désaccord ou de minorité, a pour conséquence ordinaire la vente forcée du bien; enfin, le maintien conventionnel de l'indivision au delà d'une durée de cinq années est prohibé. Par suite de ces dispositions et de l'interprétation étroite et rigoureuse que leur donne la jurisprudence, le décès du travailleur entraîne la perte fatale du petit patrimoine, dont la constitution a été le résultat de ses efforts et l'objet de la sollicitude du législateur. « A moins de condamner les familles à un perpétuel recommencement, beaucoup de travailleurs à voir le fruit de leurs peines mourir avec eux, il faut faciliter la transmission du patrimoine familial[1]. »

La loi belge de 1889 sur les habitations *ouvrières* ne portait aucune disposition destinée à assurer après le décès la conservation de l'habitation acquise.

[1] Rapport à la Chambre des représentants sur la loi du 16 mai 1900, par M. Van der Linden. Nous avons consulté utilement le rapport de M. Van der Bruggen à la Chambre, celui de M. Dupont au Sénat, et un article de M. Georges Legrand publié dans l'*Enquête de la Réforme sociale*, 3e fascicule, Paris, 1901.

Notre loi du 30 novembre 1894 sur les habitations *à bon marché*, qui s'est largement inspirée de la loi belge, a comblé cette lacune : elle organise, dans son article 8, l'indivision temporaire et la transmission intégrale. Mais elle ne s'applique qu'à l'habitation, urbaine ou rurale, avec le jardin qui l'entoure.

La loi belge du 16 mai 1900 sur le régime successoral des petits héritages, s'inspirant à son tour de l'article 8 de la loi française, a introduit la même réforme, mais en lui donnant une portée bien plus générale : elle s'applique à tous les *petits héritages*, à la terre comme à l'habitation, sans distinguer si le bien est ouvrier (loi du 9 août 1889) ou rural (loi du 21 mai 1897), ce qui évite, d'ailleurs, de réelles difficultés d'application.

La loi du 16 mai 1900 n'a pas été votée sans une vive opposition : on craignait le rétablissement indirect du droit d'aînesse; aussi les promoteurs de la réforme renoncèrent-ils à une extension de la quotité disponible que prévoyait le projet primitif.

Limité aux petits héritages et compensé par des prélèvements équivalents au profit des cohéritiers, le droit de reprise a pour seul but, dans la loi de 1900, d'éviter l'émiettement indéfini qui résulte du partage forcé.

La réforme successorale s'applique aux successions qui comprennent, pour la totalité ou pour une quotité, des immeubles dont le revenu cadastral intégral ne dépasse pas 300 francs, chiffre qui correspond, d'après les commentaires donnés à la Chambre et au Sénat, à une valeur vénale d'environ 12,000 francs[1].

Les dérogations suivantes sont apportées, dans ce cas, aux dispositions du Code civil :

1° Extension des droits de l'époux survivant :

L'époux survivant auquel est échue, aux termes de la loi de 1896, une quotité en usufruit de la succession de son conjoint, a le droit de se faire attribuer l'habitation occupée par les époux, si elle est entrée en totalité dans la communauté ou si elle appar-

[1] Le chiffre de 300 francs a été adopté pour donner satisfaction au Sénat. La Chambre avait porté le maximum à 400 francs. La revision de la peréquation cadastrale réduira notablement le nombre des propriétés classées comme donnant lieu à un revenu cadastral de 300 francs (Legrand, *op. cit.*).

tient entièrement à la succession du prémourant, les meubles meublants, les terres exploitées personnellement par l'occupant et pour son compte, le matériel agricole et les animaux attachés à la culture, même si la valeur de ces biens excède celle de la part dont il a l'usufruit. Dans ce cas, l'époux survivant est tenu de servir aux héritiers une rente annuelle fixée sans appel par le juge de paix (art. 2).

2° Maintien de l'indivision :

L'indivision des biens frappés d'usufruit au profit de l'époux survivant peut être maintenue, s'il y a parmi les cohéritiers en ligne directe un ou plusieurs mineurs, pour un terme ou pour des termes successifs allant jusqu'à la majorité du mineur le moins âgé[1]. Cette indivision est prononcée par le juge de paix soit à la demande d'un des intéressés, soit d'office, mais avec l'autorisation du conseil de famille.

3° Droit de reprise :

Chacun des héritiers en ligne directe et, le cas échéant, le conjoint survivant, s'il est copropriétaire[2], ont la faculté de reprendre, sur estimation, l'habitation, les terres que l'occupant de la maison exploitait personnellement et pour son propre compte, les meubles meublants, le matériel agricole et les animaux attachés à la culture[3].

Lorsque plusieurs intéressés veulent user du droit de reprise, la préférence revient à l'époux survivant, ensuite à celui que le *de cujus* a désigné[4]; sinon la majorité des intérêts décide; à défaut de cette majorité, il est procédé par voie de tirage au sort (art. 4).

La procédure établie par la loi de 1900 repose principalement

(1) La loi française du 30 novembre 1894 permet le maintien de l'indivision pendant cinq ans, même si tous les enfants sont majeurs, et, s'il y a des mineurs, elle autorise sa continuation pendant cinq ans à partir de la majorité de l'aîné des mineurs, mais elle limite alors sa durée totale à dix ans au plus.

(2) La loi française de 1894 exige que le conjoint survivant soit copropriétaire pour moitié au moins.

(3) Dans les petites successions, le payement des soultes sera d'une grande difficulté pour l'héritier qui aura exercé le droit de reprise. Il est à craindre qu'il ne soit conduit, le plus souvent, à emprunter et à grever d'hypothèque son petit domaine.

(4) D'après la loi française de 1894, l'héritier désigné vient le premier, l'époux survivant le second.

sur le juge de paix : il statue souverainement sur les contestations relatives à l'estimation des biens à reprendre et généralement sur tous les litiges auxquels peut donner lieu l'exercice du droit de reprise.

Enfin l'article 6 accorde réduction de la moitié des droits d'enregistrement et de transcription pour la reprise effectuée par application de la loi.

Le projet de loi modifiant les droits d'enregistrement sur les actes de partage, adopté par la Chambre des représentants dans sa séance du 6 mai 1904, à la suite de l'ajournement des autres réformes primitivement proposées par le Gouvernement[1], abroge l'article 6 de la loi de 1900 et le remplace par une mesure d'ordre général. Il substitue un droit proportionnel de 0 fr. 25 0/0 sur les actes mettant fin à une indivision, aux droits de vente et de transcription qui frappent actuellement les soultes de partage et les licitations ou cessions de parts indivises entre copropriétaires.

La réforme consacrée par la loi du 16 mai 1900 était indispensable pour combler la lacune laissée par la loi de 1889 sur les habitations ouvrières. Généralisée et étendue à tous les petits héritages, elle constitue une innovation considérable, une modification profonde des principes du Code civil, qui était réclamée de longue date par un grand nombre de jurisconsultes et d'économistes, mais dont il est difficile d'apprécier dès à présent les résultats[2].

Juin 1904.

Paul TIRARD,
Auditeur au Conseil d'État.

[1] Voir *Constitution de la petite propriété*, chap. Ier, § 3.

[2] Nous devons à l'obligeance de M. Mabilleau, directeur du Musée social, la communication suivante de M. Louis Varlez, l'auteur de remarquables études sur la petite propriété et le homestead :

« Je me suis renseigné aux meilleures sources, notamment auprès de M. Vliebergs, le conseil savant et éclairé de nos « Ligues de Paysans », mais je n'ai pu me procurer les statistiques que vous me demandez, pour l'excellent motif qu'elles n'ont pas jusqu'ici été dressées.

« Tous les renseignements que j'ai obtenus au sujet de l'application de la loi (sur le régime successoral des petits héritages) concordent pour établir *qu'il en a été très peu fait usage*. Cette loi est contraire aux usages anciens; les praticiens, notamment les avocats et les notaires, n'en connaissent pas encore les dispositions dans tous leurs détails et n'aiment pas beaucoup à l'appliquer; enfin, elle n'est pas encore entrée complètement dans les mœurs.

«La loi de 1900 fait partie d'un ensemble législatif dont il est assez difficile de la séparer : je vous signalerai notamment la loi de 1896 sur les droits du conjoint survivant, la loi de 1897 sur l'acquisition d'une petite propriété, les lois de 1889, etc., sur les maisons ouvrières, enfin le projet actuellement discuté, dit *de Smet de Naeyer*, et qui a pour but de codifier un grand nombre de dispositions fiscales et sociales relatives à la propriété.

«La loi de 1900, sur le régime successoral des petits patrimoines, se rattache au même mouvement.» (*Juillet 1904.*)

TABLE DES MATIÈRES.

BELGIQUE.

V

DANEMARK.

La tendance des populations rurales à se porter vers les villes s'est accentuée en Danemark comme dans la plupart des pays de l'Europe. Au cours du XIXe siècle, dit M. Grandeau[1], et surtout dans les cinquante dernières années, s'est développée en Danemark, dans les campagnes, une population ouvrière très nombreuse, ne possédant aucune propriété immobilière et vivant en location dans des maisons sans terre. Les conditions peu satisfaisantes dans lesquelles se trouvaient ces ouvriers de la campagne provoquèrent leur émigration en grand nombre dans les villes et à l'étranger.

Le Gouvernement et le parlement danois se sont préoccupés de remédier à cet état de choses; pour la conservation et pour la reconstitution de la petite propriété rurale, plusieurs lois ont été votées et promulguées.

La loi du 26 mars 1898 autorise le Gouvernement à avancer une somme de cinq millions de couronnes (environ 7 millions de francs) à des sociétés de prêts à l'agriculture constituées suivant les mêmes principes que les Unions ou Caisses *Raiffeisen;* elle a pour but de permettre aux propriétaires ruraux d'emprunter dans des conditions peu onéreuses le capital qui leur est nécessaire. La loi du 24 mars 1899 tend à donner à l'ouvrier le moyen d'acquérir une petite exploitation rurale (*husmandsbrug*). Elle a autorisé le Gouvernement à consacrer pendant cinq années une somme annuelle de deux millions de couronnes (environ 2,300,000 francs) à des prêts en faveur d'ouvriers agricoles, économes et sobres, et qui désirent acheter de petites propriétés d'une contenance de 1 à 5 hectares, d'une valeur maximum de 4,000 couronnes

[1] Rapport sur la législation agricole danoise de 1898 et 1899.

(5,600 francs); l'emprunteur doit être possesseur d'une somme représentant le dixième de la valeur totale de la propriété. La loi de 1899 a sans doute donné des résultats satisfaisants, car une loi toute récente du 22 avril 1904, qui l'a remplacée, en a reproduit les dispositions essentielles et a supprimé toute limitation du chiffre total des prêts consentis par le Gouvernement[1].

Il était intéressant de savoir si cette législation, si favorable à la petite propriété rurale, avait été ou devait prochainement être complétée par des mesures destinées à exempter cette propriété de la saisie, ou à assurer sa transmission intégrale, en vue d'éviter un morcellement excessif. Voici, à cet égard, les renseignement qu'a recueillis M. Fabre, secrétaire de la Légation de France à Copenhague, auprès d'un haut fonctionnaire danois, particulièrement compétent en la matière.

« Sauf les terres dépendant de majorats (grandes propriétés, « peu nombreuses), tous les biens-fonds sont, en Danemark, divisi« bles, cessibles, susceptibles d'hypothèque, de saisie et d'expropria« tion. Il n'est pas et il ne peut pas être question d'introduire en Dane« mark une législation analogue à l'*Anerbenrecht*. Presque tous les « petits propriétaires danois se sont constitués en associations soli« daires pour contracter des prêts hypothécaires. Rendre leurs pro« priétés insaisissables ce serait bouleverser la base même sur laquelle « repose l'organisation économique du pays. D'ailleurs, en fait, cette « liberté laissée aux propriétaires est sans inconvénients.

« L'usage, un usage si entré dans les habitudes qu'il est aussi « exactement observé que le serait une loi, veut que, à la mort d'un « propriétaire, si ses biens sont trop peu étendus pour pouvoir être « utilement morcelés, l'un des enfants (ce n'est pas toujours l'aîné) « prenne toute la terre. Il en devient seul propriétaire; il l'exploite à « sa guise librement. Les autres enfants reçoivent une créance hypo« thécaire, équivalant à la valeur de leur part, et qu'ils trouvent « facilement à escompter dans l'une des banques qui pullulent dans les « villes de province danoises. Avec cet argent ils vont s'établir dans « une ville, émigrent en Amérique, ou achètent une autre propriété.

[1] Voir l'*Européen* du 30 avril 1904.

« En fait, le bien de famille n'est presque jamais morcelé, sauf s'il est « assez étendu pour pouvoir l'être sans inconvénient; et les enfants, « les frères et sœurs dispersés, peuvent toujours, d'après l'usage, y « revenir comme à leur foyer. Ainsi a été évité l'émiettement de la « propriété danoise. »

Juillet 1904.

Paul GRUNEBAUM,
Auditeur au Conseil d'État.

VI

ÉTATS-UNIS ET CANADA.

ÉTATS-UNIS.

LA LÉGISLATION DU HOMESTEAD.

La protection du foyer familial est assurée, aux États-Unis, par la législation du Homestead.

Dès qu'elle fut connue en Europe, vers 1883[1], cette institution provoqua un grand enthousiasme : beaucoup de publicistes, d'économistes, d'hommes politiques y virent la solution pratique et réalisée de la question du bien de famille, l'argument définitif en faveur de la réforme qu'ils poursuivaient.

Il n'est pas niable, en effet, que les lois du homestead répondent, en partie, à leurs desiderata, qu'elles organisent notamment la protection temporaire du foyer contre la saisie des créanciers, qu'elles réduisent les pouvoirs de disposition du chef de famille, qu'en un mot elles poursuivent, selon la formule américaine, « la conservation des foyers dans l'intérêt de l'Etat ». D'autre part, elles offrent au législateur et au jurisconsulte le modèle d'une réglementation légale de la matière du bien de famille.

La législation du homestead présente donc un grand intérêt, tant par la variété des solutions adoptées par les divers États qui composent l'Union que par l'étude des résultats pratiques qui ont été obtenus.

Mais certains auteurs ont été jusqu'à lui attribuer le développement prodigieux de l'agriculture américaine ; d'autres ont vu, dans cette institution, la solution de la question de la petite propriété et de sa conservation ; d'autres, une mesure favorable à la stabilité de la famille.

Ces exagérations proviennent, parfois, de certaines confusions sur l'institution même, ou, plus souvent, de ce qu'on n'a pas toujours suffisamment tenu compte du but poursuivi, du milieu, enfin des conditions d'application des lois de homestead.

(1) Le livre de M. Rüdolf Meyer parut en 1883.

Le mot *homestead* désigne, d'une manière générale, la maison, avec la terre attenante, où réside le chef de famille, et que le législateur a déclarée insaisissable pendant une période déterminée.

Mais, d'une manière plus précise, le terme *homestead* s'applique à deux législations très différentes au point de vue juridique et économique et qui sont :

1° La législation fédérale du homestead qui est le régime des concessions des terres du Domaine fédéral;

2° Les *homestead exemption laws*, connues en Europe sous le nom de «lois d'exemption», lois spéciales à chaque État de l'Union, qui organisent l'insaisissabilité et l'indisponibilité relative, sous certaines conditions légales, d'immeubles privés, des *foyers de famille*.

La première a principalement pour but de mettre en valeur des terres incultes par la *création d'une classe de petits propriétaires*.

La seconde, *de conserver le bien de famille*, de protéger temporairement la famille américaine contre les brusques revers de fortune, toujours à craindre dans un pays où les crises économiques sont d'une fréquence et d'une violence extrêmes.

Malgré leur dissemblance profonde, ces deux institutions ont cependant des points communs qui expliquent certaines des confusions qui ont été commises : c'est ainsi, par exemple, que l'une et l'autre ont eu, du moins à l'origine, pour but et pour effet d'attirer, par la promesse d'une législation de faveur, des immigrants sur les terres dont on désirait la mise en valeur et le peuplement. L'une et l'autre ont par là facilité la colonisation intérieure.

Il importe donc d'étudier successivement les origines, le but, le régime légal de ces deux institutions[1].

[1] Principaux ouvrages consultés : Paul Bureau, *Le Homestead*, Paris, 1895; Vacher, *Le Homestead*, Paris, 1895; Corniquet, *Foyer de famille*, Paris, 1895; Enquêtes sur l'état des familles, dans la *Réforme sociale* (livraisons 1884-1896 et 1899-1901); études de MM. Gabriel Ardant, Pierre Joliot, Saturnin Vidal, Claudio-Jannet, Michel Devas, Lajeunie, Hall, de la Sizeranne (la plupart ont paru dans ces livraisons); Léon Varlez, *Homestead Exemption*, Bruxelles, 1892; Rüdolf Meyer, *Heimstätten*, Berlin, 1883; Devas, *Further reports from her Majesty's minister of Washington, on the homestead Exemption laws of the United States*, 1887, et publications diverses; Rufus Waples, *A treatise on Homestead and Exemption*, Chicago, 1893; Petiet, *Le foyer stable*, thèse, Paris, 1901.

PREMIÈRE PARTIE.

LE HOMESTEAD FÉDÉRAL.

CHAPITRE PREMIER.

LES ORIGINES DU HOMESTEAD FÉDÉRAL.

Le homestead fédéral est une concession de terre faite, sous certaines conditions légales, par l'Etat aux colons qui viennent s'établir sur son territoire et à laquelle il a ajouté le privilège d'insaisissabilité pour toute dette contractée antérieurement à la délivrance définitive du titre de propriété.

Ce régime de concession des terres publiques, dont le texte organique est l'*Act* fédéral de 1862, a été adopté pour mettre fin à la dilapidation du Domaine public qui était devenu la proie des spéculateurs au détriment des colons sérieux.

Le Domaine public, c'est-à-dire les terres dont la propriété appartient à la nation, est formé, aux États-Unis, des terres libres qui ne sont pas encore ouvertes à la colonisation régulière; ces terres appartenaient primitivement aux divers États fédérés; elles furent remises à l'Union en 1780, à la suite d'une décision du Congrès intervenue pour mettre fin à un véritable régime de surenchères ouvertes entre les gouvernements en vue d'attirer les colons sur leur sol. Seul le Texas s'est réservé, à son entrée dans l'Union, la libre disposition de son domaine. Par contre le domaine public s'est accru, depuis sa formation, des terres libres de la Louisiane, cédée par la France en 1803, de celles de la Floride, de la Californie, de la Névada, de l'Arizona, de New-Mexico, enfin de celles de l'Alaska.

L'administration de cet immense domaine, les ventes, les concessions, les délivrances de titres de propriété sont assurées par le *General Land office* de Washington qui dirige également la cadastration des terres [1].

[1] Pour cette opération d'une importance capitale dans un pays neuf, on a adopté un système très simple et très pratique : la base est un carré de 6 milles anglais de

Le homestead fédéral étant un régime de concession de terres, c'est dans les modes d'aliénation précédemment adoptés pour le Domaine que nous trouvons ses origines législatives : à côté de la vente aux enchères, on pratiquait, en effet, l'aliénation par voie de préemption, qui présente de nombreux traits communs avec le régime du homestead de 1862.

Le droit de préemption consistait dans le droit reconnu à l'occupant de fait d'une portion du domaine libre de l'acquérir légalement, par préférence à tout autre acheteur. Longtemps le Congrès lutta, au nom des droits de l'État sur le Domaine, contre ces occupations des terres libres par les *settlers*, qui s'installaient sans qu'aucun titre leur eût été délivré par le Land Office.

Sous la pression de l'opinion, il finit par les réglementer et par reconnaître le droit de préemption, sous certaines conditions.

L'Act de 1841 permit de déliver un titre de propriété à l'occupant de fait qui en faisait la demande dans les trois mois de son installation et qui justifiait de sa résidence personnelle sur le terrain et de la création d'un établissement. La portion ainsi acquise était de 160 acres au maximum ; la concession n'était pas gratuite, mais le prix des terres était déterminé d'avance et très faible, car le but du législateur était de faciliter la colonisation.

Le droit de préemption et l'Act de 1841 disparurent de la législation américaine en 1890 ; ils donnaient lieu à des fraudes nombreuses et à une énorme spéculation sur les terres publiques : au moyen de transmissions irrégulières, des spéculateurs se substituaient aux concessionnaires primitifs et acquéraient ainsi d'immenses étendues de terres à bon compte.

D'ailleurs, l'Act de 1841 ne présentait plus qu'un intérêt secondaire depuis l'adoption du Homestead fédéral établi par l'Act de 1862. L'Act de 1841 ne consacrait pas la gratuité des terres et un

côté (town ship) dont un côté est orienté suivant les parallèles aux cercles des latitudes, orientation facile à retrouver sur le terrain.

Le carré est subdivisé en 36 sections ; chaque section en 4 carrés de 160 acres de superficie (environ 64 hectares). Ces 160 acres constituent précisément la limite maxima du homestead fédéral.

Ce système offre l'avantage d'éviter les contestations sur le bornage, tous les points de repère intermédiaires étant équidistants les uns des autres.

parti politique, le parti du libre sol (*Free soilers*), se forma qui avait pour programme la concession gratuite d'une portion de terre, d'un homestead exempt de saisie. Malgré la campagne vigoureuse et le grand talent du sénateur Benton la réforme du régime des terres rencontra une résistance opiniâtre : en vain Benton invoquait-il la nécessité de mettre en valeur les terres incultes et d'accroître la population par l'immigration des colons, en vain faisait-il remarquer l'avantage pour la jeune démocratie américaine de former une classe nombreuse de propriétaires; la question esclavagiste avait compliqué la situation : la concession gratuite de terres aux noirs affranchis et devenus citoyens aurait, disait-on, pour conséquence inévitable l'abandon des plantations du Sud. Cependant, après de longs et intéressants débats, l'Act fédéral organisatif du homestead fut voté et approuvé le 20 mai 1862, au cours même de la guerre de Sécession [1].

CHAPITRE II.

LE RÉGIME ACTUEL DU HOMESTEAD FÉDÉRAL.

§ 1er. CONSTITUTION DU HOMESTEAD.

L'Act du 20 mai 1862 (revisé de 1873 à 1891) accorde une concession de 160 acres (64 hectares environ) ou de 80 acres (suivant la qualité des terres) à tout chef de famille ou à tout citoyen des États-Unis âgé de 21 ans révolus, ou à tout individu en instance légale de naturalisation.

Depuis la fin de la guerre de Sécession et le triomphe du parti antiesclavagiste, aucune distinction n'est faite en ce qui concerne la couleur et la race des demandeurs en concession (1866).

Pour écarter les demandeurs suffisamment fortunés et éviter les abus, les statuts revisés de 1891 écartent du bénéfice de la loi les personnes qui possèdent déjà une propriété de 160 acres.

(1) Pour l'étude des débats parlementaires qui ont précédé le vote de l'Act de 1862, nous renvoyons le lecteur à l'intéressant ouvrage de M. VACHER, *Le Homestead aux États-Unis*, Paris, 1895.

La concession est gratuite, sauf les frais, d'ailleurs minimes, d'enregistrement et de cadastre.

Le futur concessionnaire prend l'engagement, constaté par un affidavit, de résider personnellement sur son lot, de le mettre en culture et de l'exploiter à son profit exclusif. La formule de l'affidavit a été rendue plus rigoureuse par la loi de 1891 : on a voulu mettre ainsi un terme aux concessions frauduleuses et aux spéculations effrénées auxquelles se livraient certains gros capitalistes [1] et surtout certains syndicats étrangers qui embauchaient des malheureux et leur faisaient jouer le rôle de colons, pour masquer leur mainmise sur le domaine public : le demandeur doit prêter serment et jurer qu'il cultivera le sol pour son propre compte, qu'il n'est l'agent d'aucun syndicat, qu'il ne s'est pas engagé vis-à-vis de tiers à se dessaisir de son lot, etc.

La résidence obligatoire est d'une durée minima de cinq ans et à l'expiration de ce délai, si toutes les conditions légales sont remplies, le titre définitif de propriété est délivré au colon. Toutefois le concessionnaire peut, avant les 5 années révolues, consolider son titre de propriété par le payement d'un prix minime fixé à l'avance, mais un séjour effectif de quatorze mois au moins est exigé (depuis 1891).

Lorsqu'un cas de force majeure oblige le colon à quitter momentanément son homestead, il peut, sans perdre ses droits, obtenir un congé d'un an qui lui est accordé par le receveur du Land Office (1891).

§ 2. Conservation du homestead.

Il ne suffisait pas de pourvoir à la création du homestead; il fallait encore assurer sa conservation et le soustraire à l'expropriation immédiate des créanciers.

Aux termes de la section IV de l'Act de 1862, «le homestead ne pourra, dans aucun cas, être saisi pour dettes contractées avant la délivrance du titre de propriété».

La concession est donc faite franche de toute charge. Le légis-

(1) Les Land grabers, mangeurs de terres.

lateur a voulu que sa libéralité eût pour effet la mise en valeur des terres incultes; il n'a pas entendu fournir un nouveau gage aux créanciers du colon et il n'a pas permis qu'on vînt le troubler dans sa possession et dans son œuvre de défrichement. La concession étant gratuite, cette condition imposée par le donateur est juridiquement licite et ne porte pas atteinte aux droits des créanciers. Elle était indispensable pour attirer des immigrants énergiques et sérieux, mais que des opérations malheureuses avaient pu précédemment endetter.

La protection prévue par la loi fédérale est limitée aux dettes contractées antérieurement à la délivrance du titre et, à l'expiration du délai de cinq ans, le homestead, dont la propriété est définitivement acquise au concessionnaire, rentre sous l'application du droit commun de l'État où il est situé; il sera alors protégé par les lois d'exemption de cet état.

D'ailleurs l'intensité de la protection légale est tempérée par la jurisprudence qui reconnaît au possesseur la faculté d'hypothéquer son homestead même avant la délivrance du titre, c'est-à-dire pendant les cinq années qui la précèdent; l'hypothèque est souvent, en effet, le seul moyen pour le colon de se procurer son matériel d'exploitation.

§ 3. Transmission du homestead.

Aucun texte de loi n'établit un régime successoral spécial pour le homestead fédéral; aucune mesure n'est prévue pour assurer, par exemple, sa transmission intégrale à l'un des enfants.

Le droit commun, c'est-à-dire le partage par parts égales entre les enfants, est donc applicable.

Si le « homesteader » meurt avant l'expiration du délai de cinq ans, sa veuve et, à la mort ou au convol de celle-ci, ses enfants peuvent continuer l'occupation et l'exploitation du homestead et poursuivre la délivrance de titre de propriété.

CHAPITRE III.

LES RÉSULTATS DU RÉGIME DU HOMESTEAD FÉDÉRAL.

Avant d'étudier les résultats du régime établi par l'Act de 1862, il convient de rappeler que divers autres textes sont intervenus pour répondre à des nécessités économiques ou politiques particulières : c'est ainsi que la loi sur « le homestead des marins et soldats » établit des conditions de faveur pour les anciens combattants de la guerre de Sécession qui demandent des terres publiques.

C'est ainsi encore qu'en 1875 une loi institua « le Homestead des Indiens », au profit des Indiens soumis qui désirent, après avoir abandonné leur tribu, entrer dans la société civilisée.

La loi sur la culture forestière (1873-1878), aujourd'hui supprimée à la suite des abus qu'elle occasionnait, permettait d'obtenir 160 acres en plus d'un homestead fédéral, insaisissables pendant dix ans pour dettes contractées avant la délivrance du titre, sous l'obligation de planter 40 acres en arbres, afin d'enrayer le déboisement. Enfin la loi sur les terres désertes, applicable seulement à certaines régions du territoire, accordait 640 acres au colon qui s'engageait à effectuer des travaux d'irrigation.

Le régime du homestead fédéral a certainement produit d'excellents résultats au point de vue de la mise en valeur du sol et de la création de la petite propriété : en moins de trente ans, il a donné naissance à plus de 1 million de homesteads, représentant, au total, une superficie supérieure à celle de la France; en effet, de 1862 à 1891 il a été concédé 130,480,000 acres en homesteads, ce qui représente, en attribuant à chaque établissement une surface moyenne de 123 acres, 1,068,000 homesteads constitués; il convient toutefois de réduire légèrement ce chiffre, en raison des abandons assez fréquents au cours des 5 années d'occupation[1].

En 1895, les terres encore disponibles du Domaine public étaient évaluées à 948 millions d'acres, une surface presque égale

[1] Vacher, p. 196.

ayant été attribuée à divers titres, depuis le commencement du siècle[1]. Mais les meilleures terres ont été distribuées à l'origine et il arrive fréquemment que les colons, attirés par une réclame trompeuse, menée par des États désireux d'accroître à tout prix leur population, n'obtiennent que des terres difficiles à mettre en valeur et les abandonnent.

Il semble, en outre, que les concessions frauduleuses et la spéculation sur les terres publiques n'ont pu être complètement supprimées. Mais il n'en reste pas moins certain que la loi du homestead fédéral a été un puissant instrument de colonisation et qu'elle a grandement contribué au développement économique et à la stabilité politique de la démocratie américaine, justifiant ainsi les paroles du sénateur Benton : « C'est la politique des Républiques de multiplier le nombre des propriétaires, comme aussi c'est celle des monarchies de développer le fermage. Le libre détenteur du sol est l'appui naturel d'un gouvernement libre[2]. »

[1] VACHER, p. 32.

[2] VACHER, p. 123. Discours de Benton au Sénat.

DEUXIÈME PARTIE.

LES HOMESTEAD EXEMPTION LAWS OU LOIS D'EXEMPTION [1].

Ce sont les «homestead exemption laws» qui constituent, aux États-Unis, la véritable législation du bien de famille. Leur but direct est la protection de la famille et M. Waples, le jurisconsulte qui s'est le plus occupé, en Amérique, de cette institution, a pu donner du homestead l'excellente définition suivante : «Le homestead est la résidence de la famille, possédée, occupée, consacrée, limitée, exempte de saisie et atteinte dans son aliénabilité, conformément aux prescriptions des statuts [2]. »

A la différence de l'«Act» fédéral de 1862 qui émane du pouvoir fédéral, les lois d'exemption sont des lois spéciales à chacun des États de l'Union qui ont adopté cette institution.

A l'heure actuelle, sur 44 États, 5 seulement n'ont promulgué aucune législation de homestead; c'est dire que, pour des motifs différents et avec des modalités diverses, le homestead a été adopté successivement par presque tous les États fédérés.

Pour avoir du homestead une conception exacte, il convient, avant tout, de le placer dans son cadre américain et de faire abstraction des législations plus ou moins similaires qui ont été adoptées ou proposées en Europe, c'est-à-dire dans un milieu, dans des vues et dans des circonstances totalement différents.

A cet effet nous étudierons d'abord les origines législatives, historiques et économiques du homestead, puis son régime légal, enfin les résultats donnés par son application.

[1] Le mot «homestead» dans la terminologie juridique américaine évoque à lui seul l'idée d'exemption de saisie immobilière; on peut dire simplement «Homestead laws»; «homestead Act» se rapporte au homestead fédéral de 1862; «exemption laws» désigne plus spécialement les lois d'exemption mobilière. Mais la plupart des lois de homestead portant également sur l'exemption des meubles et des immeubles, nous emploierons l'expression «Lois d'exemption» qui est généralement adoptée et qui évite toute confusion avec le homestead fédéral.

[2] Rufus Waples, *A treatise on the Homestead and Exemption*, Chicago, 1893.

CHAPITRE PREMIER.

LES ORIGINES DES LOIS D'EXEMPTION.

§ 1. Sources législatives.

Les lois du homestead ont été précédées dans tous les États par les lois qui exemptent de la saisie certains objets mobiliers de première nécessité : la réglementation légale de l'exemption mobilière a donc fréquemment servi de base et de modèle aux « homestead laws »; celles-ci réunissent même souvent dans un même texte les deux exemptions mobilière et immobilière et ceci indique bien qu'étant donné la faible valeur des terres en Amérique, le homestead n'y a été considéré, à l'origine, que comme un simple complément d'exemption légale.

Certains statuts énumèrent les objets exempts de saisie ; cette énumération comporte, d'ordinaire, le matériel agricole, les instruments de travail, les animaux nécessaires à l'exploitation rurale.

D'autres ont adopté une limitation en valeur qui est généralement fort élevée : elle atteint 6,000 ou 7,000 francs dans certains États.

Certaines des conditions réglementaires des lois de homestead se trouvent déjà dans les textes d'exemption mobilière : d'après quelques statuts, il faut être chef de famille pour en bénéficier ; le consentement de la femme est nécessaire pour l'aliénation des objets protégés ; enfin, nul ne peut avoir deux chattels à la fois.

§ 2. Source artificiellement attribuée à l'institution du homestead par la jurisprudence américaine.

Lorsqu'on parcourt les nombreux arrêts des cours américaines rendus sur les procès suscités par l'application des lois de homestead, on est frappé de l'interprétation très libérale donnée à ces textes par les magistrats; ils ont systématiquement étendu l'exemption établie en faveur du débiteur, souvent même en violation flagrante des droits du créancier[1]. Pour justifier cette jurisprudence, les magistrats ont imaginé de faire remonter l'exemption immobilière à l'ancien droit féodal anglais; la législation anglaise étant la source ordinaire de la législation américaine, ils en ont déduit que l'exemption immobilière était de droit commun, la faculté de saisie constituant l'exception. La terre était, en effet, insaisissable entre les mains du vassal, dans le droit féodal anglais, et ceci en vertu du droit inaliénable et souverain du suzerain sur le fief; cette disposition a, depuis longtemps, disparu du droit commun anglais; néanmoins de nombreux arrêts américains affirment que l'insaisissabilité est de droit commun et invoquent, à l'appui de leur thèse, cette origine historique fort inexacte en réalité.

Seuls les magistrats de la Louisiane, État où le droit français a conservé une influence prépondérante, considérent l'insaisissabilité comme une exception qu'il convient d'interpréter restrictivement.

§ 3. Source économique et historique. Véritable origine des lois de homestead[2].

La première loi de homestead fut promulguée le 26 janvier 1839 au Texas :

« Depuis et après le vote de cette loi, il sera réservé à chaque citoyen ou « tête de famille », vivant sur le territoire de cette République, libres et exempts... de toute mesure d'exécution, émanant d'un tribunal quelconque..., 50 acres de terre (ou un lot de terrain urbain), y compris l'habitation et les améliorations faites pourvu que celles-ci ne dépassent pas une valeur de 500 dollars, tous les meubles et ustensiles de cuisine..., instruments aratoires..., etc. »

(1) La maxime américaine : « The home is a castle », (la maison est une forteresse) se trouve amplement vérifiée.

(2) Les renseignements qui vont suivre sont empruntés, pour la plupart, au remarquable ouvrage de M. Paul Bureau, *Le Homestead*, Paris, 1895. Cet ouvrage, auquel l'Académie des sciences morales et politiques a décerné le prix du concours Rossi, est le résultat des études et des enquêtes personnelles de M. Paul Bureau aux États-Unis et au Canada.

« Il demeure entendu que cette loi n'affecte pas les contrats entre les parties, antérieurement conclus. »

Dans quelles circonstances ce texte est-il intervenu?

Le Texas, en 1839, était une République indépendante, récemment détachée du Mexique, pas encore rattachée aux États-Unis. Sa population était alors composée de métis espagnols indolents et paresseux, de malfaiteurs réfugiés et de colons américains venus pour faire fortune; ceux-ci formaient la partie énergique de la population : beaucoup étaient des « farmers » déconfiturés désireux d'échapper aux lois de saisie de l'Union où ils venaient d'être expropriés à la suite de la terrible crise de 1837-1839. Aux États-Unis, les crises économiques étaient, en effet, et sont encore d'une fréquence et d'une intensité extrêmes; elles se montrent redoutables particulièrement pour les exploitants du sol, pour les « farmers ».

Pendant la période de hausse, de « boom », la demande de capitaux est formidable; elle s'adresse au crédit, aux banques; l'inflation de la circulation, les emprunts exagérés, la spéculation effrénée entraînent le krack général. Tout le monde veut alors réaliser en même temps : le farmer qui a emprunté, en période de hausse, mis en demeure de payer immédiatement et ne pouvant réaliser ses récoltes, est exproprié; les créanciers chirographaires, qui n'ont pas de sûreté particulière et dont la dette ne comporte pas, d'ordinaire, de terme fixé à l'avance, se montrent les plus impitoyables; il eût suffi, au farmer, d'un délai pour se trouver à même de payer : la loi de homestead va le lui donner.

Protéger les débiteurs et leur famille, *en période de crise,* tel fut le but initial des lois d'exemption.

Les farmers émigrés au Texas entendaient, en outre, n'être pas troublés dans leur œuvre de défrichement et poursuivre à l'abri des poursuites judiciaires la colonisation de leur nouvelle patrie; l'intérêt de l'État s'accordait ainsi avec celui des particuliers. Si nous ajoutons que les terres protégées de cette façon ne présentaient pas une grande valeur à cette époque, on comprendra que le texte réclamé par les anciens « farmers » de l'Union fut adopté sans difficulté.

A l'exemple du Texas, tous les États de l'Union, à l'exception de cinq [1], promulguèrent des lois d'exemption immobilière ; les États du Sud, longtemps pays de grande propriété, n'adoptèrent le régime du homestead qu'après la guerre de Sécession, dans l'espoir de remédier à la ruine des plantations qui suivit l'abolition de l'esclavage.

CHAPITRE II.

ÉTUDE DU RÉGIME ACTUEL.

Cette étude comportera trois parties :

La constitution du homestead, sa conservation, sa transmission [2].

§ 1. Constitution du homestead.

I. *Les conditions légales.* — 1° Être chef de famille ; 2° occuper l'immeuble, résider ; 3° faire une déclaration (dans certains États) ; 4° avoir un droit sur l'immeuble.

1° *Être chef de famille :*

L'expression de *chef de famille* est entendue de diverses manières par les statuts et par la jurisprudence des différents États.

D'une manière générale, la famille, au sens de la loi, consiste dans une réunion de personnes unies par un lien légal au chef qui pourvoit aux besoins matériels du groupe, ou qui assume sa direction morale ; un certain nombre de groupements sont considérés par tous les statuts et tous les arrêts comme formant une famille : le père, la mère et les enfants ; l'époux veuf ou divorcé qui a des enfants mineurs et incapables de pourvoir eux-mêmes à leur existence ; la veuve ou divorcée, même sans enfant, continue à profiter de l'exemption légale, car la protection de la femme est un des buts principaux de l'institution.

[1] Rhode-Island, Pensylvanie, Delaware, Orégon, district de Columbia ; 18 États ont fait du principe de l'exemption un article de leur constitution.

[2] Consulter un rapport de M. Henry E. Hall, Enquête de la réforme sociale, 5e fascicule, 1896. Voir également l'ouvrage de M. Paul Bureau, l'étude de M. de la Grasserie, Enquête de la réforme sociale, 2e fascicule, 1899.

La jurisprudence considère également comme formant une famille : l'homme (ou la femme) et son enfant naturel ; mais jamais l'homme et la femme vivant en concubinage.

En dehors de ces cas universellement admis, des solutions diverses sont adoptées par certains statuts ; quelques-uns établissent une liste de personnes susceptibles de composer une famille. C'est ainsi que l'État de Californie ajoute : toute personne, même célibataire, qui garde avec elle à sa charge un frère (ou sœur) mineur, ou un neveu mineur ; un père, une mère, un grand-père, une grand'mère ; un beau-père, belle-mère, ou les grands-parents du conjoint ; une sœur ou des enfants majeurs, mais incapables de pourvoir à leur existence.

En général, le lien légal qui unit même un célibataire aux personnes qu'il protège matériellement ou moralement suffit pour justifier l'application de la loi : exemple, le tuteur et son pupille.

Veuf sans enfant : Nous avons vu que la veuve est toujours protégée par la législation du homestead. Quelques statuts et une jurisprudence assez nombreuse accordent le même privilège au veuf sans enfant ; mais une jurisprudence plus nombreuse encore le lui refuse, écartant toute raison de sentiment et s'en tenant au véritable principe de l'institution qui est de protéger temporairement la famille dans l'intérêt de l'État et non d'assurer la fixité du home ou de secourir des vieillards incapables.

2° *Occuper l'immeuble à titre d'habitation :*

Cette condition est exigée par tous les statuts : elle a pour effet de révéler aux tiers l'existence du foyer de famille par le fait même de la résidence. Elle répond, d'ailleurs, au but de l'institution qui est de conserver à la famille son abri réel et actuel et non de lui assurer la possession d'une somme d'argent de valeur égale. Il résulte du même principe que nul ne peut avoir deux homesteads.

L'occupation doit avoir lieu à titre d'habitation : le privilège d'exemption est refusé à un immeuble destiné à la location, aux ateliers, bureaux, etc. (sauf au Texas), car l'institution du homestead ne protège que la vie de famille et ne connaît pas les risques commerciaux. Mais le privilège s'étend aux dépendances normales de l'habitation privée [1].

La jurisprudence se montre très large sur la réalisation de la condition d'occupation : elle admet parfois comme suffisante l'intention d'occuper. L'abandon de l'immeuble avec intention de retour ne prive pas du bénéfice de la loi.

3° *Déclaration sur les registres publics :*

Dans la majorité des États, l'occupation est la seule mesure de publicité qui signale aux tiers la situation particulière de l'immeuble protégé : le homestead est constitué *ipso jure*, par la seule résidence de la famille.

La minorité des États exige, cumulativement avec l'occupation (condition toujours requise), une déclaration sur les registres publics tenus par un fonctionnaire ou un officier ministériel. Diverses modalités ont été adoptées par les différents statuts : déclaration sur un *homestead book* spécial, simple mention sur l'acte de vente, déclaration avec description détaillée, avec bornage sur le terrain; insaisissabilité de droit, par simple occupation, et transcription à la requête de la femme, nécessaire seulement pour établir son droit d'intervention en cas d'aliénation ou d'hypothèque.

Chacun des deux systèmes, — homestead constitué *ipso jure*, homestead constitué par déclaration, — présente des avantages et des inconvénients.

Le second protège assurément davantage les intérêts des tiers; de plus, il laisse chacun juge de sa situation et ne lui impose pas, contre son gré, une faveur qui peut porter atteinte à son crédit. Aussi a-t-il été plutôt adopté par les États industriels de l'Est où les individus désirent conserver tout leur crédit et ne pas mettre d'entraves légales à l'aliénation de leur foyer, alors que la mobilité des affaires les incite sans cesse à changer de résidence et de métier.

Par contre, le système du homestead légal ne présente pas l'inconvénient de laisser au mari l'initiative d'une mesure destinée à protéger sa femme contre ses propres imprudences.

[1] La contiguïté des terres n'est pas exigée.

4° *Avoir un droit sur l'immeuble :*

Il faut avoir un droit sur l'immeuble occupé; mais tout droit, quelle que soit sa nature, est protégé contre la saisie : droit de propriété, droit d'usufruit, d'usage, simple possession; droit du locataire au bail; dans ce dernier cas, le privilège d'exemption n'est évidemment pas opposable au propriétaire, mais il protège, par exemple, les récoltes poussées sur le sol loué.

II. *Étendue du droit protégé.* Le homestead ne peut consister dans la totalité du patrimoine : pour déterminer la portion qui peut bénéficier de l'exemption de saisie, trois systèmes ont été adoptés par les divers États :

1° *Limitation en surface :*

On distingue, dans ce cas, les homesteads ruraux et les homesteads urbains, par suite de la différence de valeur des terres, et on fixe un maximum de superficie pour les premiers et un autre pour les seconds. Mais ce système permet d'édifier sur la surface ainsi limitée de véritables palais qui seront exempts de saisie (le cas s'est d'ailleurs présenté); de plus, il ne tient pas compte de la hausse de la valeur des terrains dans les villes; enfin il présente de réelles difficultés lorsque des terrains primitivement considérés comme homesteads ruraux viennent à être englobés dans une agglomération urbaine.

2° *Limitation en valeur :*

Bien que les maxima fixés soient, d'ordinaire, très élevés, ce système ne conserve à l'habitant d'une grande ville qu'une somme insuffisante pour empêcher la saisie effective de son home et le but de l'institution n'est pas atteint; au contraire, il exemptera, dans les campagnes, une surface trop considérable par suite de la faible valeur des terres.

3° *Systèmes complexes :*

Pour éviter, dans la mesure du possible, les inconvénients signalés, certains États ont eu recours à des combinaisons des deux systèmes, dont quelques-unes sont fort ingénieuses; nous ne pouvons qu'indiquer les principales :

Fixation d'une double limite en valeur et en étendue;

Fixation d'un maximum de valeur variable avec la population urbaine (Missouri);

Fixation d'un maximum de surface d'autant plus élevé que le prix du homestead est plus faible;

Fixation d'une double limite en valeur et en étendue, avec suppression du maximum-valeur au-dessous d'une certaine surface déterminée.

Question des améliorations. — Faut-il se placer pour apprécier le maximum en valeur de l'immeuble à la date de la constitution du homestead et ne pas tenir compte, par suite, des améliorations apportées depuis cette époque?

Faut-il, au contraire, évaluer l'immeuble tel qu'il existe au jour de la saisie?

L'une et l'autre solution sont adoptées par les statuts ou par la jurisprudence.

LIMITATION DES SURFACES OU DES VALEURS EXEMPTÉES[1].
(1 acre = 40 ares.)

ÉTATS.	PROPRIÉTÉ			
	RURALE.	URBAINE.	RURALE ET URBAINE.	MOBILIÈRE à défaut DE HOMESTEAD ou au choix du débiteur[4].
	acres.		dollars.	
Alabama	80	a city lot[2] (lot urbain.)	//	//
Arizona	//	//	4,000	//
Arkansas[3]	160 ou 80	1 acre ou 1/2 acre.	2,500	//

[1] Ce tableau est emprunté à l'ouvrage de M. Bureau, *op. cit.*, p. 135.

[2] Cette expression se réfère à l'arpentage rectangulaire des villes américaines et désigne une surface qui varie suivant les usages locaux et qui correspond, en moyenne, au terrain occupé par une maison.

[3] Les chiffres 80 et 1/2 acre signifient que, dans le cas même où la valeur du homestead excéderait 2,500 dollars, le débiteur a toujours droit à un home de 80 acres ou 1/2 acre.

[4] Les chiffres de cette colonne ne se cumulent jamais avec ceux des autres colonnes.

ÉTATS.	PROPRIÉTÉ			
	RURALE.	URBAINE.	AL ET URBAINE.	MOBILIÈRE à défaut DE HOMESTEAD ou au choix du débiteur.
	acres.		dollars.	
Caroline du Sud	//	//	1,000	//
Caroline du Nord	//	//	1,000	//
Californie	//	//	5,000	//
Colorado	//	//	2,000	//
Dakota méridional	//	1 acre.	5,000	//
Dakota septentrional	160	1 acre.	5,000	//
Floride	160	1/2 acre.	//	//
Géorgie	//	//	//	1,600
Illinois	//	//	1,000	//
Idaho	//	//	5,000	//
Indiana	//	//	//	600
Iowa	40	1/2 acre.	//	//
Kansas	160	1 acre.	//	//
Kentucky	//	//	1,000	//
Louisiane	160	//	2,000	//
Massachusetts	//	//	800	//
Michigan	40	a city lot.	//	//
Mississipi (sans publicité spéciale)	160	//	2,000	//
Mississipi (avec publicité spéciale)	160	//	3,000	//
Missouri (dans une ville de 10,000 habitants au plus.)	160	5 acres.	1,500	//
Missouri (dans une ville de 10,000 à 40,000 habit.)	//	30 perches carrées[1].	1,500	//
Missouri (dans une ville de 40,000 habitants et au-dessus)	//	18 perches carrées.	3,000	//
Montana	160	1/4 acre.	2,500	//
Nébraska	160	2 city lots.	2,000	//
Névada	//	//	5,000	//
New-Hampshire	//	//	500	//
Maine	//	//	500	//
Minnesota	80	a city lot.	//	//

[1] 1 perche vaut 16 pieds 1/2.

ÉTATS.	PROPRIÉTÉ			
	RURALE.	URBAINE.	RURALE ET URBAINE.	MOBILIÈRE à défaut DE HOMESTEAD ou au choix du débiteur.
	acres.		dollars.	
New Jersey	//	//	1,000	//
New-Mexico	//	//	1,000	//
New-York	//	//	1,000	//
Ohio	//	//	1,000	500
Oklahoma	160	a city lot.	//	//
Tennesee	//	//	1,000	//
Texas	200	5,000	//	//
Utah (tête de famille)	//	//	1,000	//
Utah (femme)	//	//	500	//
Utah (chaque enfant)	//	//	250	//
Washington	//	//	1,000	//
Vermont	//	//	500	//
Virginie	//	//	//	2,000
Virginie (occidentale)	//	//	1,000	200
Wisconsin	40	1/4 acre.	//	//
Wyoming	160	//	1,500	//

§ 2. Conservation du homestead. Effets juridiques de la constitution du homestead.

1° *Limitation du droit de disposition du chef de famille :*

Lorsqu'un immeuble est constitué à l'état de homestead, soit par simple occupation, soit par occupation complétée par une déclaration, le consentement de la femme est nécessaire soit pour l'aliéner, soit pour l'hypothéquer.

(Le consentement du mari serait de même nécessaire si la femme était propriétaire du homestead.)

Le consentement doit être donné au moment même de la conclusion du contrat et librement; certains statuts exigent la signature de la femme; d'autres, une déclaration devant notaire, donnée hors de la présence du mari[1]. La jurisprudence se montre très stricte sur l'exécution des formalités protectrices des droits de la femme.

Il n'y a pas d'autre restriction au droit de disposition du conjoint : à la mort de la femme ou après le divorce, aucune autorisation de justice, aucune assistance d'un conseil de famille n'est prévue en faveur des enfants ; le mari reprend son droit de disposition intégral.

Il est à remarquer que, sauf au Texas et dans l'Arkansas, la constitution de homestead n'empêche en rien d'*hypothéquer* l'immeuble qui en est l'objet ; elle a seulement pour effet de nécessiter le consentement de la femme. En fait, l'hypothèque est d'un usage général et la formalité de la signature de la femme ne semble pas restreindre la circulation des biens immobiliers, même des biens ruraux, dans un pays où le crédit est la base de la vie économique et la mobilité des affaires et de la main-d'œuvre, la caractéristique de l'activité commerciale et agricole.

2° *Insaisissabilité :*

A. *Caractère juridique du privilège.* — L'insaisissabilité conférée au homestead est une simple suspension des mesures d'exécution pendant la durée de la protection, c'est-à-dire jusqu'à la mort de la femme ou jusqu'à la majorité du plus jeune des enfants. Cette institution n'est donc pas comparable au régime français des biens dotaux[2]. La protection qu'elle assure n'est que temporaire et elle ne tend pas à la stabilité du bien de famille.

B. *Créanciers auxquels le privilège est opposable.* — 1° Il est *toujours opposable* aux créanciers chirographaires, quelle que soit la date de leur créance, même si la dette a date certaine avant la constitution du homestead. Ceci résulte du droit de tout débiteur de disposer à son gré de son patrimoine, gage général de ses dettes chirographaires. Cette solution est conforme, d'autre part, à la nécessité d'écarter, en temps de crise, les créanciers chirographaires

(1) Ailleurs, au contraire, les deux consentements doivent être donnés simultanément.

(2) La renonciation au bénéfice du privilège est généralement autorisée.

plus âpres à la saisie que ceux qui ont un gage particulièrement affecté à leur créance. Les statuts de deux ou trois États seulement portent une exception formelle à ce premier principe.

2° L'insaisissabilité n'est *jamais opposable* aux créanciers hypothécaires ou à ceux ayant droit réel acquis sur l'immeuble avant constitution du homestead (décision de justice, saisie commencée).

Le créancier hypothécaire peut donc toujours exécuter sur le homestead, ce qui restreint notablement la portée de l'institution.

Dérogations à ces principes.

1° *Action paulienne.* — Cette action est ouverte en cas de fraude grossière au préjudice, par exemple, d'un créancier dont la dette est antérieure en date. Mais la constitution même du homestead n'est jamais considérée comme une fraude; la jurisprudence se montre très protectrice des prérogatives du débiteur sur ce point.

2° Le privilège du vendeur, pour son prix de vente, et celui du créancier qui a effectué des travaux d'amélioration, pour le montant de ces travaux, permettent la saisie du homestead. Mais le prêteur dont les deniers ont servi à acquérir le homestead est considéré comme un simple créancier chirographaire; la jurisprudence est formelle en ce sens et certains arrêts ont sanctionné ainsi de véritables fraudes;

3° L'exemption de saisie n'est pas opposable à l'État qui poursuit le payement des impôts;

4° Dans quelques États, la même faveur est accordée aux créanciers du chef de dommages-intérêts dus à raison de délits ou de quasi-délits [1];

5° Enfin la plupart des statuts énumèrent certaines créances privilégiées dont l'exécution peut être poursuivie sur le homestead : salaires des ouvriers qui ont amélioré le fonds, créances des fournisseurs des matériaux de construction, honoraires du médecin, etc.

§ 3. Transmission et extinction du homestead.

Le homestead peut être saisi et vendu dans certains cas, par exemple lorsqu'il y a eu hypothèque constituée ou renonciation

(1) Hall, *op. cit.*

expresse du mari assisté de sa femme au privilège d'insaisissabilité. Le prix de l'immeuble est alors intégralement attribué aux créanciers.

Il se peut que l'immeuble protégé soit vendu volontairement par son propriétaire en vue d'acheter un autre bien ou sur la demande des créanciers lorsque sa valeur excède le maximum légal; dans ce cas une jurisprudence constante décide que la portion du prix de vente qui représente le maximum d'exemption sera insaisissable pendant un délai fixé d'ordinaire à six mois, afin de permettre la reconstitution d'un nouveau homestead.

Le homestead disparaît en même temps que la famille protégée par cette institution, c'est-à-dire à la mort de la veuve, ou à la majorité du plus jeune des enfants, ou encore lorsqu'une des conditions légales, l'occupation par exemple, vient à cesser d'être remplie [1].

Transmission héréditaire du homestead :

Il convient tout d'abord de mettre en évidence le principe suivant : l'institution du homestead ne comporte aucune disposition tendant à assurer la transmission intégrale du bien de famille; elle n'apporte aucune dérogation au droit commun qui est le partage par parts égales entre les enfants.

Examinons maintenant les solutions adoptées en vue de protéger la veuve jusqu'à sa mort, les enfants jusqu'à la majorité du plus jeune.

Le mari n'a pu disposer par testament du homestead qu'avec le consentement de sa femme, ce qui constitue une dérogation à la liberté de tester; certains statuts refusent même absolument au mari la faculté de disposer du homestead par testament.

A la mort du mari, la veuve hérite d'un droit d'usufruit sur le homestead, ou, d'après certains statuts, de la pleine propriété.

[1] Certains statuts décident que l'abandon ne suffit pas lorsqu'il y a des formalités de constitution; il faut alors l'accomplissement de formalités contraires. Le homestead s'éteint encore par l'acquisition d'un autre homestead, par la renonciation, par le prononcé du divorce, par le décès de l'ayant droit, par l'aliénation, etc. (Hall, *op. cit.*, p. 31; De la Grasserie, *op. cit.*, p. 122).

Même en présence des enfants mineurs, elle peut disposer librement de son droit, pourvu qu'elle ne porte pas atteinte à celui des mineurs qui est distinct et séparé du sien.

Lorsque la veuve a hérité de la pleine propriété, le homestead, à sa mort, passe à ses héritiers, franc et quitte des dettes du mari; lorsqu'elle ne jouissait que d'un droit d'usufruit, les créanciers du mari sont libres de poursuivre l'exécution sur le homestead entre les mains des héritiers du mari qui ne jouissent d'aucune exemption.

L'action en partage est suspendue jusqu'à la majorité du plus jeune des enfants, le but de l'institution étant précisément de conserver un foyer aux enfants mineurs. Certains statuts prévoient qu'on pourra se contenter de leur conférer un droit d'usufruit, après partage.

Jusqu'à la même date, aucune saisie ne peut être exercée sur le homestead. Lorsque les enfants sont héritiers du homestead, le partage par parts égales a lieu à la majorité du plus jeune et on admet généralement que les créanciers du père peuvent alors poursuivre l'exécution de leur créance sur l'ancien foyer de famille. On voit qu'à la disparition de la famille protégée, le homestead rentre sous l'application du droit commun.

§ 4. Caractères de la législation du homestead tels qu'ils résultent de l'exposé du régime légal.

La législation du homestead a pour but la protection de la famille dans l'intérêt de l'État. Mais la famille seule, à l'exclusion du veuf ou du célibataire qui n'a pas charge d'enfant, bénéficie de l'exemption légale. De plus la protection accordée est essentiellement temporaire et son intensité est limitée par la faculté d'aliéner et d'hypothéquer avec le consentement du conjoint, et sans aucune autorisation à la mort de celui-ci. Les lois de homestead ne poursuivent nullement la stabilité de la famille ou du foyer; la transmission héréditaire a lieu selon le droit commun et, au décès, le bien redevient le gage des créanciers.

La famille américaine est essentiellement mobile : son chef change de résidence et même de métier lorsqu'il aperçoit une chance de faire fortune ailleurs et ses membres se dispersent sans idée de retour dès qu'ils se sentent aptes aux affaires : c'est ce foyer *actuel et passager* que la loi d'exemption protège contre la mauvaise fortune.

Quant à l'État, il a un intérêt évident au maintien et à la protection des familles, mais nous avons signalé qu'aucune idée d'assistance n'avait inspiré la législation du homestead. D'autre part, celle-ci a eu certainement pour but d'assurer le défrichement du sol et d'arrêter l'expulsion brutale des colons en temps de crise, peut-être aussi d'attirer de nouveaux colons par la promesse d'une législation favorable. Mais la faculté d'aliéner et d'hypothéquer n'étant que peu restreinte, cette institution n'a pu avoir qu'un effet très indirect sur le maintien de la petite propriété.

CHAPITRE III.

LES RÉSULTATS.

Les auteurs qui ont étudié la législation du homestead émettent sur ses résultats des opinions fort contradictoires : les uns lui attribuent le mérite d'avoir contribué grandement à la prospérité de l'agriculture américaine, les autres assurent que ses effets sont fort restreints, sinon nuls.

M. Paul Bureau [1] fait observer, à ce sujet, que d'autres moyens d'assurer la protection de la famille sont très employés aux États-Unis : les femmes sont, d'ordinaire, mariées sans dot et le mari contracte une assurance sur la vie au profit de sa femme; cette assurance est insaisissable par les créanciers du mari, qui ne peut en disposer sans le consentement de sa femme.

L'usage est également très répandu de transférer un immeuble du mari sur la tête de la femme qui en a alors la propriété et la disposition; l'immeuble est ainsi soustrait aux poursuites des créanciers du mari.

Dans les États de l'Ouest, États agricoles, les lois d'exemption ont eu, d'après M. Bureau [2], qui est peu enclin à exagérer les

[1] *Le Homestead*, loc. cit., p. 179 et suivantes.
[2] *Le Homestead*, p. 211 et suivantes.

mérites de cette législation, une influence assez salutaire bien que modérée. En réalité la prospérité de l'agriculture provient surtout de l'élimination des «farmers» incapables qui se voient acculés par les difficultés d'installation à l'abandon de leur terre et qui cèdent la place à une élite. Mais il est certain que les lois de homestead jouent un rôle important en période de crise commerciale : elles n'ont, sans doute, aucun effet à l'encontre de l'*hypothèque* dont l'usage est général et qui est nécessaire au «farmer» pour subvenir à ses frais de premier établissement; mais elles permettent d'éviter la saisie poursuivie par les créanciers chirographaires, notamment par le banquier et par le marchand; elles donnent ainsi à l'agriculteur un délai grâce auquel il pourra réaliser ses récoltes et se libérer [1].

Dans les États de l'Est, États industriels et commerçants, les partisans et les adversaires du homestead s'accordent pour reconnaître que cette institution n'a eu aucun effet pratique, ce qu'il est facile de vérifier : les déclarations sur registres publics sont en nombre absolument insignifiant. L'enquête à laquelle ont procédé les consuls anglais en 1886 sur l'ordre de leur Gouvernement et celle de M. Bureau établissent ce fait d'une manière indéniable; il a même été constaté par les enquêteurs que ces lois sont, d'ordinaire, complètement ignorées. D'ailleurs les commerçants préfèrent conserver l'intégralité de leur crédit et les ouvriers leur complète liberté d'action : d'où la défaveur des lois d'exemption.

Celles-ci n'ont eu également qu'une portée très restreinte dans les États du Sud, complètement ruinés depuis la guerre de Sécession : les récoltes futures sont hypothéquées par avance; la terre n'a aucune valeur; il n'y a donc aucun intérêt à établir l'insaisissabilité du sol.

On voit que les lois d'exemption n'ont pas donné des résultats considérables; elles ont cependant été adoptées successivement par

[1] Les enquêtes ne fournissent aucun résultat probant en ce qui concerne les effets des lois de homestead sur le crédit agricole; le taux de l'intérêt est soumis, aux États-Unis, à des variations telles, qu'il est difficile d'apprécier l'influence du privilège d'insaisissabilité, d'ailleurs très limitée par la faculté d'hypothéquer.

presque tous les États de l'Union ; mais peut-être ne faut-il voir, comme M. Bureau, dans ce succès législatif qu'une réclame électorale fondée sur l'aspect démocratique de cette institution. Il convient néanmoins de rappeler que les lois du homestead ont eu un effet salutaire réel dans les Etats agricoles de l'Ouest.

Juin 1904 [1].

[1] Le 3 décembre 1904, M. Levasseur, de l'Institut, administrateur et professeur au Collège de France, qui, en 1895, avait été le rapporteur devant l'Académie du prix du concours Rossi sur la question du Homestead, a fait à l'Académie des Sciences morales et politiques une intéressante communication sur les résultats des lois de Homestead aux États-Unis; nous devons à son extrême obligeance d'en pouvoir donner ici l'analyse. Après avoir insisté sur la nécessité de ne pas confondre le *homestead fédéral*, instrument de colonisation intérieure, réglementé par l'Act du Congrès du 20 mai 1862, avec les *lois d'exemption* adoptées par la plupart des États, en vue de protéger, dans une certaine mesure, la propriété acquise, M. Levasseur a exposé l'éclatant succès de la première de ces deux institutions : de 1896 à 1903, le nombre d'acres occupées chaque année en homestead s'est élevé à une moyenne annuelle de 7,800,000 acres et il a même atteint, en 1902, un maximum de 14 millions d'acres.

La population du Far West s'est considérablement développée : la division centrale du nord, qui comprend 12 États du bassin supérieur du Mississipi, avait 9 millions d'habitants au recensement de 1860; on en a compté 26 millions au recensement de 1900. Toutefois, l'Américain ne semble pas très attaché au sol; les mutations sont fréquentes et l'usage de l'hypothèque général.

Au contraire, les *Homestead exemption Laws*, qui organisent l'insaisissabilité relative des foyers de famille, ne semblent pas, d'après M. Levasseur, avoir donné de résultats effectifs; aucun ouvrage, aucune statistique, aucun témoignage compétent ne nous renseignent à ce sujet. Le dernier ouvrage paru sur la question est celui de Waples, en 1893, *op. cit.*, étude juridique, qui ne renferme aucune appréciation sur les mérites de l'institution. Les savants consultés par M. Levasseur paraissent assez indifférents et les lois d'exemption semblent occuper peu de place dans leur esprit : M. Edwin R. Seligman, chef de l'École des sciences politiques de Columbia (New-York), écrit le 3 novembre 1904 : «Quant à votre demande relative aux *Homestead exemption Acts*, je puis vous dire qu'ils n'ont jamais été regardés comme particulièrement importants parmi nous». M. Holmes, un des chefs de la statistique du Ministère de l'Agriculture, déclare qu'il ne possède pas de renseignement sur ce sujet. M. Carroll D. Wright, commissaire du travail à Washington, économiste et statisticien distingué, écrit que le Bureau du travail ne possède également aucun document sur les résultats de cette institution.

M. Levasseur a terminé en montrant combien il est inexact d'invoquer l'exemple des lois américaines pour justifier l'adoption d'une législation sur le bien de famille en France. — M. Cheysson s'est élevé contre cette conclusion : il a rappelé notamment le développement des lois d'exemption qui ont été successivement adoptées par presque tous les États de l'Union. — Nous avons signalé au texte la réponse que M. Bureau croit pouvoir faire à cet argument.

CANADA.

La législation canadienne est calquée sur les lois de homestead dont nous venons d'exposer l'économie.

Certaines mesures rappellent le homestead fédéral américain, homestead sur concession de terres publiques : dans la province de Québec, le concessionnaire peut déclarer à l'enregistrement un homestead de 100 acres, qui sera insaisissable pendant quinze ans [1].

Quant aux lois d'exemption proprement dites, elles ont été promulguées dans les « Territoires », régions peu habitées et ne possédant qu'une autonomie restreinte (loi de 1886, modifiée en 1893) et dans deux provinces de self-government, celles de Manitoba et de Colombie.

Le régime adopté au Canada est, dans son ensemble, le même qu'aux États-Unis; mais la qualité de chef de famille n'est pas exigée; la déclaration sur registres publics est obligatoire et la limite d'exemption est fixée en valeur à 2,000 et 2,500 dollars. Enfin, l'autorisation d'un magistrat est nécessaire pour l'aliénation du homestead lorsqu'il y a un enfant mineur et que l'un des conjoints est décédé.

Le but de l'institution est, comme aux États-Unis, de faciliter le défrichement, d'attirer des colons, d'éviter les effets désastreux des crises; mais elle n'a eu qu'une très faible portée pratique : le nombre des déclarations est tout à fait insignifiant.

Juin 1904.

Paul TIRARD,
Auditeur au Conseil d'État.

[1] La loi de 1897 (province de Québec) a singulièrement étendu la protection accordée par le régime du homestead : elle déclare que « le patrimoine de famille » concédé en vertu de lettres patentes ne peut être saisi ou vendu pour une dette quelconque la vie durant du concessionnaire primitif, de celle de sa veuve et de ses ou de leurs enfants et descendants en ligne directe (art. 1744). C'est la création d'une propriété insaisissable à perpétuité. (Pétiet, *op. cit.*, p. 177.)

TABLE DES MATIÈRES.

ÉTATS-UNIS ET CANADA.

ÉTATS-UNIS.

CANADA.

VII

FRANCE.

EXPOSÉ SOMMAIRE DE L'ÉTAT DE LA DOCTRINE ET DES DIFFÉRENTES PROPOSITIONS D'ORDRE PARLEMENTAIRE.

INTRODUCTION.

« Le souci principal de tous ceux qui, dans notre pays, veulent fonder sur des assises inébranlables le gouvernement de la démocratie moderne, c'est d'avoir constamment les regards dirigés sur les intérêts des populations agricoles. A toutes les époques, dans tous les pays, tous les hommes d'État, tous ceux qu'on a honorés de ce nom ont trouvé dans le travail des champs la source première de la fortune publique et en ont fait la préoccupation dominante de leurs méditations. Et ce n'est pas dans un pays comme la France, qui compte vingt-quatre millions d'agriculteurs et de paysans, la réserve de la nation, le lest même du vaisseau qui porte la fortune nationale, que l'on pourrait comprendre un citoyen, un démocrate, un homme public ne considérant pas comme l'essence même de la politique appliquée à la République le souci, le culte, l'amour inébranlable de tous ceux qui peinent, qui geignent, qui suent, qui épargnent, qui payent et qui font en somme la patrie. »

Le souci des intérêts de l'agriculture, que Gambetta formulait en ces termes [1], n'a cessé d'être dominant. En constatant la crise qui sévit sur l'agriculture, en voyant la population des campagnes émigrer vers les villes, tous ceux qui ont à cœur la prospérité du

[1] Discours prononcé à Cahors, le 29 mai 1881.

pays, ont cherché les moyens de venir en aide aux paysans et d'arrêter leur exode.

Mais avant de chercher le remède, il convient de discerner les causes du mal. Parmi ces causes, les unes sont le fait de nos lois, d'autres le fait de notre situation économique, d'autres le fait de nos mœurs.

À nos lois, on reproche les formalités longues et compliquées dont elles entourent la transmission des immeubles et les frais énormes qui en résultent pour les petits propriétaires. On se plaint des dispositions prises par notre Code pour maintenir une stricte égalité entre les héritiers et de la procédure onéreuse de la licitation. On se plaint des précautions excessives prises par le législateur, soit dans l'intérêt du créancier et du débiteur, soit dans l'intérêt du mineur, et qui aboutissent en définitive à l'appauvrissement de ceux qu'il veut protéger, à la dépréciation du sol, à son émiettement, à la désertion des campagnes.

À notre situation économique, on attribue la diminution du nombre des travailleurs des champs, résultant des progrès apportés dans les procédés d'exploitation agricole, et aussi de la concurrence de plus en plus grande que les productions des pays neufs viennent faire aux productions indigènes sur les marchés du vieux monde.

À nos mœurs, on attribue l'attraction presque irrésistible que les villes exercent autour d'elles, en raréfiant les campagnes pour grossir les agglomérations urbaines où la vie est plus intense, plus lucrative et moins austère.

Portalis observait, il y a un siècle, que les défenseurs de la propriété avaient deux manières de concevoir ses intérêts : «les uns la voudraient presque immuable, les autres aspirent à la mobiliser de plus en plus». Ces deux courants se retrouvent dans les mesures préconisées pour venir en aide à la petite propriété rurale. Elles sont multiples et tant soit peu contradictoires; elles tendent : 1° à créer, d'une façon artificielle, de petites propriétés; 2° à arrêter le morcellement excessif en assurant le maintien des petites propriétés existantes; 3° à éviter les inconvénients résultant de la dispersion des parcelles appartenant à un même propriétaire;

4° à favoriser, par des exemptions fiscales, la petite propriété.

L'une des mesures qui ont paru le plus propre à faciliter l'accès de la petite propriété et en assurer le maintien dans la famille est la création du « bien de famille », dont la conception est empruntée à l'institution américaine du *homestead*.

Le *bien de famille* est la propriété qui a été choisie pour résidence de la famille et en faveur de laquelle il serait apporté certaines exceptions au droit commun pour la mettre à l'abri de la saisie, la protéger contre une aliénation inconsidérée et même pour assurer sa transmission intégrale après décès.

L'idée fut lancée par quelques économistes. Comparant la situation de l'agriculture aux États-Unis et en France, opposant la crise aiguë qu'elle traverse ici à la prospérité sans cesse croissante qu'elle atteint là-bas; voyant ici la diminution de la petite propriété rurale et là son développement prestigieux; constatant qu'en notre pays, la petite habitation de famille, trop souvent obérée de dettes, s'effondre dans des saisies judiciaires, tandis que, dans les États de l'Union, elle est, par des lois tutélaires, mise à l'abri de la saisie, ces économistes attribuèrent plus ou moins la prospérité de l'agriculture américaine à l'insaisissabilité du foyer de famille, et ils pensèrent que, sur des continents différents, les mêmes causes produiraient les mêmes effets.

En 1878, M. Joliot fit connaître en France les traits caractéristiques du homestead, dont M. Rüdolf Meyer devint, en 1883, le promoteur en Allemagne.

La *Réforme sociale*, les *Unions de la paix sociale*, l'*Association catholique*, la *Société d'économie sociale*, la *Société d'économie politique* et quelques sociétés d'agriculture firent une active propagande en faveur de la loi du homestead, qui donna naissance à une abondante littérature.

En 1891, l'Académie des sciences morales et politiques choisit pour thème du concours du Prix Rossi le sujet suivant : « Rechercher les origines de la législation dite du *Homestead*, en exposer le fonctionnement dans les pays où elle a été établie; en apprécier les avantages et les inconvénients ». L'Académie décerna le prix à M. Paul

Bureau qui avait examiné les faits sur place, aux États-Unis, et dont le mémoire[1] fait un exposé très complet et une critique très serrée du homestead[2].

L'adoption des lois sur les habitations à bon marché donnait une nouvelle actualité à la question qui, à Paris, à Bruxelles, à Anvers, à Vienne, fit l'objet des discussions des Congrès internationaux de l'Agriculture, de la Propriété, des Habitations à bon marché.

De son côté, le Parlement était saisi de plusieurs propositions tendant à l'institution du homestead ou bien de famille.

Dès 1894, M. Leveillé et plusieurs de ses collègues d'une part, MM. Hubbard, Berteaux, Rameau et Maurice Faure d'autre part, soumirent à la Chambre une proposition tendant à établir l'insaisissabilité du bien de famille.

La même année, l'abbé Lemire soumettait une proposition qui, en trente articles, fixait le régime du bien de famille et tentait de faire passer dans nos lois des principes nouveaux, non seulement en ce qui concerne les droits des créanciers, mais encore en ce qui touche la dévolution des biens.

Cette proposition, modifiée et sensiblement réduite dans son contexte sinon dans son esprit, fut reprise par son auteur à chaque législature, en 1898 et en 1902.

M. Léon Vacher déposa, en 1898, sur le bureau de la Chambre une proposition ayant pour objet de créer un bien de famille insaisissable.

La même année, M. Morillot déposa une proposition dans le même but.

En 1902, M. Louis Martin et plusieurs de ses collègues et, en 1903, M. Paul Lebaudy, reprirent à leur compte la proposition de M. Leveillé.

En 1902, M. Viollette déposa une proposition de loi tendant à compléter l'article 592 du Code de procédure civile et à «organiser l'insaisissabilité partielle du domaine du cultivateur, cultivant lui-même sa terre».

De son côté, M. Siegfried voulut étendre à la propriété agricole

[1] Voir Paul Bureau, *Le Homestead.*
[2] Voir Rapport de M. Levasseur.

le bénéfice de la loi sur les habitations à bon marché, dont il était le parrain. Par ses termes généraux, cette loi des 30 novembre 1894-31 mars 1896 s'applique aux habitations rurales, comme aux habitations urbaines; elle intéresse le paysan comme l'ouvrier. Mais elle ne parle que de la construction de maisons, elle exclut l'hypothèse de l'acquisition d'une maison déjà construite et elle ne précise pas l'étendue de l'enclos attenant à la maison. La proposition déposée en 1897 à la Chambre par M. Siegfried, votée par cette Assemblée et modifiée par le Sénat, étend aux petits domaines ruraux, même non bâtis, le bénéfice de la loi de 1894-1896. Elle a pour but de faciliter l'acquisition de la petite propriété paysanne, mais, à la différence des lois de homestead, elle n'institue pas un régime spécial d'insaisissabilité en faveur de cette catégorie de propriété.

Les propositions de loi soumises au Parlement, comme les opinions émises dans la doctrine, soulèvent un assez grand nombre de questions qui touchent :

1° A la constitution du bien de famille;

2° A la conservation de ce bien;

3° A sa transmission après décès.

Chargé d'exposer les opinions qui ont été formulées sur la matière et d'indiquer les diverses solutions qui ont été proposées, nous éviterons de prendre parti entre les doctrines opposées et de nous prononcer entre les divers systèmes. Nous nous efforcerons de résumer impartialement les arguments formulés pour ou contre le principe même de la constitution, de la conservation et de la transmission du bien de famille, et nous signalerons sur chacun de ces points les diverses modalités qui ont été proposées.

CHAPITRE PREMIER.

CONSTITUTION DU BIEN DE FAMILLE.

Le bien de famille répond à ce double objet de faciliter l'accès de la petite propriété foncière et d'assurer la permanence du foyer familial.

Si la plupart des auteurs constatent, après Turgot, que « la propriété est la base même sur laquelle porte tout l'édifice social »; s'ils pensent avec Voltaire que « l'esprit de propriété double la force de l'homme, car on travaille pour soi et pour sa famille avec plus de vigueur que pour un maître »; s'ils accordent que, dans l'ordre économique, le paysan est le « distributeur de la vie matérielle » et que, dans l'ordre politique, son action, pour être lente, n'en est pas moins réelle, car le paysan prend son point d'appui sur la terre qu'il possède en maître, sur le champ qu'il cultive et « où, chaque jour, il collabore avec la nature »; s'ils reconnaissent qu'« on ne saurait concevoir une meilleure garantie pour le maintien de l'ordre social qu'une division des biens qui fasse participer, même pour une faible part, le plus grand nombre possible des membres de la société aux avantages de la propriété »; s'ils ne contestent pas que l'institution de la famille mérite toute la protection des lois, il s'en faut que ces auteurs soient d'accord sur les meilleurs moyens de mettre la petite propriété à la portée du plus grand nombre et de protéger la famille.

Les partisans de l'institution du bien de famille insistent sur la nécessité de recourir à une loi générale pour rendre la petite propriété rurale plus désirable et plus facilement accessible aux classes laborieuses en même temps que pour assurer la permanence du foyer familial; et ce, dans l'intérêt de l'individu, de la famille et de l'État.

Assurer à l'homme un coin de terre où il puiserait les éléments de sa vie matérielle et une maison où il abriterait sa famille, ce serait enrayer le prolétariat et la plupart des misères physiques et morales qui lui font cortège. Car « les hommes qui n'ont ni feu, ni lieu, ni attache à la profession, ni lien au sol, arrivent plus facilement que d'autres à n'avoir ni foi ni loi. Ils errent au hasard de par le monde, victimes de la loi de l'offre et de la demande et ils aboutissent fatalement dans les grands centres où les attendent les désillusions et les désespoirs »[1].

« Le jour où l'ouvrier agricole aura, ne serait-ce que l'espérance de devenir propriétaire du champ qu'il cultive, de la maisonnette qu'il habite, il ne songera plus à abandonner la campagne pour la ville et il fondra sur une base indestructible cette famille sociale qui est l'une des grandes forces de la Nation[2]. »

« Cette famille est l'unité sociale par excellence. Herber Spencer l'appelle la cellule vivante de la société. Sans elle, tout se désagrége, et aucun organisme civil ou politique ne peut durer. C'est pour la famille qu'est faite la maison et qu'est fait le domaine. C'est pour elle que l'immeuble doit être favorisé; c'est par elle qu'il a sa raison d'être. La famille perpétue la race, fait l'éducation des enfants, abrite les vieillards, soigne les malades et les infirmes, elle est l'association naturelle, fondamentale, indispensable qui doit être protégée et garantie, parce que, sans elle, il faut multiplier les asiles, les orphelinats, les hôpitaux et les hospices[3]. »

A ces hospices bâtis à grands frais, les vieillards préfèrent la liberté et « tous caressent l'espérance que ce sera près du berceau d'un enfant que leurs yeux se fermeront ». C'est donc répondre au vœu le plus touchant, le plus intime, le plus respectable de l'homme que d'établir sa famille sur une base solide en lui donnant « une protection permanente, un abri indestructible en dehors du salaire, du traitement, du revenu, de tout ce qui est sujet aux aléas de la santé et du travail[3] ».

Ainsi l'épargne populaire serait dirigée vers une œuvre féconde; « au lieu de dormir dans des bas de laine, ou de se volatiliser dans de fâcheuses spéculations, elle irait vers la terre qui, du moins, garde les capitaux qu'elle reçoit et porte ses fruits ».

(1) Lemire, Projet de loi, Chambre, 6e législature, n° 848.
(2) Siegfried, Rapport au Sénat, 1898, n° 279.
(3) Lemire, Projet de loi, Chambre, 7e législature, n° 279.

En facilitant la création du foyer de famille, en le protégeant, en lui donnant plus de stabilité, le homestead augmenterait la dignité de l'homme, améliorerait la situation de la famille et « contribuerait à la grandeur et à la puissance de l'État[1] ».

Les partisans du bien de famille invoquent l'exemple des États-Unis où les « homestead exemption laws » sont une des institutions que les Américains regardent comme « le fondement de leur démocratie[2] ».

Ils signalent en outre les mesures prises par les pouvoirs publics, au Canada, en Australie, dans l'Inde, pour mettre le petit domaine à l'abri de la saisie.

Ils montrent le mouvement d'opinion qui s'est dessiné dans toute l'Europe en faveur de la petite propriété familiale : en Russie, en Serbie, en Roumanie où des lois tutélaires la protègent; en Allemagne, en Autriche, en Belgique, en Danemark, en Italie, en Suisse où des projets de loi tendent à constituer le bien de famille.

La France qui a pris, dans le monde, l'initiative des grandes réformes démocratiques, ne devrait pas se laisser ici distancer, alors que, sans chercher des exemples au delà de ses frontières, sur de lointains continents, elle en trouve sur son sol national, dans ses plus vieilles institutions.

Notre ancien droit coutumier présente, en effet, la prise de jouissance de l'immeuble du débiteur insolvable comme la seule voie d'exécution ouverte au créancier : « *Et cil à qui la dete est deue, n'est pas gentilhom qui puist fief tenir, li souverain doit delivrer au creancier toutes les issues du fief, dusqu'à tant que la dete soit aemplie*[3] ». Bouteiller, dans sa « Somme rurale », paraît n'admettre la vente de l'immeuble du débiteur que si celui-ci s'y est spécialement obligé : « *Si obligé n'était à la vendition, vendu ne le pourrait, mais les fruits mettrait on en paye, par si que le mineur eut de quoi vivre, si autre chose n'avait*[4] ».

Malgré l'Édit des criées, rendu en 1551, par Henri II, qui

(1) Leveillé, Projet de loi, Chambre, 6e législature, n° 717.

(2) Claudio-Jannet, *Société d'économie politique*, 1887.

(3) Beaumanoir, Ch. 35, n° 3.

(4) Somme rurale, chap. 69.

tenta d'introduire une procédure uniforme de saisie réelle, un grand nombre de provinces, notamment la Flandre, la Normandie, la Bresse, la Provence, le Béarn, le Dauphiné, le Languedoc et la Guyenne restèrent plus ou moins fidèles à leurs coutumes[1]. Le *hofsted*, dont se rapprochent tant le *homestead* américain et le *Heimstätt* allemand, et qui assurait à l'habitant des Flandres la conservation de sa maison et de son champ, est resté longtemps comme un dernier vestige de notre ancienne législation[2].

Les adversaires de l'institution du « Bien de famille » répondent que, dans l'état politique et social des peuples au XXe siècle, les lois ne sauraient s'inspirer des institutions du moyen âge. Au reste, les tenures serves de la féodalité ne peuvent en aucune manière se comparer aux terres franches et libres de nos paysans. Le tenancier d'un fief n'en avait pas la propriété intégrale. En le lui concédant, le seigneur avait gardé un droit éminent sur la terre. Dès lors, il était conforme à la nature de ce petit domaine que le tenancier ne pût le grever de dettes, ni l'aliéner[3].

Que si, dans un pays neuf, la loi peut protéger les premiers pionniers de la civilisation contre la rapacité des usuriers, ce sont là des précautions exceptionnelles qui ne sauraient s'appliquer qu'à des peuples enfants[4]. En particulier, la situation des États-Unis n'est pas comparable à celle de la France : « Là-bas, des colons aventureux, difficiles à fixer, ici des paysans craintifs, routiniers, attachés de fait à la glèbe, dont ils sont légalement affranchis; là-bas, des abus de crédit et de spéculation sur les terres, ici ni spéculation, ni crédit; là-bas des gens qui se ruinent par imprudence, ici des gens qui se ruinent par inertie. Dans des conditions si différentes, le remède paraît contraire : là-bas, il semble qu'il faut rassurer le colon, le prémunir contre les risques qui le menacent; ici il faudrait plutôt stimuler le paysan et lui apprendre

(1) Voir Jules TAMBOUR. *Des voies d'exécution sur les biens des débiteurs dans l'ancien droit français*, et BUREAU, *Le Homestead*.

(2) Voir LEMIRE, Exposé des motifs.

(3) Voir P. BUREAU, *Le Homestead*.

(4) Voir Paul LEROY-BEAULIEU, *Économie politique*.

à oser[1]. » D'ailleurs, même dans ces pays d'outre-mer, les effets du homestead sont loin d'être aussi concluants qu'on le prétend[2].

Les adversaires du homestead protestent, en outre, contre les lois d'exception qui tendent à créer un privilège en faveur d'une catégorie de citoyens ou d'une catégorie de biens. S'il est désirable de grossir le nombre de propriétaires, il serait regrettable de fixer à la terre des travailleurs qui, ne pouvant vivre de l'exploitation de leur propre fond, resteraient des salariés des grands propriétaires et subiraient leurs exigences sans pouvoir chercher d'autres marchés.

Une loi, peut-on dire encore, n'est pas nécessaire pour inciter le paysan à devenir propriétaire. Le paysan est « possédé du démon de la propriété » ; il a la passion de la terre, son ambition est de la tenir en maître et, dès qu'il le peut, il en acquiert un lopin. S'il n'a pas de ressources suffisantes pour réaliser son rêve, ce n'est pas la loi qui lui en donnera et, même s'il dispose d'un petit pécule, le homestead, en immobilisant ses ressources, réduit son capital d'exploitation. « Il le détourne des mises de fonds qu'entraînent la production du bétail et la culture intensive, il le conduit à la culture routinière, à la production chétive, somme toute à une condition voisine de la misère[3]. »

Les faits prouvent assez quelle est la tendance du paysan français. Tandis que, dans son ensemble, la population agricole diminuait, le nombre des propriétaires cultivant eux-mêmes leurs terres augmentait, ainsi que l'accusent les chiffres suivants[4].

ANNÉES.	NOMBRE TOTAL D'AGRICULTEURS (sans compter les membres de la famille).	NOMBRE DE PROPRIÉTAIRES cultivant eux-mêmes LEURS TERRES.
1862	7,363,000	1,813,000
1882	6,913,000	2,151,000
1892	6,663,000	2,199,000

(1) Coste, *Société d'économie politique*, 1887.

(2) Voir Paul Bureau, *Le Homestead.*

(3) Adolphe Coste, *Société d'économie politique*, 5 mars 1887; voir dans le même sens : Souchon, *La Propriété paysanne;* Cheron, *La Transmission intégrale.*

(4) Extrait de la *Statistique agricole.*

Ce ne sont pas seulement des terres que les paysans achètent, mais aussi des maisons. Chaque ménage veut avoir son foyer séparé. Lors de l'enquête qu'il a ouverte, en 1894, sur les conditions de l'habitation en France, le Comité des travaux historiques a pu constater cette tendance générale dans toutes les provinces, sauf peut-être dans l'Ouest. Le grand travail de l'évaluation des propriétés bâties, auquel a procédé l'Administration des contributions directes à la suite de la loi de 1885, a fourni à cet égard des renseignements instructifs. Il a prouvé qu'à la différence du citadin, le paysan est le plus souvent propriétaire de la maison qu'il habite. Il s'est même rencontré alors 2,270 communes où la pratique du «chacun chez soi» était poussée si loin qu'on n'a pu y découvrir une seule propriété imposable qui fût louée. En consultant les chiffres suivants fournis par l'Administration des contributions directes, on peut dire que la proportion des propriétaires habitant leur propre maison est en raison inverse de l'importance des communes :

POPULATION NORMALE.	PROPORTION DE MAISONS HABITÉES PAR LE PROPRIÉTAIRE	
	SEUL.	SEUL OU NON.
	p. 100.	p. 100.
Ville de Paris	15.5	29.7
Autres villes de plus de 100,000 habitants	19.7	33.5
Villes de 50,001 à 100,000	23.0	34.0
Villes de 30,001 à 50,000	26.7	46.8
Villes de 20,001 à 30,000	29.4	44.6
Villes de 10,001 à 20,000	32.3	46.4
Villes de 5,001 à 10,000	41.3	51.1
Communes de 2,001 à 5,000	52.0	57.7
Communes de 2,000 habitants et au-dessous	63.8	66.6
Moyenne pour la France entière	56.3	61.3

Ainsi, dans les communes rurales, les deux tiers des habitants, en moyenne, sont propriétaires des maisons qu'ils occupent.

Ce ne sont pas, d'ailleurs, les départements les plus riches qui donnent la plus forte proportion de propriétaires. Dans la Savoie, la Haute-Savoie, les Hautes-Pyrénées, le Lot, où la fortune privée globale est évaluée à 500 ou 600 millions, soit de 2,200 à 2,500 francs en moyenne par tête, et dans l'Ariège où cette fortune est estimée seulement à 385 millions, soit 1,756 francs par tête, la proportion des maisons totalement occupées par le propriétaire dépasse 80 p. 100; le coefficient atteint même 85 p. 100 en Corse, où la fortune privée ne dépasse pas 92 millions, soit 319 francs par habitant. Par contre, les Côtes-du-Nord, l'Ille-et-Vilaine, où la fortune privée dépasse 2 milliards, soit une moyenne de 3,500 à 3,700 francs par tête, la proportion des maisons occupées par le propriétaire seul n'est que de 38 p. 100, et elle s'abaisse à 23 p. 100 dans la Seine-Inférieure, où la fortune privée se chiffre par un total de 6,983 millions de francs, soit une moyenne de 8,335 francs par tête[1].

Le caractère du paysan français, si jaloux de son indépendance, se manifeste non seulement par son désir de posséder à lui, bien à lui, sa maison et son champ, mais encore par sa tendance de plus en plus grande à travailler pour son propre compte et à s'affranchir de tout lien vis-à-vis d'un maître quelconque. En effet, dans la seconde partie du dernier siècle, le nombre des entrepreneurs de culture, propriétaires, fermiers et métayers, travaillant pour leur compte, s'est augmenté, tandis que celui des travailleurs salariés, journaliers et domestiques, diminuait, ainsi que le montre le simple rapprochement de ces chiffres[2] :

	1862.	1882.	1892.
Entrepreneurs	3,254,000	3,461,000	3,605,000
Salariés	4,109,000	3,452,000	3,058,000

[1] Voir : *Enquête sur les conditions de l'habitation en France*, ouverte par le Comité des travaux historiques au Ministère de l'Instruction publique, 1894-1899: *La propriété foncière dans la fortune privée en France*, rapport présenté par M. Salefranque au Congrès international de la propriété foncière, Paris, 1900.

[2] Voir Colson, *Économie politique*, t. II.

Point n'est donc besoin d'élaborer une loi et d'établir de nouveaux privilèges pour hâter la diffusion de la propriété, enrayer les prétendus progrès du «prolétariat agricole», provoquer un mouvement qui répond à des tendances humaines, qui s'est dessiné en France, dès les siècles passés, et qui a suivi une progression continue depuis l'affranchissement de la glèbe.

Les partisans du homestead répliquent qu'une nation puise ses forces vives dans les vaillantes populations rurales. Or, tandis que l'étendue et la densité de nos grandes villes s'accroissent continuellement, c'est un fait malheureusement incontestable que le nombre des paysans français va sans cesse diminuant. Alors que les travailleurs des champs et leurs familles représentaient 53 p. 100 de la population totale en 1862; ils ne représentent plus que 48 p. 100 en 1882 et 45 p. 100 en 1892. Le dernier dénombrement a prouvé que la population des départements agricoles n'a cessé de décroître et que l'émigration des campagnes vers les villes a généralement été bien plus forte, de 1876 à 1901, que dans les périodes antérieures [1].

D'un autre côté, la revision décennale des propriétés bâties, à laquelle il a été procédé en 1899, a montré que le nombre des maisons de toute nature, passibles des contributions foncières, avait diminué dans trente départements et que les loyers avaient subi une baisse sensible dans sept départements. La cause de cette diminution et de cette dépréciation doit être attribuée à la crise agricole, à la dépopulation et à la diminution de richesse qui en est résultée [2].

Les mœurs et le libre jeu des forces économiques ne suffisent donc pas à maintenir sur le sol l'agriculteur, dont le petit domaine est trop souvent la proie de créanciers sans scrupule.

Il est de l'intérêt supérieur de l'État de venir en aide aux travailleurs des champs, en les protégeant dans leur foyer. Ainsi, on peut espérer rétablir l'équilibre entre la population des villes et la population des champs, repeupler les villages et les fermes abandonnés,

[1] Voir *Revue statistique* du 10 janvier 1904.

[2] Voir *Compte rendu de la première revision décennale des propriétés bâties*.

rappeler à la vie les campagnes désertées. Il y va de la vitalité de la race.

C'est en s'inspirant de ces considérations que des propositions de loi ont été formulées, tendant à constituer un bien de famille. Ces propositions déterminent :

a. La personne qui peut constituer un bien de famille ;

b. La propriété qui peut être constituée en bien de famille ;

c. La forme suivant laquelle le bien de famille sera constitué ;

d. Les mesures propres à faciliter la constitution des biens de famille ou sa reconstitution en cas de destruction ;

e. Les dispositions fiscales tendant à accorder à ces biens certaines immunités.

Nous passerons rapidement en revue les diverses solutions qui ont été proposées.

A. Qui peut constituer un bien de famille.

La proposition de loi de M. Leveillé, reprise par M. Louis Martin et par M. Paul Lebaudy, donne le droit de constituer un bien de famille à « tout Français », et les termes très généraux du texte permettent de comprendre le célibataire sans charge de famille.

La proposition de MM. Hubbard, Berteaux, Rameau, Maurice Faure confère également ce droit à « tout Français ou toute Française », mais elle donne au chef de famille la facilité de constituer un bien d'une valeur quintuple de celle du bien auquel peut prétendre un « simple citoyen ». Par chef de famille, la proposition entend : « toute personne qui garde à son foyer, à sa charge et sous sa protection : son enfant mineur ou l'enfant mineur de son conjoint défunt, un frère ou une sœur mineurs, l'enfant mineur d'un frère ou d'une sœur décédés, un père ou grand-père, les parents ou grands-parents du mari ou de la femme décédés, enfin une sœur célibataire ou les enfants sus-mentionnés, ayant atteint l'âge de la majorité s'ils sont incapables de se suffire à eux-mêmes ».

La proposition de M. Vacher et de plusieurs de ses collègues admet même les étrangers au bénéfice de la loi, elle en étend l'application à tous chefs de famille, mais elle le limite aux seuls chefs de famille. Par là, elle entend désigner « non seulement l'époux ou l'épouse avec ou sans enfants, mais encore toute personne ayant avec elle et à sa charge, résidant sur le même bien familial : les enfants mineurs issus du mariage des époux ou ceux du conjoint décédé, les orphelins mineurs d'un frère ou d'une sœur; une sœur célibataire ou veuve, un père, une mère ou de grands-parents ou ceux du conjoint décédé; une personne veuve ou célibataire vivant avec un ou des enfants naturels ou avec des orphelins qu'elle a recueillis ».

La dernière proposition de M. Lemire et de plusieurs de ses collègues confère aussi le bénéfice de la loi à tout chef de famille. Elle en donne une définition plus brève et plus limitative qui comprend « toute personne mariée avec ou sans enfants, tout veuf ou toute veuve avec enfants, toute personne divorcée avec enfants ».

Pour justifier l'extension du bénéfice de la loi aux étrangers qui ne supportent pas toutes les charges imposées aux nationaux, les auteurs des propositions et la majorité de la Commission de l'Agriculture à la Chambre ont pensé que, le bien étant créé beaucoup moins dans l'intérêt du père que dans celui des enfants nés ou à naître, il n'y avait pas de raison d'exiger du père la qualité de Français, quand ces enfants, nés sur le sol français, ont une vocation à devenir français. Il est à remarquer, toutefois, que les termes généraux des propositions ne subordonnent pas l'admission des étrangers au fait que leurs enfants seront nés en France.

Le projet du Gouvernement, s'inspirant des propositions de M. Vacher et de M. Lemire, donne à « tout chef de famille jouissant de ses droits civils » la faculté de constituer un bien de famille. Le texte n'indique d'ailleurs pas ce qu'il faut entendre par « chef de famille », mais l'exposé des motifs définit le chef de famille dans les mêmes termes que la proposition de M. Vacher.

D'après la plupart des textes proposés, le bien de famille doit être constitué par l'intéressé lui-même; les textes ne prévoient pas le cas d'une personne qui, voulant donner à une famille un foyer stable, lui attribuerait, par voie de libéralité, une propriété en la constituant comme bien de famille. Seules les propositions de M. Lemire paraissent envisager cette hypothèse. L'article 1er de la plus récente de ces propositions dispose qu'« il peut être constitué au profit de toute famille un bien de famille », et l'article 4 fait allusion au testament contenant constitution d'un bien de famille, sans spécifier, comme dans le texte proposé en 1894, que la disposition testamentaire ne peut être prise que par le chef de famille en faveur de ses enfants mineurs.

B. Propriété qui peut être constituée en bien de famille.

Qualification. — Dans tous les projets, le qualificatif de bien de famille s'applique à la maison, portion divise de maison ou partie de maison, habitée et possédée par la famille, ainsi que la pièce de terre attenante ou voisine, également possédée et exploitée par cette famille. Bien que ces projets aient surtout en vue l'amélioration du sort des populations agricoles, ils s'étendent aussi bien à la petite maison de ville qu'au petit domaine rural.

Les textes proposés interdisent à tout chef de famille de posséder plus d'un bien de famille.

Valeur. — Les projets fixent le maximum de la valeur de la propriété qui peut être constituée en bien de famille en prenant d'ailleurs des chiffres très différents.

Dans la proposition de M. Hubbard, la valeur maxima du bien de famille atteint 25,000 francs pour les chefs de famille et 5,000 francs pour les autres citoyens. Les propositions de M. Leveillé et de M. Lebaudy fixent le maximum de la valeur de l'immeuble à 10,000 francs, auxquels il est ajouté 2,000 francs pour les meubles et outils professionnels. M. L. Martin limite cette valeur à 6,000 francs pour l'immeuble et 2,000 francs pour les meubles et outils professionnels. M. Viollette propose de faire bénéficier de l'insaisissabilité de l'article 592 du Code de procédure civile la terre jusqu'à concurence de 2 hectares et d'une valeur de 6,000 francs. La proposition de M. Vacher restreint la valeur du bien de famille à 5,000 francs et arrête à 1,200 francs la limite d'exemption de saisie des meubles et outils professionnels. La proposition de M. Lemire fixe à 8,000 fr. la valeur que le bien ne pourra dépasser. C'est ce chiffre que la Commission de l'Agriculture, à la Chambre, a adopté, en considérant qu'il permet l'acquisition, dans la plupart des villes, d'une maison avec petite cour, et, dans les campagnes, de 1 hectare ou d'un demi-hectare de terre. Le projet du Gouvernement inscrit le chiffre de 6,000 francs pour la valeur de l'immeuble et porte à 1,500 francs la limite d'exemption de saisie prévue par l'article 592 du Code de procédure civile.

La proposition de loi de M. Siegfried, qui tend à faciliter la constitution de la petite propriété rurale, sans cependant la rendre insaisissable, prenait une double mesure : elle limitait le bénéfice de la loi aux petits domaines dont la contenance ne dépasserait pas 5 hectares et dont la valeur n'excéderait pas 5,000 francs. Pour éviter que, dans les campagnes, la maison n'absorbât la plus grande partie de la valeur des 5,000 francs, elle maintenait pour les propriétés bâties les limitations indiquées par l'article 5 de la loi du 30 novembre 1894. Les limitations étant graduées suivant la densité de la population, la valeur en capital de la maison pouvait être :

De 2,300 francs dans les communes ne comptant pas plus de 1,000 habitants;

De 3,900 francs dans les communes de 1,001 à 5,000 habitants;

De 4,400 fr. dans les communes de 5,001 à 30,000 habitants.

La Chambre des députés n'a pas admis la détermination du domaine d'après sa contenance, elle s'en est tenue à la valeur, qu'elle a portée à 6,000 francs. Ce chiffre a également été adopté par le Sénat qui, tout en maintenant pour la valeur respective de la propriété bâtie les limitations de l'article 5 de la loi de 1894, a ajouté que la valeur de la maison ne pourrait, dans aucun cas, dépasser les deux tiers du prix de la propriété totale.

Estimation. — La proposition primitive de M. Lemire prévoyait que l'estimation de la valeur de l'immeuble serait faite par trois experts désignés amiablement, l'un par l'Administration des contributions directes, l'autre par le juge de paix, le troisième par le déclarant. La proposition de 1902, plus simple, confère à un expert désigné par le juge de paix du canton le soin de faire cette estimation.

La proposition de M. Vacher dispose que la valeur du bien sera dûment établie par expert, sans indiquer d'ailleurs par qui sera désigné cet expert.

La proposition de M. Hubbard ne prévoit de mode d'estimation du bien de famille que pour le cas où un créancier considérerait la valeur de la propriété comme supérieure aux maxima de 25,000 et de 5,000 francs. Dans cette hypothèse, le créancier aurait le droit de se pourvoir devant le tribunal qui ferait procéder à une expertise et se prononcerait sur la valeur qui doit être légalement attribuée à l'immeuble en cause.

La proposition de M. Siegfried, votée par la Chambre et amendée par le Sénat, dispose que, « en cas de contestation sur la valeur de l'immeuble, on prendra pour base l'évaluation de l'Administration des contributions directes pour l'application de l'impôt foncier ».

Dans le projet du Gouvernement, l'estimation de l'immeuble est faite « par le maire de la commune ou par un expert désigné sans frais par le juge de paix sur simple requête ».

Conditions spéciales. — La proposition de M. Lemire (1902) impose pour la constitution du bien de famille une condition qui n'est pas prévue explicitement dans les autres projets : la propriété constituée en bien de famille devra être libre de tout privilège et hypothèque. Afin de ne pas mettre obstacle à la création du bien de famille, cette proposition, comme le projet du Gouvernement, autorise la femme mariée à renoncer à son hypothèque légale sur l'immeuble, ou la portion d'immeuble destiné à constituer le bien de famille.

La proposition de M. Vacher prévoit que le bien de famille pourra être constitué sur un bien de la communauté, sur celui du mari ou sur les propres de la femme, du consentement de cette dernière. Le projet du Gouvernement autorise dans les mêmes conditions la constitution du bien de famille sur les propres de la femme.

C. Formes dans lesquelles le bien de famille doit être constitué.

Le homestead portant une grave atteinte aux droits des créanciers, les projets indiquent les mesures propres à assurer la publicité de la constitution d'un bien de famille.

D'après la proposition de M. Vacher, l'intéressé devra faire au bureau d'enregistrement dans la circonscription duquel est située la propriété, une déclaration énonçant son intention de placer tout ou partie de la propriété sous le régime du homestead et il fournira un état détaillé des lieux ainsi que de la valeur du bien.

Dans la proposition de M. Lemire, le chef de famille doit faire par-devant notaire une déclaration qui contiendra une description détaillée de l'immeuble et qui sera enregistrée et transcrite. Le testament, fait devant notaire et contenant constitution du bien de famille, équivaudra à la déclaration et sera soumis *parte in qua* aux mêmes formalités d'enregistrement et de transcription. En outre, pour que la publicité soit effective, le texte dispose que la constitution du bien de famille sera portée à la connaissance du public par un avis inséré à la diligence et aux frais du déclarant dans un journal de l'arrondissement et par une affiche apposée à la porte de la mairie de l'immeuble, affiche mentionnant ledit avis et l'insertion au journal. La constitution ne sera définitive que trente jours francs après cette publication constatée sur un registre spécial tenu à la mairie.

Dans la proposition de M. Leveillé, le fondateur du bien de famille doit faire à la mairie du lieu où est situé l'immeuble une déclaration écrite, rédigée en trois exemplaires, dont l'un est remis au fondateur, l'autre au maire, le dernier au conservateur des hypothèques de l'arrondissement.

D'après le projet du Gouvernement, l'acte constitutif du bien de famille sera passé devant notaire et contiendra la désignation détaillée de l'immeuble avec les indications cadastrales. Cet acte sera soumis à la transcription. La renonciation de la femme à son hypothèque légale pourra se faire par simple intervention dans l'acte notarié.

D. Mesures propres à faciliter la constitution ou la reconstitution du bien de famille.

La proposition de M. Siegfried, qui ne crée pas de homestead mais tend à la diffusion de la petite propriété, s'efforce de provoquer l'éclosion de sociétés d'acquisition de petits domaines qui les vendront par payements fractionnés aux cultivateurs. Pour atteindre ce résultat, l'auteur confère à ces sociétés une garantie sérieuse de remboursement de leurs avances. Cette garantie se trouve dans le prêt hypothécaire. «Les sociétés, dit-il, prêteront aux cultivateurs dans des conditions d'autant plus avantageuses que leur sécurité sera plus entière.» Pour garantir à l'emprunteur toute possibilité de résilier son contrat et de retirer, à tout instant, les dépôts opérés pour l'achat du domaine auquel il renonce, la proposition autorise les sociétés prêteuses à émettre des obligations foncières en représentation du capital déposé dans leurs caisses.

L'article 7 voté par la Chambre et le Sénat est ainsi conçu : «Les sociétés d'acquisition de petites propriétés rurales, les sociétés de prévoyance, d'épargne et de crédit qui désireront prendre le caractère de sociétés de crédit foncier, prêtant sur hypothèques et émettant des obligations, seront soumises aux règles établies par le décret du 28 février 1852 et par la loi du 10 juin 1853 relatifs aux sociétés de crédit foncier, et jouiront des avantages accordés par la loi aux sociétés de ce genre.»

Les auteurs des projets du homestead n'avaient pas le moyen d'offrir une semblable garantie aux prêteurs, puisqu'ils édictent *hic et nunc* l'insaisissabilité du bien de famille. Aussi, n'est-il pas surprenant que ces projets n'indiquent, pour faciliter l'acquisition du bien, aucune de ces mesures qui seraient fondées sur un crédit incompatible avec le régime du homestead.

A la vérité, les premières propositions de M. Lemire prévoyaient le cas soit de sociétés commerciales, soit de sociétés de bienfaisance ou d'utilité publique cédant un bien de famille contre payement par annuités. Elles conféraient aux sociétés d'utilité publique et aux établissements de crédit reconnus et contrôlés par l'État, tels que caisses d'épargne et de retraites, sociétés de secours mutuels, la faculté d'employer dans ce but le quart de leurs fonds de réserve. Mais la plus récente proposition de M. Lemire est muette sur ce point.

Prévoyant le cas de destruction de l'immeuble et voulant en faciliter la reconstitution, le projet du Gouvernement, comme la proposition de M. Lemire, dispose que les indemnités d'assurances jouiront du même privilège que le bien à la reconstitution duquel elles demeurent affectées.

E. Dispositions fiscales tendant à exonérer le bien de famille.

Afin de faciliter la constitution du bien de famille, certaines propositions de lois édictent en sa faveur quelques immunités fiscales. La proposition de l'abbé Lemire, en 1894, exonérait de toutes charges fiscales le père de famille qui acquérait, à titre onéraux ou gratuit, un bien de famille et l'exemptait dans l'avenir de tout impôt direct. La dernière proposition de 1902 supprime ces exonérations et exemptions; elle réduit seulement à 3 francs les droits afférents à l'enregistrement et à la transcription de l'acte portant constitution du bien de famille.

Le projet de Gouvernement réduit à 3 p. 100, sans décimes, les droits d'enregistrement pour l'acquisition d'un immeuble constituant bien de famille et il limite à 2 francs le droit fixe perçu pour l'enregistrement, à 1 franc le droit fixe perçu pour la transcription du bien de famille.

CHAPITRE II.

CONSERVATION DU BIEN DE FAMILLE. — INALIÉNABILITÉ ET INSAISISSABILITÉ.

La conséquence de l'établissement du bien de famille, nous dirons presque sa raison d'être, est la protection dont la loi l'entoure. Dans ce but, les auteurs proposent de déclarer ce bien insaisissable et de limiter les conditions dans lesquelles il peut être aliéné.

Pour ou contre l'insaisissabilité et l'incessibilité du bien de famille, partisans et adversaires invoquent des considérations morales, juridiques, économiques et des arguments de fait.

Considérations morales. — C'est en se fondant sur des considérations d'humanité que les partisans du homestead proposent de soustraire au créancier un gage auquel il peut prétendre. Ils invoquent l'intérêt supérieur de la famille, qui est le premier créancier de biens dont le père est détenteur. «Le père, par le fait du mariage et de la paternité, contracte envers sa femme et envers ses enfants une dette sacrée qui prime toutes les autres[1]».

Dans une démocratie, la loi doit s'inspirer des considérations d'humanité, de pitié, de charité. Elle ne devrait pas permettre qu'une famille en soit réduite, par la rigueur des créanciers, à la plus extrême misère, à l'impossibilité de s'abriter et de se nourrir. Or, chaque année, plus de quatorze mille saisies immobilières jettent sur les routes de nombreuses familles qui sont ainsi frappées d'un coup mortel. Le malheur, d'où qu'il vienne, mérite la commisération et le législateur doit venir en aide aux familles malheureuses en les protégeant, en ménageant leur dignité, en leur offrant une ressource pour l'avenir, en leur conservant l'espérance.

Il y a un droit qui est supérieur à tous les autres, c'est le droit à l'existence[2].

Aux considérations de pitié, d'assez nombreux auteurs opposent des considérations de moralité et d'équité. Il est très dangereux, disent-ils, de déroger à ce principe que quiconque s'engage engage le sien. Dans un régime démocratique et sous un gouvernement d'opinion, il importe de développer en chaque citoyen le sentiment de la responsabilité individuelle et il faut tenir en suspicion toutes les mesures qui peuvent avoir pour résultat d'affaiblir ce sentiment. Or, rien n'est plus propre à l'émousser qu'une institution qui permet aux gens de contracter des dettes sans les payer.

Si le débiteur est intéressant, le créancier l'est souvent autant. Lui aussi, il peut avoir une famille; lui aussi, il a besoin de vivre et de nourrir les siens. Il a consenti des avances de fonds, il a livré des fournitures. Il est juste qu'il soit remboursé et il n'est pas

(1) Corniquet, *L'insaisissabilité du foyer de famille.*

(2) Voir en ce sens Fournier de Flaix, Couvert, Lemire, Léveillé, Vacher, Hubbard, Violette.

admissible que la loi l'appauvrisse en abritant le mauvais payeur derrière une muraille inviolable.

L'État veut s'ériger en tuteur des familles et les protéger contre les erreurs, les entraînements, les actes d'imprévoyance de leurs chefs. Mais pourquoi diminuer ainsi les droits, les devoirs et les responsabilités du citoyen dans la cité? pourquoi toujours parler de l'imprévoyance du Français qui est l'homme le plus économe de la terre? « Par une singulière contradiction, au moment où les classes populaires acquièrent de plus en plus une influence prépondérante dans la gestion des intérêts publics, volontiers on les suppose ignorantes, faibles et insouciantes, dès qu'il s'agit de leurs intérêts économiques et moraux [1]. »

Considérations juridiques. — Au point de vue juridique, les partisans du homestead font valoir que, si la limitation des droits des créanciers déroge au principe qui leur attribue le patrimoine du débiteur comme gage commun, elle n'est pas contraire à l'esprit général de notre législation qui prévoit d'autres restrictions analogues.

Sans parler des privilèges généraux de l'article 2101 du Code civil et des hypothèques légales, il existe déjà une quantité de biens insaisissables :

Les immeubles de la femme mariée sous le régime dotal;

Les rentes sur l'État;

Les pensions, les traitements et les salaires, dans une certaine proportion;

Les objets énumérés sous l'article 592 du Code de procédure civile;

Les sommes dues par l'État aux entrepreneurs de travaux publics.

Et ce ne sont pas les seuls cas dans lesquels le débiteur n'est pas tenu du payement des dettes sur tout son avoir :

L'actionnaire, dans une société anonyme, n'est plus tenu que jusqu'à concurrence de sa mise;

[1] Voir ALIX, *Annales de l'École des sciences politiques*, oct. 1889; Paul BUREAU, *Congrès international des habitations à bon marché*; DROZ, *Société d'économie politique*, Paris, 1900.

L'armateur peut échapper à la responsabilité des faits du capitaine et des engagements qu'il a pris en abandonnant le navire et le fret;

Le commerçant déclaré en faillite conserve de quoi vivre; après la clôture de la faillite, il commence une nouvelle existence; les biens nouveaux qu'il acquiert alors ne servent plus de gage aux créanciers de sa vie passée.

L'agriculteur est au contraire tenu à jamais sur tous ses biens jusqu'à ce qu'il ait désintéressé tous ses créanciers. Alors que le riche propriétaire, le rentier, le fonctionnaire bénéficient de la protection de nos lois, le paysan seul n'est pas protégé. Il est livré à son imprévoyance, à la manie d'arrondir son domaine, aux manœuvres des prêteurs, à tous les dangers de la misère noire. Ce n'est même pas toujours d'imprévoyance qu'il faut l'accuser quand il succombe; tout en étant laborieux, honnête et habile, il peut être victime des intempéries, de la gelée, de la grêle, de ces mille cas de force majeure auxquels sont en état de résister la moyenne et la grande propriété, mais qui sont mortels pour la petite propriété. Le homestead ne ferait qu'étendre au profit du travailleur des champs l'énumération trop incomplète de l'article 592 du Code de procédure civile, en mettant hors de l'atteinte des créanciers, non seulement son coucher et ses habits, mais aussi sa maisonnette, « le vêtement de pierre de sa famille »[1].

A la vérité, répondent les adversaires, nos lois limitent parfois le gage du créancier et ces limitations sont justifiées dans la mesure où elle sont strictement commandées par des raisons humanitaires. Mais il ne semble pas qu'on puisse, des exemples invoqués, tirer des arguments en faveur de l'insaisissabilité. De ce que le législateur a voulu conserver au débiteur son coucher, ses vêtements, le strict nécessaire pour l'empêcher de tomber dans la misère, il ne s'ensuit pas qu'il soit juste de laisser ce débiteur propriétaire d'un immeuble en dehors duquel lui et sa famille pourraient très bien vivre.

[1] Voir Cheysson, Claudio-Jannet, LevIez, Fournier de Flaix, ainsi que Laveillé, Lemire, Vacher, Viollette.

Si la loi déclare insaisissables les rentes sur l'État, si elle permet à certains débiteurs peu scrupuleux de vivre sans souci, alors que leurs créanciers sont dans la gêne, si de gros propriétaires, de riches rentiers peuvent, à la faveur de nos lois, mener une vie fastueuse et narguer impunément leurs créanciers aux abois, qu'on réforme les lois, qu'on mette un terme à de telles mœurs, mais qu'on n'aggrave pas le scandale en conférant à une nouvelle classe de citoyens cet étrange privilège de ne pas payer ses dettes. Singulière, en vérité, serait une réforme sociale qui prendrait son point d'appui sur de déplorables abus!

On a invoqué aussi l'exemple des actionnaires qui, dans les sociétés anonymes, ne sont tenus que jusqu'à concurrence du montant de leurs actions. Mais la situation est toute différente. La société a une personnalité propre, distincte de celle des actionnaires; elle a son capital, dont le créancier connaît le montant et en considération duquel il fait crédit.

Le créancier du propriétaire d'un bien de famille connaîtra plus difficilement la situation financière de son débiteur. Quelles que soient les mesures de publicité dont on entoure la constitution du bien de famille, il est à craindre que l'apparence des choses ne permette au propriétaire du bien de tromper le créancier sur l'étendue de ses droits.

La dérogation qu'on propose d'apporter aux principes du Code civil ne serait donc ni équitable ni juste.

Considérations économiques. — Examinant les conséquences économiques de l'établissement du bien de famille, ses adversaires font observer que, en soustrayant au crédit agricole ses gages, on ruine ce crédit. Avec le homestead, le crédit hypothécaire ne sera plus possible et le crédit personnel n'aura guère de valeur.

Certes le crédit conduit trop souvent le débiteur à la ruine; mais il est des cas où il peut être productif en facilitant la mise en valeur des terres, il est des cas où il peut être bienfaisant en aidant l'agriculteur à traverser une période de crise, en le soutenant dans la maladie.

Le législateur se préoccupe de procurer du crédit à ceux qui n'en ont pas et, par une étrange contradiction, il adoucirait pour le débiteur insolvable les conséquences de sa situation. Or, « il est contraire à la nature des choses de prétendre développer le crédit agricole ou le crédit ouvrier par des moyens autres que ceux qui ont réussi pour le crédit commercial. En réalité, il n'y a pas un crédit commercial, un crédit ouvrier, un crédit agricole. Il n'y a qu'un crédit intimement lié à la confiance qu'inspire l'emprunteur et à la facilité des recouvrements. L'État n'a qu'une manière de l'accroître, c'est de rendre ces recouvrements aussi assurés que possible. Les seules lois efficaces en matière de crédit sont les lois contre les mauvais payeurs[1] ».

De plus, par l'effet du homestead, une masse importante d'immeubles vont être placés dans une situation exceptionnelle : ils seront insaisissables et, suivant certains projets, incessibles. Dans les départements très morcelés ces biens constitueront peut-être la plus grande partie de la propriété immobilière. Or la libre circulation des biens est la condition de leur bonne utilisation et il y aurait de graves inconvénients économiques à mettre ainsi, hors du commerce, une partie importante de la fortune publique.

Loin d'apporter de nouvelles entraves à la circulation des immeubles, il serait désirable, au contraire, de supprimer celles qui, après de timides essais de réformes, subsistent aujourd'hui en trop grand nombre. Par les formalités compliquées de la procédure, les lourds droits du fisc, les honoraires élevés des officiers ministériels, nos lois mettent obstacle aux transactions sur les petits immeubles, rendent difficile la réalisation du gage, diminuent le crédit du propriétaire et retombent en définitive à la charge du vendeur dont elles déprécient le bien de tout le montant des frais qu'elles imposent à l'acquéreur.

Se plaçant sur le même terrain, les partisans du homestead répondent que la suppression du crédit foncier pour le petit propriétaire sera précisément un des effets les plus heureux de la loi proposée. Car il n'y a généralement pas grand intérêt à faciliter à

[1] Colson, *Économie politique*; voir, dans le même sens, Mellet, Coste, *loc. cit.*

ce petit propriétaire les moyens d'emprunter : « pour une fois qu'il y trouvera une occasion de fortune, dix fois il y trouvera une cause de ruine[1] ». En réalité « la propriété territoriale ne meurt pas du défaut de crédit, elle meurt de sa dette ». Suivant la pittoresque expression de Dupin, « le crédit territorial soutient le paysan comme la corde soutient le pendu ». Il est donc plus sage de « conseiller à l'agriculteur le travail, l'économie, l'épargne, que de le solliciter par de séduisantes tentations d'un crédit qui le mène droit à la ruine[2] ».

En enlevant à ce paysan la faculté d'hypothéquer son foyer, en l'obligeant à devenir son propre prêteur, c'est-à-dire à faire des économies, on l'habituera à ne traiter qu'au comptant et c'est là qu'est le salut des classes laborieuses[3].

D'ailleurs le crédit territorial, tel qu'il est organisé aujourd'hui, est tout à fait illusoire. « Par la disproportion même entre les formalités judiciaires et l'importance des immeubles, nos lois d'exécution deviennent destructives de toute espèce de crédit; l'intervention obligée d'un avoué, la compétence du tribunal civil, le nombre des formalités, la longueur des délais, tout cela est sans rapport avec l'intérêt engagé, aussi les frais pèsent-ils d'une manière accablante sur les biens de peu de valeur et l'on arrive à ce résultat absurde que, pour les ventes donnant un prix d'adjudication inférieur à 500 francs (c'est le cas de près de 2,000 ventes chaque année), les frais dépassent le prix d'adjudication et, pour les ventes de 500 à 1,000 francs, en absorbent plus de la moitié; enfin pour celles de 1,000 à 2,000 francs, elles s'élèvent encore à près du tiers. C'est dire que pour la petite propriété, il n'y a aucun crédit possible : aucun capitaliste aisé ne consentirait à accepter un gage dont le prix serait absorbé en totalité ou pour une part exorbitante par les frais de réalisation[4]. »

Le crédit qui peut être utile au petit propriétaire n'est pas le crédit hypothécaire à long terme, dont les charges grèvent lour-

(1) Cauwes, *Cours d'économie politique.*

(2) Gide, *Économie politique.*

(3) Flour de Saint-Genis, *Propriété rurale.*

(4) Voir Fournier de Flaix, *Société d'économie politique.*

dement l'avenir; c'est le crédit personnel, le crédit à court terme, qui met à la disposition du cultivateur les sommes dont il a besoin pour ensemencer ses terres, acheter des bestiaux, augmenter sa production. Ce crédit sera dispensé par les associations mutuelles fondées soit sur la solidarité, soit sur les cautions réciproques, telles qu'il en existe en Allemagne et dans la haute Italie. « Plus il y aura de paysans attachés au sol et sûrs de n'être pas expropriés, mieux ces excellentes associations s'acclimateront en France. »

L'insaisissabilité, l'inaliénabilité du foyer familial fixent le cultivateur au sol, c'est certain; mais c'est précisément le but qu'on poursuit. Dans l'ordre social, la permanence des petits domaines donnera une base solide à la famille et la défendra contre les causes de dissolution qui l'ébranlent. Dans l'ordre économique, elle améliorera la petite culture dont elle maintiendra les cadres. En effet, si la mobilité est une condition de succès pour le commerce et l'industrie, elle l'est beaucoup moins pour l'agriculture, qui réclame avant tout la stabilité et l'union des familles avec le sol [1].

Arguments de fait. — Examinant les faits, les adversaires du homestead font observer que l'introduction de ce système dans notre législation n'aurait pas, sur l'ensemble de la répartition rurale, l'importance capitale qu'on a été souvent tenté de lui attribuer. Les auteurs si nombreux qui veulent voir, dans la création de petits majorats démocratiques insaisissables, une panacée contre toutes les imperfections de la législation rurale n'ont certainement pas observé la faible importance des ventes sur saisies immobilières dans l'ensemble des aliénations d'immeubles.

Alors que de 1896 à 1900 le nombre moyen annuel des ventes ordinaires dépassait 700,000, celui des ventes sur saisies immobilières atteignait seulement 7,530.

Et si l'on observe le mouvement des ventes sur saisies immobilières à la fin du dernier siècle, on constate qu'il tend à décroître,

[1] Claudio-Jannet, *La Société d'économie politique.*

ainsi que l'établissent les chiffres fournis dans le *Compte général de l'administration de la justice :*

NOMBRE MOYEN ANNUEL DES VENTES SUR SAISIE IMMOBILIÈRE.

1881-1885	8,453
1886-1890	13,266
1891-1895	9,830
1896-1900	7,530

Au surplus, si l'on ne veut pas rendre le homestead obligatoire, et l'on ne saurait songer sérieusement à restreindre ainsi les droits du propriétaire sur son bien, à porter une telle atteinte à une de nos libertés essentielles, la réforme sera vaine. Car le père de famille qui aura la prévoyance de mettre son bien sous la protection de la loi sera précisément celui qui a le moins besoin de cette protection. L'homme imprévoyant et léger ne recourra jamais à cette mesure de précaution et sa famille sera toujours à la merci des créanciers.

Les partisans du homestead répondent que si, dans la période de 1881 à 1900, le nombre des procédures sur saisies immobilières a diminué dans son ensemble, les petites ventes n'ont pas participé à ce mouvement régressif. Le rapport de la chancellerie fait, en effet, ressortir les chiffres suivants :

IMPORTANCE DES VENTES d'après LE PRIX D'ADJUDICATION.	NOMBRE MOYEN ANNUEL DES VENTES DE CHAQUE CATÉGORIE.			
	1881-1885.	1886-1890.	1891-1895.	1895-1900.
500 francs et au-dessous	1,428	2,409	2,392	2,061
501 à 1,000 francs	1,711	2,467	2,385	2,100
1,000 à 2,000 francs	3,115	4,412	4,123	3,486
2,000 à 5,000 francs	6,055	7,733	6,794	5,869

A ces chiffres, il convient d'ajouter les nombreuses aliénations réalisées par les débiteurs qui, mieux instruits, jugent de leur intérêt d'abandonner leur immeuble entre les mains de leur créancier plutôt que de le laisser vendre sur autorité de justice[1].

Les petits propriétaires ont donc réellement besoin d'être protégés. Et ce n'est pas seulement aux imprévoyants que la loi s'adresse; sa protection s'étend surtout aux malheureux qui peuvent être frappés, en pleine prospérité, par un de ces coups de force devant lesquels l'homme reste désarmé.

Ces raisons n'ont pas convaincu le Congrès international des habitations à bon marché qui, en 1900, s'est prononcé contre l'insaisissabilité du foyer de famille.

Après avoir entendu les rapports de M. Mellet et de M. Paul Bureau, il a adopté les conclusions suivantes :

« Il faut se garder de recourir, dans l'espoir d'assurer la stabilité du foyer de famille, aux mesures législatives qui, telles que le *Homestead exemption*, tendraient à énerver la propriété individuelle ou tout au moins à la soumettre à un régime restrictif[2]. »

Les projets de homestead diffèrent quant à l'étendue de l'insaisissabilité et de l'incessibilité.

La plupart de ces projets, tout en déclarant que le bien de famille ne peut faire l'objet d'une vente forcée, établissent une distinction entre les créanciers antérieurs à la constitution du bien et les créanciers postérieurs, qui seuls perdent le droit de saisir le bien. Mais ces projets n'indiquent pas, en général, comment les créanciers chirographaires pourront poursuivre le recouvrement de leurs créances.

La proposition de M. Leveillé, reprise par M. Lebaudy, dispose seulement que le bien de famille, institué par un « fondateur solvable », ne peut plus être saisi par les créanciers futurs du propriétaire.

[1] Voir Rapport au Président de la République sur l'administration de la justice de 1881 à 1900.

[2] Voir compte rendu du *Congrès international des habitations à bon marché*, Paris, 1900, p. 249.

La proposition de M. Vacher déclare d'abord en termes généraux que «l'exemption de saisie aura son effet pour toute dette contractée après la date de l'enregistrement de la déclaration», disposition qui paraît réserver entièrement les droits de tous les créanciers antérieurs. Mais elle dispose ensuite que l'exemption de saisie «ne pourra être invoquée contre des jugements rendus antérieurement à cette déclaration, ni pour des hypothèques existant à cette date, ni pour des dettes contractées en vue d'acquérir le bien de famille». Cette énumération limitative semble exclure les créanciers chirographaires dont la créance, bien qu'antérieure à la constitution du homestead, ne serait pas constatée par un jugement antérieur à la déclaration, quand d'ailleurs la dette n'aurait pas été contractée en vue d'acquérir le bien de famille.

La proposition de M. Hubbard ne réserve expressément que les droits des créanciers qui peuvent invoquer des jugements rendus en leur faveur ou des hypothèques inscrites avant l'enregistrement de la déclaration.

La première proposition de M. Lemire (1894) autorisait la saisie du bien de famille pour les dettes résulant d'un acte authentique antérieur à l'expiration du délai de quinzaine qui suivra la publicité, donnée par la voie de la presse, à la constitution du bien de famille ou qui auraient reçu, avant la même époque, date certaine conformément à l'article 1328 du Code civil.

La dernière proposition de M. Lemire, plus elliptique, dispose seulement que le bien de famille ne peut être saisi par les créanciers postérieurs à sa constitution définitive.

Le projet du Gouvernement est conçu dans ces mêmes termes.

Presque tous les projets déclarent insaisissables non seulement le capital immobilier, mais encore les fruits. Cependant ils édictent un certain nombre d'exceptions à l'insaisissabilité du capital en faveur du vendeur du terrain, et de ceux qui ont livré des matériaux ou exécuté des travaux en vue de l'amélioration du fonds.

M. Vacher autorise, en outre, la saisie de l'immeuble pour le payement des impôts et M. Leveillé y ajoute le payement des dettes nées des délits ou quasi-délits des propriétaires.

M. Lemire n'admet que la saisie des fruits pour le payement des dettes résultant de condamnations pour délits et recouvrements des impôts afférents au bien de famille.

Le projet du Gouvernement, dépassant en cela les propositions d'initiative parlementaire, n'apporte aucune exception à l'insaisissabilité du capital ni pour les impôts, ni pour les dettes nées des délits et quasi-délits du propriétaire, ni même pour le payement des entrepreneurs et ouvriers qui ont concouru à l'amélioration du fonds. Le recouvrement de ces dettes ne pourra être poursuivi que sur les fruits, à moins, bien entendu, qu'elles n'aient été contractées antérieurement à la constitution définitive du homestead.

Ce même projet, s'inspirant de la proposition Vacher, étend la limite d'exemption de saisie de l'article 592 du Code de procédure civile jusqu'à concurrence d'une valeur de 1,500 francs[1] et, comme la proposition Lemire, il fait bénéficier du privilège de l'insaisissabilité les indemnités d'assurances payées en cas de destruction totale ou partielle des biens de famille.

Comme conséquence de son insaisissabilité, le bien de famille ne peut faire l'objet d'une hypothèque conventionnelle, judiciaire ou légale. C'est ce que déclarent explicitement certains projets, en interdisant au propriétaire d'hypothéquer ou de vendre à réméré le bien de famille. Seule, la proposition de M. Vacher autorise le mari à hypothéquer le bien de famille avec le consentement de sa femme.

L'insaisissabilité étant instituée dans l'intérêt de la famille, les auteurs des projets se sont efforcés d'en assurer la continuité en disposant que l'insaisissabilité subsiste, non seulement tant que le bien de famille est aux mains du fondateur, mais encore après le décès du père, quand ce bien reste au conjoint survivant ou à ses enfants mineurs et même, d'après la proposition Hubbard, pendant toute la durée du service militaire accompli par ces enfants.

Dans le but de protéger la famille contre des entraînements possibles, les projets du homestead n'autorisent le propriétaire à vendre le bien de famille que sous certaines conditions.

(1) M. Vacher proposait le chiffre de 1,200 francs.

Si le propriétaire est marié sans enfant, il ne pourra, d'après les propositions de M. Lemire et de M. Leveillé, vendre le bien qu'avec le consentement de sa femme donné en Chambre du conseil. La proposition de M. Vacher se contente du consentement des deux époux et le projet du Gouvernement exige le concours de la femme dans l'acte de vente.

S'il y a des enfants mineurs, la plupart des propositions subordonnent l'aliénation à l'autorisation de justice. Le projet du Gouvernement la subordonne à l'autorisation du conseil de famille prise à l'unanimité. A défaut de cet accord, il exige l'homologation du tribunal statuant en Chambre du conseil, le ministère public entendu.

CHAPITRE III.

TRANSMISSION APRÈS DÉCÈS DU BIEN DE FAMILLE.

Plusieurs projets de homestead ne se bornent pas à déclarer l'insaisissabilité et l'incessibilité du bien de famille; allant plus loin, ils règlent le mode de dévolution de ce bien et apportent au Code civil d'importantes dérogations.

Les règles concernant le partage successoral sont aujourd'hui fixées par les articles 815 et suivants du Code civil. Après avoir posé en principe, dans l'article 815, que «nul ne peut être contraint à demeurer dans l'indivision», le Code, dans l'article 832, trace en ces termes la tâche du magistrat chargé de procéder au partage :

«Dans la formation et la composition des lots, on doit éviter, autant que possible, de morceler les héritages et de diviser les exploitations; et il convient de faire entrer dans chaque lot, s'il se peut, la même quantité de meubles, d'immeubles, de droits ou de créances de même nature et valeur.»

La jurisprudence a interprété cet article dans le sens le plus strict. Préoccupés d'établir l'égalité la plus absolue entre les héritiers, les tribunaux se sont appliqués à diviser l'héritage en lots égaux non seulement en valeur, mais aussi en nature.

Or, des jurisconsultes pensent qu'ici le préteur a outrepassé la loi, qu'il en a forcé le texte et faussé l'esprit. La loi dispose, avant tout, que le juge *doit, autant que possible,* ne pas morceler les héritages et ne pas diviser les exploitations; elle ajoute, à titre de faculté et d'exception, qu'il *convient, s'il se peut,* de faire entrer dans chaque lot la même quantité de meubles, d'immeubles, de droits et de créances de même nature et valeur. « La jurisprudence a supprimé la règle générale comme si elle n'existait pas et c'est de la disposition exceptionuelle et facultative qu'elle a fait une règle générale et obligatoire. Toutes les plaintes élevées contre les partages judiciaires sont donc très légitimes, mais il faut adresser les critiques à la jurisprudence et non à la loi[1] ».

Pour remédier aux inconvénients, aux dangers même de l'application des règles posées par la jurisprudence, des auteurs proposent de maintenir l'indivision du bien de famille pendant la minorité des enfants, de substituer, dans la formation des lots, l'égalité en valeur à l'égalité en nature afin de respecter l'intégrité du foyer familial, de permettre même au père d'avantager l'un de ses enfants, en lui donnant, dans la dévolution de ses biens, plus de latitude que ne lui en laisse le Code civil.

La question n'est pas nouvelle et, si l'on se reporte aux travaux préparatoires du Code civil, on constate que les avantages de la conservation du foyer de famille, comme les inconvénients de la division des héritages, avaient été longuement examinés à propos de la quotité de la réserve (art. 913 et suiv.). La discussion qui s'est engagée à ce sujet, devant le Conseil d'État, n'a rien perdu de son actualité et c'est ce qui nous autorise à rappeler brièvement les opinions formulées.

Les rédacteurs du Code civil avaient à se prononcer entre divers systèmes que Bigot-Préameneu, rapporteur, résumait ainsi : « Dans tous les temps et presque chez tous les peuples policés, la loi a réservé aux enfants, sous le titre de légitime, une certaine quotité des biens de leurs ascendants. Chez les Romains, le droit du Digeste et du Code avait réduit au quart des biens la légitime des enfants. Elle fut augmentée par la 18e Novelle, qui la fixa au

(1) Voir Glasson, *Conférences.*

tiers, s'il y avait quatre enfants ou moins, et à la moitié, s'ils étaient cinq ou plus.

«On distinguait en France les pays de droit écrit et ceux de coutumes. Dans presque tous les pays de droit écrit, la légitime en ligne directe et descendante était la même que celle établie par la Novelle. Les coutumes étaient, à cet égard, distinguées en plusieurs classes. Les unes adoptaient ou modifiaient les règles du droit écrit. D'autres, et de ce nombre était la coutume de Paris, établissaient spécialement une légitime. Quant aux coutumes où elle n'était pas fixée, l'usage ou la jurisprudence y avait admis les règles du droit romain ou celles de la coutume de Paris, à l'exception de quelques modifications que l'on trouve dans un petit nombre de ces coutumes. Celle de Paris a fixé la légitime à la moitié de la part que chaque enfant aurait eue dans la succession de ses père et mère et des autres ascendants, s'ils n'avaient fait aucune disposition entre vifs ou testamentaire.

«Pendant la Révolution, la loi du 17 nivôse an II (art. 16) avait limité au dixième du bien la faculté de disposer s'il y avait des héritiers en ligne directe.

«La loi du 4 germinal an VIII a rendu aux père et mère une partie de leur ancienne liberté; elle a permis des libéralités qui n'excéderaient pas le quart des biens, s'ils laissaient moins de quatre enfants; le cinquième, s'ils en laissaient quatre; le sixième, s'ils étaient au nombre de cinq, et ainsi de suite.»

Le projet de la Section de Législation du Conseil d'État fixait la légitime des enfants aux trois quarts de ce qui leur reviendrait par succession, s'il n'y avait pas de donation entre vifs ou testamentaire.

Portalis était d'avis de donner au père, dans la distribution de ses biens, une latitude non pas absolue mais très grande : «Le droit de disposer est un droit d'arbitrage par lequel le père répartit son bien entre ses enfants, proportionnellement à leurs besoins. Et il faut remarquer que ce droit est avantageux à la société; car le père, en donnant moins aux enfants engagés dans une profession lucrative, réserve une plus forte part à ceux que leurs talents appellent à des fonctions utiles à l'État, inutiles à leur fortune. Là où le père est législateur dans sa famille, la société se trouve déchargée d'une partie de sa sollicitude.

« Qu'on ne dise pas que c'est là un droit aristocratique. Il est tellement fondé sur la raison que c'est dans les classes inférieures que le pouvoir du père est le plus nécessaire. Un laboureur, par exemple, a eu d'abord un fils qui, se trouvant le premier élevé, est devenu le compagnon de ses travaux. Les enfants nés depuis, étant moins nécessaires au père, se sont répandus dans les villes et y ont poussé leur fortune. Lorsque ce père mourra, sera-t-il juste que l'aîné partage également le champ amélioré par ses labeurs, avec des frères qui sont déjà plus riches que lui ? »

Tronchet proposait de s'arrêter au système de la loi de germinal an VIII qui fixe la légitime d'après le nombre d'enfants : « Donner aux pères la faculté de récompenser ou de punir avec discrétion ; celle de réparer entre leurs enfants les inégalités de la nature ou les injustices aveugles de la fortune ; leur accorder, en outre, la faculté d'exercer des actes de bienfaisance ou de reconnaissance envers des étrangers ; voilà les deux grands objets que la loi doit se proposer lorsqu'elle entreprend de fixer la légitime indisponible qu'elle réserve aux enfants. »

Malleville se déclarait partisan d'un système laissant au père plus de latitude que ne le comportait le projet du Code civil. Il faisait observer que les usages des peuples ne viennent pas du hasard ou du caprice, mais ont leur fondement dans la diversité de leur position.

« Dans une grande ville, dans un pays commerçant où l'argent abonde et où les richesses sont principalement en mobilier, il y a moins d'inconvénient à ce que la portion disponible soit plus restreinte, parce que, même à l'égard des propriétés foncières, l'un des copartageants trouvera facilement du numéraire pour garder une terre en son entier et payer aux autres leurs parts : aussi, à Paris, Bordeaux même, au centre du droit romain, et quoique la légitime ne fût que de moitié, l'usage général était-il de partager également.

« Mais dans les départements méditerranéens et sans commerce, où le numéraire est rare et les richesses mobilières presque nulles, où les hérédités sont absolument composées de propriétés foncières, chaque ouverture de succession amènera un partage réel, et subdivisera les héritages de manière à ne plus pouvoir composer une ferme, une métairie : ce serait la ruine de la culture et la destruction des familles; aussi, dans ces pays, l'usage à peu près général est-il de faire un héritier.

« Ainsi, chaque province s'est faite aux institutions les plus conformes à ses intérêts; et ce serait la plus mauvaise des politiques que de chercher à les contrarier : il faut porter une loi qui puisse convenir à toutes les habitudes; et certainement l'ancienne quotité de la légitime est celle qui s'accommode le mieux à tous les usages. Il convient aux goûts et à la position des uns de faire un partage égal, la loi n'y porte point d'obstacle; mais pourquoi empêcher les autres de faire autrement, si l'intérêt de leurs familles l'exige? Ce serait une tyrannie à laquelle le législateur ne peut pas se prêter. »

Cambacérès donnait la préférence au système qui graduait la légitime sur le nombre d'enfants, de manière à ce qu'elle soit réglée aux trois quarts, quand il y a trois enfants ou un plus grand nombre.

Bigot-Préameneu se prononçait dans le même sens. Il invoquait l'intérêt de l'Etat et celui de la famille. « L'intérêt public est dans la bonne organisation de chaque famille; car il en résulte la bonne organisation de l'État. A l'égard des familles, elles ne se conservent que par une bonne organisation. Or, le droit d'aînesse ne servait ni l'intérêt de l'État, ni l'intérêt des familles; il n'existait que pour l'avantage d'un seul : on ne propose pas de le rétablir. Mais la division égale des biens produit un autre inconvénient; elle détruit les petites fortunes. Un petit héritage coupé en parcelles pour être partagé entre plusieurs n'existe plus pour personne. La famille ne profite pas de cette division; car, qu'est pour chacun la modique portion qu'il reçoit? Si l'héritage demeure entier, il reste un centre commun à la famille. »

Le *Premier Consul* pensait que « plus on se rapprocherait des lois romaines dans la fixation de la légitime, moins on affaiblirait le droit que la nature semble avoir confié aux chefs de chaque famille. Le législateur, en disposant sur cette matière, doit avoir essentiellement en vue les fortunes modiques. La trop grande subdivision de celles-ci met nécessairement un terme à leur existence, surtout quand elle entraîne l'aliénation de la maison paternelle, qui en est, pour ainsi dire, le point central ». Il estimait qu'il conviendrait de graduer la légitime sur la quotité de la succession plutôt que sur le nombre des enfants. « On pourrait, par exemple, disait-il, accorder au père la disposition de la moitié de ses biens, lorsqu'ils s'élèveraient à 100,000 francs; au delà, il ne pourrait disposer que d'une part d'enfant. Ce système semble laisser la latitude au père, en même temps qu'il tend à conserver les petites fortunes et à empêcher qu'il ne s'en forme de trop considérables. »

Pour modifier le régime successoral fixé par le Code, les auteurs font valoir que le partage en nature compromet l'existence de la famille, qui « est obligée de se reconstituer à chaque génération sans pouvoir s'appuyer sur le passé ». A la mort du père, sa propriété est impitoyablement divisée, son petit domaine est émietté, « pulvérisé »; le foyer de famille est détruit. Ainsi restent vains tous les efforts tentés par le chef de famille pour constituer un foyer stable.

La situation est bien pire encore si, parmi les enfants, il se trouve un mineur. Alors, c'est la licitation avec de multiples formalités, faisant intervenir une série d'officiers ministériels qui prennent leur part du butin et absorbent, avec le fisc, le plus clair de la succession. Les enfants restent sans argent, sans abri, sans rien, parce que la loi les a trop protégés. Privés d'asile, privés de moyens d'existence, livrés à la misère, ces enfants quittent leur village, renonçant à la vie fruste, mais saine et vivifiante des champs, pour se jeter dans le tourbillon des grands centres, où, cherchant la fortune, ils ne trouvent trop souvent que la désillusion et la désespérance.

On invoque, il est vrai, en faveur du partage forcé, le droit égal des enfants à la fortune de leurs parents, mais, suivant la parole de Montesquieu, «si la loi naturelle ordonne aux pères de nourrir leurs enfants, elle ne les oblige pas d'en faire leurs héritiers». «La nature même ne crée-t-elle pas, d'ailleurs, une inégalité entre deux frères, dont l'un entre en possession de son héritage à 45 ans et l'autre à 25?»

Dire que l'héritage appartient à la famille et que les enfants ont le droit exclusif de se le partager en morceaux égaux, c'est identifier la famille avec les enfants qui constituent la génération présente, et cette conception porte à anéantir du premier coup la propriété de famille en la partageant entre eux, de sorte qu'il ne reste plus rien pour la génération suivante. La famille est un organisme distinct des générations qui se succèdent et destiné à leur survivre à travers les âges. Il faut donc maintenir intact le domaine familial, pour qu'il serve de centre à cet organisme sans cesse rajeuni, et les enfants pas plus que le père n'ont le droit de le détruire[1].

Ce n'est pas seulement à l'intérêt même de la famille que le système du Code civil est contraire, mais aussi à l'intérêt économique. Alors que le législateur se proposait de diviser les grands domaines et de rendre la propriété plus facilement accessible aux classes laborieuses, son œuvre aboutit à un résultat contraire. Les petites parcelles, que notre loi dépèce sans merci, sont souvent vendues à vil prix et rachetées par les gros propriétaires. Ainsi, «la petite propriété est incessamment entamée par ses grandes voisines, mais celles-ci à leur tour sont morcelées par la loi successorale. C'est une toile de Pénélope, dont la statistique est impuissante à nous retracer le travail; elle constate bien que la toile reste au même point, mais elle ne nous dit pas comment le tissu se fait le jour et se défait la nuit[2]».

La transmission intégrale du foyer répond ainsi à un véritable intérêt économique. Elle est aussi indispensable à la continuité de la vie sociale. Sans elle, tout n'est que secousse, à-coups, brusque

(1) Etcheverry, *Notes sociales et politiques.*
(2) Cheysson, *Société d'économie politique*, 5 mars 1887.

transition; sans elle, les situations faites se défont avec une désespérante instabilité[1].

Dans l'intérêt de la société, comme dans l'intérêt de la famille, il importe donc de modifier les règles des partages successoraux, sans quoi, le chef de famille, sachant qu'à sa mort son œuvre sera détruite, ne sera pas incité à acquérir une propriété qui est destinée à disparaître après lui. La faculté de constituer un bien de famille restera illusoire et ne produira aucun effet appréciable si le législateur, allant jusqu'au bout de sa tâche, ne donne pas au père la faculté de se survivre en quelque sorte, en confiant son bien à l'un de ses enfants qui fondera une nouvelle famille et continuera son œuvre.

Mais, d'abord, répondent les adversaires du homestead, il n'est pas exact de prétendre que l'émiettement des propriétés soit le fait de notre Code civil. La propriété était déjà très divisée en France avant la Révolution. C'est l'œuvre d'une longue suite de générations, toutes animées du même amour de la terre. Des actes nombreux attestent, avant même le XVIe siècle, l'exiguïté de nombreuses propriétés. A la fin du XVIIIe siècle, Young, dans son voyage à travers la France, signalait la division de la propriété comme une des caractéristiques de l'économie rurale française. Ainsi, suivant le mot de Tocqueville, «la Révolution n'a pas créé la petite propriété, elle l'a libérée». Elle a étendu, en outre, son domaine par le morcellement des terres des émigrés et du clergé. En généralisant le cercle, déjà répandu, de l'égalité des partages successoraux en ligne directe, le Code civil a seulement contribué à diviser les grandes propriétés.

Mais, d'autres causes ont morcelé le sol : parmi elles, les ventes des grandes propriétés que des spéculateurs allotissent en petites parcelles, pour tenter davantage le paysan. Personne n'a blâmé ces «destructeurs de grands domaines» qui, «achetant d'un pour revendre à plusieurs, accommodent plus de gens, augmentent d'autant plus le travail, les produits, la richesse, le bon ordre, les

[1] Voir Le Play, *La réforme sociale.*

biens de tous et de chacun ». Personne n'a songé à prohiber ces ventes par lots, dont Paul-Louis Courier vantait en ces termes les bienfaits. Pourquoi donc réformer le régime successoral qui, faisant un égal partage entre les enfants, contribue à la diffusion des biens[1].

La réforme qu'on propose d'instituer est à la vérité limitée à une catégorie de biens, et à la plus intéressante. Mais de l'exception réclamée aujourd'hui en faveur des petits domaines familiaux, ne cherchera-t-on pas à faire demain la règle générale applicable à toutes les propriétés sans distinction? Les plus chauds défenseurs du « bien de famille » ne sont-ils pas précisément ceux qui, depuis plus d'un demi-siècle, mènent campagne en faveur de la « transmission intégrale », qui conduirait au rétablissement du droit d'aînesse? Pour modeste qu'elle apparaisse, la réforme proposée n'en est pas moins dangereuse. Elle porte une grave atteinte à l'un des principes qui tiennent le plus au cœur des Français; elle rompt l'égalité successorale qui seule est conforme à l'équité et à l'esprit de nos mœurs. Elle introduit dans les familles un ferment de discorde des plus funestes à l'unité, à l'homogénéité de ces familles qu'on veut fonder sur des assises inébranlables.

Cette réforme est contraire non seulement à l'intérêt des familles, mais aussi à l'intérêt de la société. La vie n'est qu'un perpétuel devenir; l'idéal social n'est pas de figer les situations et de constituer de petits majorats démocratiques qui créeront une certaine torpeur chez les travailleurs des champs et limiteront l'ambition des enfants à l'étendue du champ paternel.

Selon Dupont-White, pour que la propriété réponde à certains éléments de progrès, comme le bien-être et la dignité, il importe qu'elle soit sûre, qu'elle soit répandue, qu'elle soit mobile et accessible. Pour que la propriété soit répandue, il faut qu'à la mort de chaque propriétaire ses biens se partagent également et nécessairement entre tous ses héritiers; pour qu'elle soit mobile et accessible, il faut qu'un propriétaire ne puisse léguer ses biens à plusieurs générations d'héritiers. En instituant le partage forcé,

[1] Voir sur cette question Colson, *Économie politique*, t. II; Cauwès, *Économie politique*, t. III; de Foville, *Le morcellement;* Souchon, *La propriété paysanne;* Flour de Saint-Genis, *La propriété rurale.*

en prohibant les substitutions, le législateur a réduit le droit de propriété qui n'a plus aujourd'hui cette perpétuité qu'il tenait de la loi romaine et qui passait pour son caractère essentiel. Par là, il est au point voulu pour s'adapter à tous les progrès. Nos lois répugnent à la perpétuité autant que s'y prêtaient celles du moyen âge. Elles en ont fini avec les vœux perpétuels, avec les rentes perpétuelles, avec les baux perpétuels. C'est l'intérêt du progrès, qui s'est empreint dans cette mobilité et qui a pénétré jusque dans l'essence du droit de propriété, les bornant à la vie d'un homme[1].

Certes, nos lois civiles et fiscales sont loin d'être parfaites; elles ruinent trop souvent ceux qu'elles protègent. Mais puisque tous s'accordent à reconnaître le mal, qu'on y porte énergiquement remède en supprimant les causes, qu'on aborde la question de face, en réformant nos lois, sans créer une classe nouvelle de propriétaires, dont les droits seraient limités, dont les responsabilités seraient émoussées et qui seraient perpétuellement soumis à une sorte de tutelle légale, tutelle indigne d'hommes libres sous un régime de liberté.

Sur la nature et l'étendue des réformes qu'il convient d'apporter au Code civil, les auteurs ne sont pas d'accord.

Le système le plus radical consisterait à proclamer la liberté de tester. «Si nous considérons chaque propriétaire ou chaque capitaliste comme investi d'une véritable fonction sociale, il faut évidemment nous préoccuper de choisir ceux qui pourront le mieux s'acquitter de cette fonction. Comment faire ce choix? Par l'État, comme dans le système de Saint-Simon? Par les suffrages des travailleurs associés, comme dans le système collectiviste? Par le degré de parenté, comme dans le système légal actuel? Mieux vaut encore la désignation du père de famille; ce choix sera quelquefois injuste sans doute, mais à tout prendre, moins aveugle que les précédents[2]. » La liberté testamentaire absolue est «le moyen le

(1) Dupont-White, *L'individu et l'État.*
(2) Gide, *Économie politique.*

plus propre à relever la situation économique comme à relever les énergies »[1].

Ce système absolu irait parfois à l'encontre même des intérêts de la famille, qu'on entend protéger et perpétuer. Aussi n'est-il pas préconisé par les auteurs des projets de homestead.

D'autres systèmes conservent à tous les enfants des droits dans la succession paternelle, tout en laissant au père une latitude plus grande dans la dévolution de ses biens.

Le Code espagnol du 1er mai 1889 fournit une application de ce système; la succession du père est divisée en trois parts : le premier tiers constitue une réserve sur laquelle tous les enfants ont un droit égal; le deuxième tiers forme la quotité entièrement disponible, même en faveur d'étrangers; le troisième tiers est la réserve collective des enfants vis-à-vis des étrangers, mais constitue une quotité dont le père peut disposer en faveur de ses enfants seulement, suivant l'attribution qu'il en fera librement[2].

Enfin des auteurs, partisans du maintien de l'égalité successorale ont, pour éviter le morcellement, proposé de substituer dans les partages l'égalité en valeur à l'égalité en nature et ils ont cherché le moyen d'assurer une soulte aux cohéritiers qui ne bénéficient pas de l'immeuble. Quand la succession comprend des valeurs suffisantes, ce système rationnel est d'une application facile. Mais, quand la succession est insuffisante, on se heurte à des difficultés inextricables.

La soulte sera-t-elle payable en capital? L'héritier bénéficiaire devra emprunter et son domaine se trouvera grevé d'hypothèque. Pour remédier au morcellement, on aura aggravé l'endettement.

La soulte sera-t-elle payable par annuités, en une rente amortissable? Mais alors on grèvera l'exploitation et on réduira les cohéritiers au rôle de pensionnaires.

Certains préconisent l'institution de sociétés de crédits analogues aux *Rentenbanken* : ces établissements feraient l'avance en capital et se récupéreraient au moyen d'une annuité fournie par l'héritier bénéficiaire. Mais où l'héritier bénéficiaire du bien de

(1) Le Play, *La réforme sociale.*

(2) Voir Glasson, *loc. cit.*

famille trouvera-t-il des ressources pour payer régulièrement des annuités et dédommager immédiatement ou médiatement ses co-héritiers? Très souvent la succession ne comprendra que l'humble maisonnette entourée d'un petit champ. Si c'en est assez pour faire vivre — ou plutôt laisser végéter une famille, — c'est manifestement trop peu pour fournir des intérêts suffisants à amortir un capital, si faible soit-il.

Ce système de soulte, payée par annuité, a été essayé en Alsace, à titre tout à fait volontaire de la part des enfants et il est loin d'avoir produit les heureux résultats qu'on en attendait. La gêne, l'emprunt, l'hypothèque, la saisie, tel est le bilan de ce système qui a ruiné l'héritier bénéficiaire et, à sa suite, ses cohéritiers[1].

Pour rétablir l'égalité entre les cohéritiers, on a eu l'ingénieuse idée de recourir à l'assurance sur la vie. Le père, qui veut laisser son bien à l'un de ses enfants, contracte une assurance sur la vie en faveur de cet enfant. Ainsi, à la mort du chef de famille, l'héritier du bien dispose d'un capital suffisant pour désintéresser ses co-héritiers. La jurisprudence autorise l'application de ce système.

La Cour de cassation considère, en effet, que, si l'on souscrit une police d'assurance au profit d'un tiers, la créance du capital ne se forme pas dans le patrimoine du souscripteur, elle naît immédiatement dans celui du bénéficiaire. La Cour qui, par ses arrêts des 2 juillet 1884, 14 janvier, 22 février, 27 mars et 7 août 1888, avait mis le capital de l'assurance hors du gage des créanciers, a, par son arrêt du 29 juin 1896[2], décidé que ce capital ne pouvait être réclamé par les héritiers. Il résulte de cet arrêt que le droit du créancier contre la Compagnie d'assurance est personnel au tiers bénéficiaire, ne repose que sur sa tête et ainsi ne constitue pas une valeur successorale. «En effet, le capital assuré n'existe pas dans le bien du stipulant durant sa vie, puisque ce capital ne se forme et ne commence d'exister que par le fait même de la mort de ce stipulant et que, d'un autre côté, le contrat n'en attribue à celui-ci ni le bénéfice ni la disposition et ne lui laisse que la faculté de rendre nuls les effets de la convention par le non-

(1) Voir Glasson et Grad.

(2) Trichery, Frison, Dalloz, 97, I, 73.

payement des primes, au cas où elles ne seraient pas payées par d'autres, ou de révoquer la stipulation si elle n'avait pas été acceptée par le tiers bénéficiaire. Le capital stipulé n'ayant jamais fait partie du patrimoine du stipulant, ne constituant pas une valeur successorale, ne saurait, par suite, entrer en compte pour le calcul de la réserve[1] ».

On objecte que l'assurance-vie a été constituée au moyen de primes annuelles, qui ont pu être prélevées sur le capital du stipulant; que, dans ce cas, l'égalité sera rompue et les cohéritiers seront lésés si le bénéficiaire n'est pas obligé de rapporter les primes.

Les partisans du système répliquent que les primes rentrent dans la catégorie des frais que l'article 852 du Code civil dispense de rapport.

Les auteurs proposent encore de modifier les règles concernant les partages d'ascendants, de manière à laisser une latitude plus grande au père de famille dans la distribution de ses biens et à mettre le partage à l'abri des clauses de révocation que la jurisprudence applique sévèrement. Il importerait, en effet, de réduire le délai de prescription afin de ne pas laisser ouverte pendant trente ans l'action en nullité pour atteinte à la réserve, et il conviendrait, pour apprécier la valeur respective des parts, de se placer à l'époque du partage et non pas au moment de l'ouverture de la succession. Ainsi, sans porter atteinte aux principes essentiels de notre droit, il serait possible de corriger les défectuosités de notre régime successoral[2].

Enfin, on a proposé d'organiser entre les membres de la famille la copropriété du domaine. On constituerait ainsi une propriété de famille qui appartiendrait par indivis au père, aux enfants, quelquefois aux frères et neveux[3].

Mais, répond-on, c'est là un restant du moyen âge; c'est presque la propriété du *clan*. « On ne pourrait revenir à cet ancien modèle sans lutter contre les tendances générales de notre civilisation, qui

[1] Voir Thaller, *La jurisprudence de l'assurance-vie et la quotité disponible.*

[2] Voir Demolombe, *Traité des donations;* Souchon, *Propriété paysanne;* Claudio-Jannet, *Socialisme d'État et Réforme sociale;* Picaud, *les Partages d'ascendants.*

[3] Le Play, *la Réforme sociale.*

consiste à sauvegarder de plus en plus et à développer chaque jour davantage la liberté des personnes et la facile circulation des biens. Il n'est pas prouvé d'ailleurs que ces communautés de famille, reste respectable d'un autre temps et d'autres mœurs, soient particulièrement favorables au progrès de la production[1] ». S'il est possible et désirable de maintenir l'indivision d'un petit domaine pendant la minorité des enfants, on ne voit pas comment ce petit domaine suffirait à faire vivre ces enfants devenus majeurs et chefs de famille.

Le Congrès international des habitations à bon marché, tenu à Paris, en 1900, avait inscrit à son ordre du jour la question de savoir « quelles modifications seraient à introduire dans la législation successorale des divers pays pour permettre la transmission intégrale du foyer de famille ». Le Congrès, après en avoir délibéré, émit le vœu : « Que les réformes partielles déjà opérées en faveur de la transmission intégrale du foyer de famille se généralisent de plus en plus, que leur champ d'application soit élargi, que les dispositions qu'elles consacrent deviennent de droit commun et qu'elles réglementent la transmission de tout bien de famille, sans qu'il y ait à se préoccuper soit de la nature, soit de l'importance de ce bien. »

Les critiques auxquelles a donné lieu le système des partages du Code civil ont trouvé leur écho dans un certain nombre de projets de réformes qui ont été soumis aux Chambres.

Déjà, le 28 juin 1870, à la suite de l'enquête agricole de 1866, M. Émile Ollivier, Garde des sceaux, présentait au Sénat, au nom du Gouvernement, un projet de loi portant modification des articles 826 et 832 du Code civil, et permettant de composer diversement les lots, sans violer le principe de l'égalité en valeur.

Ce projet a été repris à l'Assemblée nationale, le 24 juin 1871, par M. Lucien Brun[2].

Postérieurement, les Chambres ont été saisies de plusieurs propositions, dont les unes ont une portée générale et s'appliquent à

[1] Leroy-Beaulieu, *Économie politique.*
[2] *Journal officiel*, 1871, p. 1541.

toutes les successions, et dont les autres, plus spéciales, ne visent que la transmission des petits biens de famille.

Dans la première catégorie, la proposition émanant de M. de Mun et de plusieurs de ses collègues, et déposée le 28 mars 1887 [1], modifie les articles 826, 832 et 1070 du Code civil. Elle tend à substituer, dans les partages, l'égalité en valeur des lots à leur égalité en nature. Elle dispose que les biens seront estimés d'après leur valeur au moment du partage, et elle limite la durée de la prescription de l'action en nullité à deux ans, s'il s'agit d'un partage d'ascendants.

La proposition de M. Le Roy, en 1892, répond au même but et s'applique également à toute succession sans distinction de la nature ou de l'importance des biens [2].

Plus spéciale, la proposition de loi déposée, le 11 mars 1897, à la Chambre, par M. Siegfried [3], et adoptée par cette assemblée le 1er avril 1898, rend les dispositions de la loi du 30 novembre 1894 sur les habitations à bon marché applicables aux petits domaines ruraux, à tous les petits domaines ruraux ne dépassant pas la valeur de 6,000 francs, pourvu qu'ils soient occupés par le propriétaire et constituent tout le capital immobilier d'une famille. Cette loi de 1894 pose, dans son article 8, des règles qui dérogent aux prescriptions du Code civil, tant en ce qui concerne le partage forcé que la licitation aux enchères.

Nous en rappelons les termes :

« Lorsqu'une maison individuelle, construite dans les conditions édictées par la présente loi, figure dans une succession et que cette maison est occupée, au moment du décès de l'acquéreur ou du constructeur, par le défunt, son conjoint ou l'un de ses enfants, il est dérogé aux dispositions du Code civil, ainsi qu'il est dit ci-après :

« 1° Si le défunt laisse des descendants, l'indivision peut être maintenue, à la demande du conjoint ou de l'un de ses enfants, pendant cinq années à partir du décès.

(1) Chambre, 4e législature, 1887.

(2) *Journal officiel*, 1892, annexe 2182; Rapport, 14 octobre 1892, annexe 2249.

(3) Chambre, 6e législature, 2336; Sénat, 1898, n° 279.

« Dans le cas où il se trouverait des mineurs parmi les descendants, l'indivision pourra être continuée pendant cinq années à partir de la majorité de l'aîné des mineurs, sans que sa durée totale puisse, à moins d'un consentement unanime, excéder dix ans.

« Si le défunt ne laisse pas de descendants, l'indivision pourra être maintenue pendant cinq ans, à compter du décès, à la demande et en faveur de l'époux survivant, s'il en est copropriétaire au moins pour moitié et s'il habite la maison au moment du décès.

« Dans ces divers cas, le maintien de l'indivision est prononcé par le juge de paix, après avis du conseil de famille.

« 2° Chacun des héritiers et le conjoint survivant, s'il a un droit de copropriété, a la faculté de reprendre la maison sur estimation. Lorsque plusieurs intéressés veulent user de cette faculté, la préférence est accordée d'abord à celui que le défunt a désigné, puis à l'époux s'il est copropriétaire pour moitié au moins. Toutes choses égales, la majorité des intéressés décide. A défaut de majorité, il est procédé par voie de tirage au sort. — S'il y a contestation sur l'estimation de la maison, cette estimation est faite par le Comité des habitations à bon marché et homologuée par le juge de paix. — Si l'attribution de la maison doit être faite par la majorité ou par le sort, les intéressés y procèdent sous la présidence du juge de paix, qui dresse procès-verbal des opérations. »

La proposition de loi de l'abbé Lemire, plus spéciale encore, ne concerne que la transmission des biens que leur propriétaire a placés sous un régime particulier, en les constituant comme « biens de famille ». Dans le texte de 1894 et de 1898 [1], les règles posées pour le maintien de l'indivision et l'attribution de bien s'inspiraient des mêmes principes que la loi de 1894. En outre, il était accordé à tout détenteur de bien, pour le payement des soultes, un délai de cinq ans, passé lequel le privilège des copartageants — jusque-là paralysé dans son exercice — pouvait donner lieu à une exécution forcée.

Dans la nouvelle proposition qu'il a déposée devant la Chambre,

[1] Chambre, 6e législature, n° 848; 7e législature, n° 101.

le 10 février 1902[1], tant en son nom qu'au nom d'un grand nombre de ses collègues, M. Lemire n'a maintenu sur ce point qu'une disposition, aux termes de laquelle le bien de famille, à la mort du constituant, reste dans l'indivision jusqu'à la majorité du plus jeune des enfants.

Cette disposition qui figure, en termes analogues, dans la proposition de M. Vacher et de M. Morillot, a été adoptée par la Commission de l'Agriculture à la Chambre des députés.

Le projet du Gouvernement s'inspire également des dispositions de la loi sur les habitations à bon marché. Le texte s'en écarte toutefois sur les points suivants :

a. Dans la loi du 30 novembre 1894, l'indivision peut continuer pendant cinq années à partir de la majorité de l'*aîné* des mineurs, sans que la durée totale puisse, à moins d'un consentement unanime, excéder dix ans. Cette disposition avait été critiquée[2] : on ne s'explique pas que la loi ait pris comme point de départ la majorité de l'aîné au lieu de la majorité du plus jeune des enfants et qu'elle ait fixé un délai maximum de dix années qui exclut du bénéfice de la loi de jeunes orphelins. Le projet du Gouvernement dispose que l'indivision pourra être maintenue entre cohéritiers mineurs jusqu'à la majorité du plus jeune des enfants.

b. Lorsque les enfants et le conjoint survivant, copropriétaire au moins pour la moitié, veulent user de la facilité de reprendre le bien de famille sur estimation, la loi de 1894 accorde la préférence d'abord à l'héritier que le défunt a désigné, puis à l'époux. Le texte du Gouvernement donne la préférence d'abord à l'époux, copropriétaire, s'il habite la maison, puis à l'héritier que le défunt a désigné. Le homestead, ayant pour but d'assurer un foyer stable à la famille, il serait étrange que, par l'effet de la loi, le père ou la mère, l'un des fondateurs du bien, fût, à la mort de son conjoint, jeté hors de son foyer.

Telles sont, rapidement résumées, les opinions des auteurs sur l'introduction du *homestead* en France. Les questions soulevées sont

[1] Chambre 1902, n° 18.

[2] Voir *Congrès international des habitations à bon marché.* Paris, 1900.

multiples et complexes. Les considérations d'humanité et de justice, et les arguments tirés des données de la statistique sont invoqués par les adversaires comme par les promoteurs du « bien de famille ». Si cette institution répond à un but très élevé, si elle se réclame de l'intérêt de la famille et de la société, elle se heurte à de graves objections d'ordre économique et juridique. Nous nous sommes efforcé de résumer les doctrines et les systèmes. Nous avons tâché de montrer l'étendue du problème. Nous sortirions de notre rôle en essayant de conclure.

Juin 1904.

A. TIRMAN,
Maître des requêtes au Conseil d'État.

BIBLIOGRAPHIE.

a. *Ouvrages spéciaux sur le Homestead :*

BONNEVAY (Laurent). Le Homestead et les projets français d'insaisissabilité des biens de famille. — Conférence, 1897.

BOUILLERIE (DE LA). Le Correspondant, 1896, t. I, p. 979 et suivantes.

La Réforme sociale, 1892, t. I, p. 450, 613, 698; t. II, p. 703. — 15 juin 1884, 5 août 1887 et 1897.

La Revue critique de législation, 1895, p. 140 et 351.

Journal des économistes, mars, 1887.

BUREAU (Paul). Le Homestead ou insaisissabilité de la petite propriété foncière. — Couronné par l'Académie des sciences morales, 1895.

CORNIQUET. Le Homestead, 1895; l'insaisissabilité du foyer de famille.

DONNAT (L.). Article «Homestead» du nouveau dictionnaire d'économie politique de Léon Say et Chailley-Bert.

JOLIOT. Bulletin de la Société de législation comparée, 1878, t. VII, p. 27.

LEVASSEUR. Le Homestead en Amérique. — *Revue d'Économie politique*, 1894, t. VIII, p. 701.

LEVEILLÉ. Le Homestead en France et en Algérie. — *Revue d'Économie politique*, 1902, t. XVI, p. 473.

LOYERE (DE). Le foyer de famille, sa conservation, sa transmission héréditaire.

PETIET. Le foyer stable ou bien de famille insaisissable. — Paris, 1901.

SALEILLES. Le Homestead aux États-Unis. — 1895.

SKARZINSKY (Stanislas). Essai sur le Homestead européen. — 1898.

VACHER. Le Homestead aux États-Unis.

VIDAL (Saturnin). L'institution du Homestead. — *Recueil académique de législation*, Toulon, 1888.

VILLE (G.). De la puissance de production de la famille agricole dont la loi protège le foyer. — *Bulletin de la Société d'économie sociale*, t. IX, p. 89.

VIOLLETTE. Revue politique et parlementaire. — Avril 1904.

b. *Ouvrages généraux :*

Souchon. La propriété paysanne. — Paris, 1899.

Ville (G.). La propriété agricole de France.

Foville (De). Le morcellement.

Meyer (R.) et Ardant. La question agraire.

Flour de Saint-Genis. La propriété rurale en France, 1902.

Henry (René). La petite propriété rurale.

Boulay. De la dispersion des propriétés et des moyens d'y remédier.

Jannet (Cl.). Le Code civil et les réformes indispensables à la liberté des familles.

Clémentel. La propriété paysanne. — *Revue Bleue*, mars 1904.

Albert (G.). La liberté des familles.

Cauwes. Cours d'économie politique.

Chevalier (Michel). Lettre sur l'Amérique du Nord.

Colson. Économie politique.

Gide (Ch.). Principes d'économie politique.

Jannet (Claudio). Le Code civil et les réformes indispensables à la liberté des familles.

Le Play. L'organisation de la famille et la réforme sociale en France.

Leroy-Beaulieu. Traité d'économie politique.

Picaud. Des partages d'ascendants comme moyen d'éviter la dispersion de la petite propriété paysanne. — *Thèse*, 1902.

Comptes rendus des Congrès internationaux de l'agriculture, de la propriété foncière, Paris, 1900; des habitations à bon marché, Paris, 1889; Anvers, 1894; Bruxelles, 1897; Paris, 1900.

Enquête sur les conditions de l'habitation en France. — *Comité des Travaux historiques*, 1874-1899.

Enquête sur l'état des familles et l'application des lois de succession faite sous les auspices de la Société d'économie sociale. — *Union de la paix sociale.*

c. *Statistiques :*

Statistique agricole de la France, 1892.

Compte général de l'Administration de la justice civile, 1900.

Bulletin de statistique et de législation comparée du Ministère des Finances.

Compte rendu de la Revision décennale des propriétés bâties.

TABLE DES MATIÈRES.

FRANCE.

VIII

ITALIE.

L'Italie est un pays essentiellement agricole. Les deux tiers de la population, 66 p. 100, y sont adonnés aux travaux des champs (en France 47 p. 100 seulement). «L'idée que les campagnes sont la principale source de la richesse publique a depuis quelques années pénétré profondément la conscience nationale italienne... Le Parlement et les conseils administratifs, les livres et les revues, les grandes villes et les villages répètent que l'avenir de l'Italie est dans l'agriculture; mais cet axiome est demeuré lettre morte.» Ainsi débute le livre récemment consacré[1] par M. Gatti, député socialiste au Parlement italien, à l'étude de la question agraire.

L'Italie agricole connaît, en effet, la plupart des maux que l'on signale chez nous comme nécessitant des mesures législatives en faveur de la petite propriété paysanne. L'extrême rareté des capitaux a déterminé une augmentation considérable de l'hypothèque et de l'usure. Par suite de l'insuffisance de l'outillage technique, conséquence de l'insuffisance des capitaux et du développement encore imparfait de l'enseignement agronomique, l'unité de rendement à l'hectare pour les principaux produits du sol n'a pas augmenté depuis trente ans; l'élévation du taux de l'impôt foncier (6 fr. 48 par hectare, alors que le taux est en France de 3 fr. 17, aux Pays-Bas de 3 fr. 41, en Prusse de

[1] *Le Socialisme et l'agriculture*, par G. Gatti, édition italienne, Palerme, 1900 (traduction française, 1902, Giard et Brière). Les renseignements qui vont suivre sont empruntés, pour la plupart, soit à cet ouvrage, soit à celui de MM. Mabilleau, Rayneri et de Rocquigny sur la *Prévoyance sociale en Italie* (Paris, Colin, 1898), soit enfin aux *Notes sur l'Italie contemporaine*, de M. Paul Ghio (Paris, Colin, 1902). Nous adressons ici à M. Loria, professeur à l'Université de Turin, à M. Straffa, professeur à l'Université de Parme, à M. Napoleone Colajanni, député au Parlement italien, à M. Sicorè, avocat de l'ambassade d'Italie à Paris, à MM. Mabilleau, de Rocquigny et Paul Ghio nos plus vifs remerciements pour les indications qu'ils ont bien voulu nous donner.

1 fr. 39, en Angleterre de 0 fr. 89), le nombre croissant des centimes additionnels communaux qui, très souvent, dépassent cent pour cent du principal, grèvent très lourdement la propriété rurale. De là, la fréquence des dévolutions au fisc, des ventes judiciaires pour non-payement de taxes. En 1891, il y a eu 9641 jugements ordonnant la mise à l'encan d'autant de propriétés pour une somme de 837,037 lires : en 1892, on a compté 1881 ventes publiques pour des cotes inférieures à 2 lires : en sorte que le Trésor, pour recouvrer 1,900 lires d'impôts, a fait dépenser 3000 lires de frais judiciaires et jeté sur la route près de 2000 propriétaires avec leurs familles[1]. Sans doute la situation de la moyenne et de la petite propriété est singulièrement moins précaire aujourd'hui qu'il y a une vingtaine d'années dans l'Italie du Nord et du Centre, et cela grâce au développement du coopératisme agricole. Vers 1880 « en Vénétie, en Lombardie, en Romagne, dans des pays précisément que le crédit coopératif a sauvés depuis lors et qui nous apparaissent prospères aujourd'hui, les exemples n'étaient pas rares de petites sommes prêtées à 120 ou 150 0/0 : d'après un rapport de M. Morpurgo (inséré dans la grande enquête agraire faite sous la direction du sénateur Jacini), les deux dixièmes des propriétés de la Vénétie, formant un quart du territoire, changèrent de mains en neuf ans (1875 à 1884)[2]. » Mais le sort des petits propriétaires ne s'est amélioré que faiblement dans l'Italie du Nord malgré le développement des institutions coopératives; et, dans l'Italie méridionale, en Sicile et en Sardaigne, aucune amélioration ne peut être constatée[3]. Là, l'absence complète de capitaux, le défaut d'organisation du crédit agricole, les conditions moins favorables du sol et du climat ne permettent pas au petit propriétaire de subsister : « le phénomène le plus caractéristique de l'économie agricole du midi de l'Italie, de la

[1] Discours de M. Baccetti à la Chambre italienne, 13 juin 1896, cité par M. Mabilleau, page x.

[2] Mabilleau, introduction, pages x et xi.

[3] D'après un rapport officiel qui vient d'être publié (mai 1904), les dettes hypothécaires ont, dans l'ensemble du royaume, diminué de 860 millions de lires; mais la diminution est surtout constatée dans le Nord, en Piémont, en Ligurie; il y a, au contraire, augmentation en Sardaigne, dans les Pouilles et en Basilicate.

Sardaigne et de la Sicile est, à mon avis, la tendance fatale à la disparition de la petite propriété foncière au profit des grandes étendues incultes ou imparfaitement cultivées[1] ». Aussi y a-t-il des régions en Italie, dit M. Gatti, où l'usure, aujourd'hui encore, a porté l'intérêt à des pourcentages fabuleux et où un taux de 25 o/o semble raisonnable[2]. Les signes les plus certains de la crise qui sévit sur la population agricole ont apparu : c'est le *courant rurifuge*, l'accroissement de la population des villes et des centres industriels, constaté en Italie comme en France et en Belgique, quoique pourtant à un moindre degré; c'est la constitution d'un prolétariat agricole n'ayant ni terres ni foyers, et dont l'unique ressource est le faible salaire qu'il gagne, soit dans les grandes exploitations de la plaine padane, où l'agriculture a pris nettement le caractère d'une grande industrie moderne outillée grâce à des capitaux considérables, soit dans les *latifundia* de l'ancien royaume de Naples et de la Sicile. C'est enfin l'émigration, et plus spécialement celle qu'on appelle « l'émigration permanente », qui a enlevé définitivement à la mère-patrie, pour les transporter aux États-Unis, au Brésil, dans la République Argentine, des milliers, des centaines de milliers de travailleurs (environ 20,000 par an vers 1876, plus de 100,000 à partir de 1887, 153,209 en 1900 et enfin 251,577 en 1901). Il est à remarquer que le nombre des émigrants est proportionnellement beaucoup plus fort en Sicile et dans les provinces du Sud de la péninsule que dans celles du Nord. En 1898 et 1899, la proportion des émigrants a été de 1460 et 1615 pour 100,000 habitants en Basilicate, de 1115 et 1306 en Calabre, de 826 et 1167 dans les Abruzzes, alors que, pour la Toscane, la proportion est de 238 et 199; pour le Piémont, de 240 et 263; pour la Lombardie, de 150 et 166; pour l'Émilie, de 227 et 151. Il est à noter aussi que dans les dernières années (1895 à 1899) plus de 60 pour 100 des émigrants étaient des cultivateurs[3].

(1) Ghio, page 96.

(2) Gatti, page 120.

(3) Tous ces chiffres sont empruntés à des statistiques citées dans une très intéressante étude, sur l'émigration italienne, de M. C. Petrocchi, qui a paru dans cinq numéros de la *Critica sociale* (juin, juillet, août 1903).

Les hommes politiques et les économistes, quelles que fussent leurs opinions sur les inconvénients ou les avantages de cette formidable émigration, n'ont pas manqué de chercher des remèdes aux maux qu'elle révélait. Et néanmoins aucune mesure législative n'a édicté ni l'insaisissabilité des petits domaines, ni leur indivisibilité et leur transmission intégrale à l'un des héritiers, à l'exception toutefois, sur ce dernier point, de certaines dispositions de la loi du 31 mai 1903 sur les habitations ouvrières (*case popolari*) dont nous dirons quelques mots plus loin.

Sans doute, dans un pays comme l'Italie, où tout ce qui touche à la question agraire est soigneusement étudié, les législations étrangères relatives au *homestead*, ou les études faites en d'autres pays à ce sujet, ne pouvaient passer inaperçues. Quelques juristes, notamment MM. Ippolito Santangelo Spoto, professeur à l'Institut royal de Caserte [1], son frère Ignazio Santangelo Spoto, ont commencé en Italie la campagne menée en France, depuis si longtemps et avec tant de persévérance, par la *Réforme sociale*. Se faisant les propagateurs en Italie des théories de l'école de Le Play, ils ont prôné l'institution de biens de famille insaisissables et transmissibles intégralement. Ils ont surtout tenté de faire appliquer leurs idées à la colonisation intérieure, chaque fois qu'il s'est agi de repeupler certaines régions incultes et abandonnées de l'Italie du Sud ou de la Sardaigne, d'y procéder à des lotissements, à des concessions gratuites. Leurs articles, leurs brochures ont été discutés à maintes reprises dans les journaux et les revues. Leur thèse a été reprise par certains membres d'une commission administrative réunie à la suite des troubles agraires de Sicile pour aviser au moyen de partager les vastes domaines de l'île au profit des petits cultivateurs [2]. Enfin, en 1894, un député de droite, M. Pandolfi, déposa à la Chambre italienne un projet de loi tout à fait conforme aux idées

(1) Santangelo Spoto (Ippolito), *La legislazione civile ed i beni difamiglia in rapporto all'Homestead ed all'Höferecht*, Caserte, 1894; on trouvera aux pages 197 et 198 la liste des brochures et articles de MM. Santangelo Spoto sur la question du *homestead*. Voir aussi Giulio Bianchi, *La Proprietà fondiaria e le classe rurali nel medio evo e nella età moderna*, Pisa, 1891 (analysée dans la *Réforme sociale* du 1er octobre 1891, page 534).

(2) Cogliolo, dans la Revue *Il Filangieri*, 1894, I, page 60.

de MM. Santangelo Spoto. Nous résumerons ici l'analyse qui en a été faite dans la *Réforme sociale* du 16 novembre 1894 (pages 686-699) et par M. Bureau dans son ouvrage sur le *Homestead* (p. 285). Le fonds rural où une famille établit sa résidence, et qui est nécessaire à son existence, peut, s'il est d'un revenu imposable de 200 francs au minimum et de 400 francs au maximum, être constitué en bien de famille (*masseria*); à ce bien foncier peut être ajouté un fonds de réserve mobilier de 2,000 francs au maximum, constitué en rente sur l'État. La *masseria* et sa dotation cessent d'être une propriété individuelle pour devenir une propriété familiale : elles sont insaisissables, non susceptibles d'hypothèque, inaliénables et indivisiblement transmissibles après décès. La *masseria* ne peut être saisie et mise sous séquestre qu'exceptionnellement, pour des dettes de famille contractées dans l'intérêt de la propriété elle-même. Elle est, en cas de décès du chef de famille, attribuée à celui des héritiers qu'a désigné le père ou la mère, ou, à leur défaut, la majorité des intéressés, ou enfin l'autorité judiciaire. Les autres héritiers peuvent être indemnisés au moyen d'une simple rente.

Cette proposition, qui tend manifestement à assurer la prédominance de la famille sur l'individu et à rétablir une sorte de droit d'aînesse, fut prise en considération : après quoi il n'y fut plus donné suite; elle a, suivant l'expression de M. Loria, été «honorablement ensevelie». Son auteur n'a pas été réélu, et aucune disposition législative analogue n'a été proposée depuis, soit par un membre du Parlement, soit par le Gouvernement.

Depuis lors, il n'a plus guère été question du homestead; on s'est borné à y faire allusion lors des débats parlementaires du 17 au 21 juin 1901 où la question agraire a été examinée dans toute son ampleur et où le désir de maintenir et de développer la petite propriété paysanne a été exprimé par les hommes politiques de tous les partis. Aussi M. Loria, l'éminent économiste, écrivait-il dans une lettre qu'il a bien voulu nous adresser le 25 janvier 1904 : «Je ne pourrais pas dire si le homestead a en Italie des adversaires décidés; je crois toutefois qu'il n'en a pas, pour la bonne raison qu'il n'a pas d'amis et que personne n'a l'intention de le porter à la rampe de la discussion et de l'application législative». Tout récemment pourtant, quelques journaux ont, paraît-il, attribué à M. Ronchetti, Ministre de la Justice, l'intention de présenter un projet de loi analogue à celui qui a été soumis en France à l'examen du Conseil d'Etat par M. le Ministre de l'Agriculture : mais des démarches faites à Rome au Ministère de la Justice n'ont abouti à aucune confirmation de cette nouvelle[1].

Il n'est peut-être pas sans intérêt de rechercher pour quels motifs ces propositions relatives à l'institution du bien de famille, insaisissable et intégralement transmissible après décès, ne paraissent, jusqu'à présent, compter en Italie que peu de partisans. Sans vouloir prétendre rien affirmer avec trop de certitude, il peut être permis de dire, tout d'abord, que la réforme proposée viendrait, à l'heure actuelle, trop tôt pour l'Italie méridionale et insulaire, trop tard pour celle du Nord. Dans le Sud et en Sicile, le sort des cultivateurs est si misérable qu'ils n'ont le plus souvent ni terres ni maisons leur appartenant; en Sicile, notamment, les grands domaines sont affermés par lots à des paysans qui sont forcés de se loger dans les villes, parfois fort loin des terres qu'ils cultivent, les exploitations étant dépourvues de bâtisses. Il s'agit, dans ces régions, de reconstituer le foyer de la famille paysanne avant de le rendre insaisissable et impartageable. «La petite propriété est anémique, moribonde. Il faudrait la faire vivre d'abord... ensuite on pourrait se préoccuper des moyens de la conserver.» Voilà ce que nous écrivait tout récemment l'un des chefs du parti socialiste en Italie, M. Napoleone Colajanni, qui représente au Parlement une circonscription sicilienne. Aussi est-ce surtout à reconstituer des centres ruraux d'habitation que visaient les projets de loi présentés en faveur de la petite propriété, en 1898, par M. di Rudini. Et M. Luzzatti a fait voter une loi sur les habitations ouvrières (*case popolari*) qui est rurale autant qu'urbaine. L'article 15 de cette loi (du 31 mars 1903) spécifie, en effet, que les exemptions fiscales en faveur des habitations ouvrières s'appliqueront aux maisons construites pour les ouvriers

[1] Renseignement communiqué par M. le Commandeur Tullio Minelli et transmis par M. Mabilleau.

agricoles et les cultivateurs par des industriels, des propriétaires et fermiers de terres. L'article 17 autorise expressément les caisses d'épargne, monts-de-piété, établissements de bienfaisance et autres institutions similaires à faire des prêts amortissables pour la construction de bâtiments ruraux[1].

Dans l'Italie du Nord et du Centre la situation est toute différente : la petite propriété, sauf dans quelques régions déterminées, n'y est nullement en voie de disparition, bien au contraire. La crise terrible qu'elle a subie, il y a une vingtaine d'années, est aujourd'hui passée. M. Gatti constate[2], d'après des données fournies par les rôles de l'impôt foncier, qu'il y avait en Italie 3,500,000 propriétaires fonciers en 1882, 4,500,000 en 1892 et 4,860,000 en 1899.

Sans doute le morcellement résultant du partage égal entre héritiers a contribué dans toutes les provinces à fractionner beaucoup la propriété paysanne[3]. Mais les effets funestes du morcellement, prophétisés naguère par les théoriciens hostiles au principe du partage égal, lequel est inscrit dans le Code italien comme dans le Code civil français, ne se sont pas produits. Le coopératisme et le syndicalisme agricoles ont donné des résultats que nul n'aurait prévus il y a trente ans; ils ont tiré la très petite propriété de l'état d'impuissance économique à laquelle on la croyait naguère irrémédiablement condamnée. A d'autres points de vue encore, les faits ont démenti les théories, et les mœurs ont rendu inutiles de nouvelles lois. L'attachement au sol natal, si profond chez l'habitant des hautes vallées du Piémont, de la Lombardie et de la Vénétie, des coteaux de la Toscane et de l'Emilie, l'amour de cette population pour les biens ruraux, et en même temps la source nouvelle de profits qu'a été pour elle l'emploi de plus en plus fréquent de la main-d'œuvre italienne dans les pays voisins, ont contribué, plus que ne l'auraient pu faire bien des prescriptions légales, à maintenir dans une indivision amiable le domaine

(1) Mais la loi qui veut ainsi favoriser la création de petites habitations rurales ne contient aucune disposition ayant pour but d'exempter de la saisie le foyer familial. On trouve seulement inscrite, dans l'article 26, l'obligation de n'exproprier la maison ouvrière qu'à défaut d'autres biens meubles et immeubles.

(2) Page 299.

(3) Sur le morcellement, voir Santangelo Spoto, *op. cit.* (p. 155-158).

familial, ou à reconstituer la petite propriété rurale avec plus de rapidité que le morcellement des héritages ne pouvait la faire disparaître. Les effets de l'accroissement des familles, même sur un sol peu fertile ou insuffisamment cultivé, ont été contre-balancés par ceux de l'émigration temporaire; chaque année 150,000 ou 200,000 Italiens vont louer leurs bras en France, en Allemagne, en Suisse, en Autriche-Hongrie, puis reviennent soit annuellement pendant quelques mois, soit au bout d'une période plus ou moins longue, vivre sur le domaine familial souvent arrondi d'un lopin de terre grâce au pécule que leur sobriété et leur économie leur ont permis d'amasser à l'étranger[1].

Ainsi le domaine rural cesse d'être pour tous les membres de la famille un moyen suffisant de subsistance pendant toute l'année, et reste néanmoins pour tous une habitation temporaire et un refuge pour les vieux jours. C'est là une solution sans doute particulière à l'Italie, et qui n'est peut-être pas définitive, du problème de la petite propriété paysanne : elle mérite néanmoins d'être notée.

Le développement des institutions de crédit agricole mutuel dans l'Italie du Nord et du Centre permet aussi d'expliquer l'insuccès des propositions en faveur de l'insaisissabilité de la petite propriété foncière. Créées sous l'impulsion d'hommes comme MM. Wollemborg et Luzzatti, les sociétés coopératives de crédit, les banques populaires, les caisses rurales du système Raiffeisen qui comportent la responsabilité illimitée de tous les sociétaires pour les prêts contractés par chacun d'entre eux, ont donné des résultats très satisfaisants. On comprend que les juristes et les économistes italiens aient

[1] Il y a eu 89,015 émigrants temporaires en 1876, 105,319 en 1889, 122,439 en 1893, 165,429 en 1897, 177,031 en 1899, 199,573 en 1900, 281,668 en 1901. Le nombre des Italiens ayant émigré en France était de 18,746 en 1895 et de 25,047 en 1899; pour la Suisse, le chiffre s'est élevé de 13,878 à 29,282; pour l'Allemagne, de 14,939 à 40,283, etc. (statistiques citées par M. Petrocchi). « Les paysans propriétaires émigrent en foule, l'hiver, des vallées des Alpes du Piémont : ils s'en vont amasser en France, en qualité de vitriers, de portefaix, de balayeurs des rues, un petit pécule qui leur servira à acheter des terrains arides mais capables de les nourrir pendant l'été. » (Gatti, p. 284.) Une des personnes les mieux placées pour bien connaître la colonie ouvrière italienne de Paris nous dit qu'on s'y livre incessamment, à Paris même, à des ventes et des échanges de petites parcelles situées dans des villages de l'Italie centrale.

pu se trouver détournés de toute mesure tendant à supprimer, par l'insaisissabilité du petit domaine rural, l'une des bases essentielles du crédit agricole populaire. Sans doute, les partisans du homestead, en Italie comme en France, se sont ingéniés à démontrer que la conciliation entre le crédit agraire et l'insaisissabilité du bien foncier était possible [1]. Mais M. Luzzatti, compétent plus que tout autre en pareille matière, reconnaissait, au deuxième congrès des banques populaires françaises, à Menton, en avril 1890 [2], qu' « entre l'institution du homestead et les lois sur le crédit agricole, qui facilitent la saisie et l'expropriation », il y avait « une contradiction au moins apparente » et que « c'était une très délicate question » que de savoir comment on pouvait les concilier. Il convient de rapprocher de ces paroles celles d'un des plus actifs lieutenants de M. Luzzatti, M. Enéa Cavalieri, président de la Fédération des syndicats agricoles : « Tout prêt réclame deux signatures; ici (dans les institutions de crédit agricole mutuel) le paysan en donne une, la terre donne l'autre [3] ».

Et sur ce point les socialistes ne jugent pas autrement que les économistes de droite : « L'homestead, dit M. Gatti, enlève au petit propriétaire la possibilité de recourir au crédit en proclamant l'insaisissabilité de sa parcelle. Dès lors, il tombe entre les mains des usuriers et végète misérablement [4]. »

Une dernière remarque s'impose : des mesures législatives qui tendraient à restreindre la liberté d'aliénation de la propriété immobilière ou mobilière, qui porteraient atteinte au principe de la libre circulation des biens, à celui de l'égalité ou de l'indépendance de chaque membre de la famille apparaîtraient, aux yeux de beaucoup d'Italiens, comme tendant à restaurer des institutions d'autrefois, abolies par le droit moderne, à faire revivre un régime antidémocratique dont le souvenir n'est pas assez lointain pour être effacé. M. Loria, dans une lettre que nous avons déjà citée, constate chez

[1] Santangelo Spoto, *I beni di famiglia*, p. 68-71.

[2] *Actes du Congrès*, p. 121.

[3] Cité par M. Mabilleau, *La prévoyance sociale en Italie*, introduction, p. xxxi.

[4] Gatti, p. 236. M. G. Bianchi, qui est partisan de la transmission intégrale de la petite propriété à un héritier unique, estime néanmoins que l'exemption de saisie ne répond pas aux conditions économiques de l'Italie.

ses compatriotes une tendance nettement hostile à « toute limitation de l'aliénabilité des terres ». Cette tendance, dit-il, « qui nous a portés à supprimer l'emphytéose, les *censi*, les *livelli* (redevances foncières), etc., l'hypothèque occulte, ne s'arrangerait pas bien d'un système *vinculateur* tel que l'homestead ». Très attachés à la liberté d'aliénation, les Italiens ne le sont pas moins au principe du partage égal des héritages. Sans doute, cette règle fondamentale des législations modernes comporte des tempéraments : les rédacteurs du Code civil italien de 1864, quoique s'inspirant du même esprit que ceux du Code Napoléon, ont certainement amélioré sur un point la législation française. Si, en effet, l'article 984, § 1er, du Code italien, correspondant à notre article 815, porte que chaque héritier peut toujours demander le partage d'une succession nonobstant toute défense du testateur, le paragraphe 2 du même article est ainsi conçu : « Néanmoins, quand tous les héritiers institués ou quelques-uns d'entre eux sont mineurs, le testateur peut interdire le partage de la succession entre eux jusqu'à l'expiration d'une année à partir de la majorité du moins âgé. L'autorité judiciaire, toutefois, si des circonstances graves et urgentes l'exigent, peut permettre le partage. »

Cette disposition, qui a pour but de rendre plus rares les coûteuses licitations de biens successoraux dévolus à des mineurs, est tout à fait analogue à celles de l'article 8, §§ 1, 2 et 3, de notre loi du 30 novembre 1894 [1]. Mais l'indivision temporaire au profit

[1] L'article 25 de la nouvelle loi italienne du 31 mai 1903 sur les habitations ouvrières n'a fait qu'étendre les dispositions de l'article 984, § 2, du Code civil : il donne au conjoint survivant pendant sa vie entière et aux enfants mineurs jusqu'à leur majorité un droit d'habitation dans la maison familiale. — A un autre point de vue l'application du principe du partage égal entre cohéritiers paraît réglée dans le Code italien d'une manière plus satisfaisante que dans le nôtre. Tandis que l'article 836 du Code civil français exige d'une manière absolue le tirage au sort des parts héréditaires, toutes les fois qu'il n'y a pas accord entre les héritiers pour l'attribution de ces parts, l'article 996 du Code italien admet que, au moins dans les cas où les héritiers ne concourent pas pour des parts égales, l'autorité judiciaire décide s'il doit être procédé par voie de tirage au sort ou par voie d'attribution en tout ou en partie. Le juge peut ainsi éviter certains morcellements arbitraires des exploitations, résultant souvent en France de l'obligation de diviser, en vue du tirage au sort, la masse à partager en lots égaux, lors même que les ayants droit doivent recueillir des parts inégales.

des enfants mineurs ou du conjoint survivant ne porte atteinte à aucun principe essentiel et ne peut guère être critiquée. Il n'en est pas de même du projet Pandolfi, qui voulait instaurer ce qu'on a appelé le fidéicommis de la petite propriété et créer de petits majorats fonciers en augmentant les droits du père de famille, en l'autorisant à désigner parmi ses enfants l'attributaire unique du domaine familial, et surtout en dispensant cet attributaire de payer le montant de leurs parts en capital aux autres cohéritiers, ces derniers ne devant recevoir que des rentes annuelles. Ce projet ou toute autre proposition semblable rencontrerait certainement, en Italie, une vive opposition. Et, à ce sujet, il est intéressant de comparer la loi italienne sur les habitations populaires du 31 mai 1903 avec notre loi du 30 novembre 1894 qui l'a visiblement inspirée. Cette loi est, en somme, une loi sur le bien de famille, puisque certaines dispositions, que nous avons citées plus haut, tendent à assurer la constitution et la conservation du foyer de famille aussi bien pour l'ouvrier des champs que pour celui des villes. Or les règles de transmission après décès tracées par l'article 24 diffèrent quelque peu de celles indiquées dans l'article 8 de la loi française du 30 novembre 1894. La maison ouvrière ne peut être attribuée intégralement qu'à celui des héritiers majeurs qui offrira le payement en espèces des parts de ses cohéritiers. Aucune préférence n'est accordée à l'un des cohéritiers. Si plusieurs d'entre eux réclament l'attribution de la maison contre payement en espèces des parts revenant aux autres, il sera procédé à un tirage au sort devant le préteur. Ainsi, la désignation de l'attributaire n'est pas laissée au choix du *de cujus*, ni même de la majorité des héritiers, et il est formellement stipulé que les héritiers évincés doivent être indemnisés en argent comptant. On voit avec quelle prudence le législateur italien a dérogé aux principes du Code civil.

L'avenir dira quelle application sont susceptibles de recevoir les dispositions de l'article 24 de la nouvelle loi.

Juillet 1904.

Paul GRUNEBAUM,
Auditeur au Conseil d'État.

IX

ROUMANIE. POLOGNE RUSSE. SERBIE.

Une remarque préliminaire s'impose ici : les mesures destinées à empêcher la saisie et l'aliénation des biens ruraux ont été inspirées dans certaines régions de l'Europe orientale par des circonstances toutes particulières; elles ont été édictées pour des motifs d'ordre politique autant qu'économique. On a voulu surtout soit protéger contre sa propre inexpérience une population rurale tout récemment émancipée, abaissée par de longs siècles d'oppression, d'ignorance et de servage, soit fixer à la terre certains éléments ethniques et en écarter d'autres, empêcher, par exemple, les juifs de devenir propriétaires fonciers.

C'est ainsi qu'en Roumanie [1] le prince Jean Couza, en supprimant le servage par la *lege rurale* de 1864 et en élevant au rang de propriétaires fonciers la plupart des serfs qu'il émancipait, crut devoir, en même temps, empêcher ceux-ci de s'endetter et d'aliéner leurs terres à des étrangers. En vertu des articles 5 et 7 de la loi, la terre concédée gratuitement au paysan ne peut, pendant trente ans, ni être hypothéquée ni être aliénée, si ce n'est au profit du village ou d'un autre habitant du village. A l'expiration du délai de trente ans, la libre aliénation est possible, mais le village conserve un droit de préemption. Ces prescriptions légales ont, sans doute, assuré la conservation entre les mains des concessionnaires primitifs, ou de leurs descendants, des biens ruraux constitués après l'émancipation de 1864; mais ont-elles amélioré le sort de la classe paysanne? M. Bureau et les auteurs qu'il cite affirment le contraire. La Roumanie paraît avoir vérifié cruellement l'exactitude de cette loi économique qui

[1] Ce qui suit est emprunté à M. Bureau (*Le Homestead*, p. 269 et 274) qui se réfère lui-même à un article de M. Carl Grünberg sur la question agraire en Roumanie (*Revue d'Economie politique*, année 1889) et à des études de M. Stefen Mikaïlesco.

veut que toute limitation du gage offert par l'emprunteur, et par suite du crédit, ait pour conséquence non de rendre l'emprunt impossible ni même difficile, mais uniquement d'élever le taux de l'intérêt. La population agricole de la Roumanie a vu sa situation non pas améliorée, mais aggravée par les articles 5 et 7 de la loi de 1864; tout crédit est enlevé au paysan dont la terre est insaisissable : «l'endettement des populations agricoles, dit M. Stefen Mikaïlesco, va sans cesse en croissant, et elles sont épuisées par l'usure». Même les caisses de crédit agricole instituées par le Gouvernement ne consentent des prêts qu'à un taux qui atteint, tous frais compris, 25 à 30 p. o/o l'an.

Le même phénomène s'est produit dans la Pologne russe, où une loi du 11 juin 1891 interdit au paysan d'aliéner sa terre à d'autres qu'aux cultivateurs d'origine nationale et ne lui permet d'hypothéquer qu'en faveur de ceux qui pourraient acquérir. Ces mesures, appliquées dans un pays où les paysans manquent totalement de capitaux, ont nécessairement amené une élévation du taux de l'intérêt[1].

En Serbie[2], une loi de 1864, inspirée par les mêmes considérations que la loi roumaine de la même année, a déclaré insaisissable et inaliénable tout bien rural jusqu'à concurrence de deux journées de terre arable. La loi du 24 décembre 1873, qui l'a remplacée, ne contient aucune interdiction d'aliéner; mais elle exempte de la saisie, dans tous les cas où le débiteur, vivant à la ville ou à la campagne, fait de l'agriculture son occupation principale : 1° un bien rural comprenant cinq journées de terre arable ou une superficie équivalente de terre plantée en vignes, en bois ou en arbres fruitiers; 2° la récolte provenant de ce bien; 3° la maison d'habitation avec ses dépendances et un terrain y attenant d'une étendue égale à celle d'une journée de terre; 4° une charrue, un chariot, deux bœufs ou chevaux de trait, une vache et un veau, une jument et un poulain, dix brebis, cinq porcs, cinq chèvres,

[1] Bureau, *op. cit.*, p. 275 et 282.

[2] Nous résumons ici une intéressante communication qu'a bien voulu nous adresser M. Michel Awramowitch, secrétaire général de l'Union des sociétés coopératives agricoles serbes.

une bêche, une hache, une pioche et une faux; 5° la quantité de blé ou de maïs nécessaire pour la nourriture de la famille et des animaux domestiques jusqu'à la prochaine récolte.

La loi de 1873 ne protégeait le paysan que contre la saisie pour dettes contractées envers des particuliers, et permettait la vente de tous ses biens pour le recouvrement des créances du Trésor. Une loi de 1898 est venue la compléter et a déclaré insaisissable, dans toute exploitation rurale, même pour dettes envers l'État (impôts ou frais de justice), une étendue de 20 ares de terre arable.

La population de la Serbie, composée en majeure partie de cultivateurs, paraît très attachée à ces lois d'insaisissabilité qu'aucune Assemblée nationale ne songerait à abroger à l'heure actuelle. Ces mesures législatives ont pourtant eu fatalement pour résultat de limiter le crédit du propriétaire foncier et, par suite, de rendre ses emprunts plus onéreux : les usuriers sont encore très nombreux et prêtent à des taux qui dépassent parfois 100 p. o/o. Les prescriptions de la loi de 1873, qui, pour empêcher l'usure, interdisaient de faire des emprunts ailleurs qu'aux caisses publiques, sont devenues lettre morte, et les paysans empruntent à qui bon leur semble.

Depuis quelques années, des institutions de crédit coopératif, calquées sur celles de l'Allemagne et de l'Italie, se sont développées en Serbie. Il y a actuellement 420 caisses rurales du système Raiffeisen, c'est-à-dire avec responsabilité illimitée de tous les sociétaires. Ainsi les prescriptions légales sur l'insaisissabilité des biens ruraux ne paraissent pas avoir nui au développement du crédit coopératif agricole; mais il faut remarquer que la circonscription de chaque caisse est de très faible étendue, que les sociétaires sont de petits propriétaires se connaissant tous, d'ailleurs laborieux et honnêtes : ce crédit devient, dans ces conditions particulières, purement personnel; et les caisses rurales peuvent, en n'ayant qu'un champ d'action très restreint, prospérer malgré la loi d'insaisissabilité.

Les biens sont soumis, d'après le code serbe, à la règle du partage égal entre tous les héritiers mâles; aussi les héritages sont-ils actuellement déjà très morcelés : plus de 42 pour 100 des propriétaires ruraux possèdent moins de cinq journées de terre arable; cette situation de la propriété rurale en Serbie, dit M. Awramowitch, pose un problème dont il est urgent de trouver la solution.

Juillet 1904.

Paul GRUNEBAUM,
Auditeur au Conseil d'État.

X

SUISSE.

I. INTRODUCTION.

APERÇU ÉCONOMIQUE.

« Dresser l'inventaire des institutions économiques et sociales de la Suisse, c'est étudier trois peuples de race, de langue et de traditions différentes; plus encore, c'est faire connaître vingt-cinq États souverains, jaloux de leur autonomie et ayant chacun leurs lois, leurs usages et leurs mœurs. C'est résoudre le problème du cercle de Pascal, où le centre est partout et la circonférence nulle part [1]. »

Depuis que les revisions de la Constitution helvétique de 1874 et de 1898 ont permis à la Confédération de légiférer sur l'ensemble du droit civil et que le principe de l'unification intégrale en a été adopté par une majorité populaire de 264,914 voix contre 101,762, on tente de mettre en harmonie les vieux coutumiers en usage dans plusieurs cantons, et les textes récemment votés par quelques autres; on travaille à la mise au jour d'un Code fédéral. Malgré les résistances, les conflits que provoque la réforme, on en peut espérer la réalisation prochaine.

Mais actuellement, c'est encore dans la diversité des lois et traditions cantonales qu'il faut chercher le droit en vigueur, tandis que les aspirations du peuple suisse nous sont révélées dans le projet qui s'élabore.

Plus encore que la variété des origines et des mœurs, la divergence des intérêts économiques à concilier y rend ardue la tâche du législateur. Si la consistance même du sol helvétique a permis une utilisation féconde des forces de la nature, et a ainsi contribué

[1] Le Cointe, *Inventaire des institutions économiques et sociales de la Suisse à la fin du XIXe siècle.*

au développement rapide de la puissance industrielle, si, à raison de la situation géographique du pays et de l'extension croissante de ses moyens de transport, le transit commercial y a pris un large essor, la Suisse est originairement et reste encore une nation d'agriculteurs.

Sur 41,423 kilomètres carrés de superficie totale, on n'en rencontre que 11,732 qui soient improductifs, soit un quart seulement. Le surplus se répartit ainsi :

8,420 kilomètres carrés de terrains boisés;

329 kilomètres carrés de vignobles;

20,941 kilomètres carrés de champs, jardins, prés et pâturages.

L'on comptait, en 1888, près de 1,100,000 personnes vivant de l'agriculture, dont 480,000 se livraient personnellement à un travail rural. C'est un peu plus du tiers de la population globale; il est disséminé sur tout le territoire. Au centre, dominent les plaines labourées, les champs de céréales; à l'Est, les immenses forêts; les vignobles prospèrent dans les chaudes vallées méridionales, ou sur les pentes adoucies que baignent les grands lacs occidentaux; le long des monts abrupts, sur les hauts plateaux, de toutes parts, grimpent les vastes pâturages. A des cultures aussi variées conviennent, on le conçoit, des régimes de propriété essentiellement divers. Le vigneron exploite de toutes petites parcelles, parce qu'elles exigent un labeur attentif et que la productivité en est considérable. Les fermes nécessitent, au contraire, de vastes exploitations, pour donner un rendement suffisamment rémunérateur. Les deux tiers des forêts, une grande partie des pâturages appartiennent à des collectivités administratives; ce communisme traditionnel y satisfait également les besoins des petits et des riches paysans.

Depuis trente ans environ, on constate cependant une diminution sensible dans le chiffre de la population rurale, et l'on signale les progrès du morcellement de la terre. Plusieurs économistes établissent même un lien entre ces deux phénomènes qu'ils s'accordent à déplorer avec une même amertume.

Tandis que dans les cantons où l'industrie prédomine, l'augmentation annuelle moyenne des naissances a été de 9.3 pour

1,000 habitants, elle se réduit à 0.5 pour 1,000 dans ceux où l'agriculture l'emporte. Commentant ces résultats, un auteur écrivait récemment[1] : «Nous ne sommes plus un «peuple de paysans», et le recensement de 1900 accusera vraisemblablement un nouveau recul de la population agricole comparée à la population industrielle. C'est là un progrès de valeur douteuse, car une classe agricole bien constituée est la force qui maintient les États; les populations rurales sont les assises de la société; la conservation de l'ensemble dépend de leur solidité. . . » Et il adjurait les pouvoirs publics de prendre des mesures pour enrayer le mal.

Beaucoup redoutent les excès du morcellement, qui menace de compromettre l'existence même des alpages et des vastes pâturages; on cherche à réagir contre l'émiettement illimité, qui a institué aujourd'hui plus de 300,000 propriétaires, et contre l'endettement exagéré qui en est tout à la fois le résultat et la cause.

Personne ne songe assurément à recourir aux mesures adoptées dans d'autres pays, comme les Etats-Unis ou la Prusse, pour créer de toutes pièces, par la colonisation intérieure, une moyenne ou une petite propriété rurale. Mais on remet en honneur les vieilles coutumes germaniques qui entravaient les partages successoraux, et l'on établit des privilèges, pour protéger le paysan contre les exigences de ses créanciers.

Du même coup, on essaye de reconstituer le foyer familial, qui est considéré par beaucoup de moralistes suisses comme le refuge sauveur où se réconcilieront, pour le plus grand bien de la société future, les intérêts de la collectivité unifiée et les droits légitimes de l'individu protégé, mais libre.

«La famille, lorsqu'elle est ce qu'elle doit être, est une solution vivante du problème social, presque complète et poussée jusqu'aux conséquences extrêmes. . . Là, point de propriété séparée, mais une répartition absolument juste du travail et de la jouissance, un appui mutuel proportionné aux besoins de secours, enfin la satisfaction complète du désir de s'attacher d'autres individus par les liens de l'affection, et, à la base de toute l'institution, la libre volonté,

[1] Gust. Vogt. Dans *La Suisse au XIXe siècle*, IIIe vol., p. 536.

sans contrainte juridique. » Telle est la voie dans laquelle M. Hilty [1] espère engager le législateur; sa pensée est, on peut le dire, partagée par une grande partie du peuple suisse qui, surtout dans les campagnes, est attaché à de fortes convictions morales encore empreintes d'une certaine religiosité.

Les règles séculaires qu'on songe à rajeunir, les principes nouveaux qu'on prétend acclimater dans le but d'assurer l'intégrité du patrimoine rural, portent l'empreinte de ces multiples préoccupations. Nous aurons, en les étudiant, à rechercher dans quelle mesure l'effort actuellement tenté pourra réussir à les calmer.

II. CONSERVATION DES BIENS DANS LA FAMILLE D'APRÈS LES LÉGISLATIONS CANTONALES.

Transmission intégrale. Indivisibilité.

A. 1. C'est principalement dans les cantons d'origine allemande que l'on retrouve aujourd'hui les vestiges des antiques privilèges conférés à la masculinité. Ils s'y présentent sous deux formes distinctes : tantôt ils constituent un préciput collectif en faveur des fils; tantôt ils assurent au profit d'un seul d'entre eux la transmission intégrale du domaine paternel.

Aux premières coutumes, se rattachent les règles maintenues dans les cantons d'Argovie, Thurgovie, Saint-Gall, Zug, Zürich, Lucerne, Niederwald. D'une manière générale, les descendants mâles y ont droit, sur leur demande, aux immeubles provenant de la succession paternelle. Le prix qu'ils doivent verser à la masse varie suivant les cantons, mais il reste sensiblement inférieur à la valeur marchande, qu'il soit déterminé à l'amiable ou, à défaut, par des experts. Cet avantage est encore accentué à Lucerne, Zug et Fribourg, où la part successorale des fils est supérieure à celle des filles, dans la proportion de 5 contre 4.

Berne (C. civ., art. 545) et Soleure (C. civ., art. 531-533), par contre, ont conservé la pratique du minorat (ou juveignage), en

[1] Dans *La Suisse au XIXe siècle*, 1er vol., p. 390.

sorte que le plus jeune des fils a le droit exclusif de reprendre la maison du père avec ses dépendances agricoles plus ou moins étendues, moyennant le versement d'une soulte à ses cohéritiers [1].

Dans bien des cas, on a pu constater que l'observation de ces règles avait empêché le morcellement des patrimoines.

2. Certaines législations ont cherché à réaliser le même but, mais sans porter atteinte au principe de l'égalité dans les partages.

L'article 96 de la loi du 30 avril 1891 du canton de Bâle-Campagne dispose en effet : « Il est interdit de partager, en cas d'héritage, les biens-fonds agricoles et les forêts en parcelles de moins de 20 ares. Le bureau du cadastre n'acceptera aucune inscription où cette disposition ne serait pas observée. Cette prescription n'est pas applicable aux maisons, terrains à bâtir, jardins, vergers, plantages et vignes. »

Le canton de Soleure prohibe de même le partage successoral des terres de moins d'un arpent et des vignes de moins d'un quart d'arpent (art. 631). D'après le nouveau Code de Zurich (art. 961 et 962), une pièce de terre d'un seul mas, destinée à la culture et mesurant moins de 40 ares, ne doit pas être partagée sans le consentement de tous les ayants droit. Elle est remise à un seul d'entre eux contre une indemnité proportionnelle aux droits des autres. Lors du partage de domaines plus étendus, il y a lieu de veiller à ce que les parcelles d'un seul tenant n'aient pas moins de 20 ares. Les vignes peuvent être morcelées jusqu'à concurrence de 5 ares. Le tribunal seul peut exceptionnellement lever cette interdiction.

On retrouve des dispositions analogues dans le canton de Schaffhouse qui, avec Appenzell et les Grisons, avait demandé l'introduction de prescriptions plus sévères encore dans la réglementation fédérale qui s'élabore [2].

B. Mieux que la loi, le père de famille semble pouvoir veiller

[1] V. E. Huber, *System und Geschichte des schweizerischen Privatrechts*, II, 45 et suiv.

[2] Voir *Exposé des motifs de l'Avant-projet du Code civil suisse*, II, p. 28. — Id. *Secrétariat suisse des paysans*, broch. n° 12, p. 42.

au maintien de l'intégrité de son bien et concilier l'orgueil d'une exploitation, qu'il a développée au prix du labeur de toute sa vie, avec la prévoyante affection qui l'attache également à tous ses enfants.

1. C'est encore une coutume répandue dans certains cantons de formation germanique, que les parents règlent de leur vivant leur succession future et attribuent le domaine à un seul de leurs fils. Parfois même, utilisant la quotité disponible qui y varie d'un cinquième à un tiers au regard des descendants, ils avantagent pécuniairement ce successeur, pour faciliter sa gestion.

Souvent aussi, sur ses vieux jours, le père renonce à exploiter lui-même son bien, et le cède à un de ses héritiers en avancement d'hoirie (Code de Fribourg, art. 1003). Il peut en ce cas conclure avec tous les autres un contrat de dotation, en vertu duquel ceux-ci acceptent pour leur part présumée dans la succession future une somme d'argent liquide, une créance ou d'autres biens (art. 987)[1].

2. D'autres institutions sont encore en usage. Par les fondations et les fidéicommis, sont assurées la continuité d'une exploitation et sa transmission intégrale pendant quelque durée. Le Code fribourgeois (§ 830-843) ainsi que ceux de Vaud (§ 686 et suiv.) et du Tessin (§ 507 et suiv.) autorisent la substitution fidéicommissaire à un degré. A Berne, les fondations de famille sont explicitement prévues. A Bâle-Ville, les substitutions sont admises à deux degrés (Loi sur les successions, § 69). Il faut, à Niderwalden (Code civil, § 246), le consentement exprès du tribunal pour les habiliter. Les cantons de Lucerne, Glaris, Zug, qui interdisent les fidéicommis de famille, ont néanmoins laissé subsister ceux qui existaient antérieurement à cette prohibition[2].

C. Quand le père de famille meurt sans avoir réglé le partage, on s'est accoutumé, dans certaines régions, à suppléer à ce silence en présumant une volonté conforme aux usages établis : les héritiers s'entendent par contrat, ou même tacitement, pour confier à un

[1] Cf. Rossel, *Manuel du droit civil de la Suisse romande*, p. 230 et suiv. — E. Huber, *op. cit.*, II, p. 467 et suiv.

[2] E. Huber, *op. cit.*, II, p 245 et suiv.

seul d'entre eux l'exploitation d'un bien et sa conservation dans la famille.

1. Mais la pratique qui est le plus en faveur en Suisse, est celle de l'indivision (*Die Gemeinderschaft; die gesammte Hand*)[1].

Elle a son origine dans les communautés de famille, qui, au moyen âge, se groupaient autour du foyer ancestral. Au décès du chef, un fils, l'aîné généralement, était investi de la direction de la maison; les autres continuaient à travailler sur le bien commun; la cohabitation n'était point interrompue; la société familiale se perpétuait renouvelée. Tandis qu'en d'autres pays les communautés seigneuriales ou paysannes disparurent avant la fin même du régime féodal, elles se conservèrent en Suisse; aux XVIe et XVIIe siècles elles y atteignirent leur plus complet épanouissement; elles subsistent encore, et leur organisation se trouve même réglée dans plusieurs législations cantonales actuellement en vigueur.

Sans compter Schwytz, que régit toujours le vieux Landbuch de 1756, cinq codes les ont prévues : Zurich (dans le titre des obligations), Schaffhouse, Vaud, Neuchâtel et Fribourg (dans celui des successions). Et dans plusieurs autres cantons, la tradition supplée au silence de la loi, pour en déterminer les conditions et les effets.

2. L'indivision naît en général d'un contrat qui se forme entre cohéritiers, pour surseoir au partage, conserver la propriété et continuer l'exploitation commune de tout ou partie des biens du défunt[2]. Seuls les frères et sœurs et leurs descendants sont admis à y participer. Elle peut comprendre l'ensemble des patrimoines de chacun des associés; elle est ordinairement limitée à certains de leurs biens. Le surplus constitue leur patrimoine propre ou «réservé». A Fribourg, cependant, les communistes ont droit à la jouissance collective de ce dernier (art. 1094-1095).

[1] Voir sur ce sujet l'étude de Max Huber : *Die Gemeinderschaften der Schweiz.* — Cf. Gierke, *Die Genossenschaftstheorie.*

[2] «Une communauté se forme lorsque deux ou plusieurs frères et sœurs mettent en commun tout leur patrimoine ou du moins tous leurs biens meubles, dans le but de partager les bénéfices et les pertes, la bonne et la mauvaise fortune, et d'avoir entre eux une société de biens.» (Code de Zurich, art. 553.)

3. La convention est généralement soumise à certaines formalités (Fribourg, Schaffhouse). A Zurich, elle ne devient valable qu'après l'homologation du tribunal et le visa de la Chancellerie. Les juges apprécient la capacité et la libre volonté des parties, la clarté des clauses, leur convenance « eu égard aux relations de parenté et à la position respective des parties », « la situation qui en découle pour les héritiers à réserve ». Ces derniers sont mis en demeure de formuler leurs observations. Le tribunal statue, et son autorisation est portée obligatoirement à la connaissance du public, par voie d'annonces judiciaires dans la feuille officielle (art. 555-557).

4. L'indivision forme une sorte d'entité juridique *sui generis*. Elle n'est ni une « communio » ni une société. Les actes d'aliénation totale ou partielle des immeubles qui en font partie nécessitent l'intervention de tous les communistes; leur consentement doit être unanime (Fribourg, art. 1096). Un indivis ne peut de même, sans l'adhésion préalable de tous les autres, contracter une dette dépassant la somme de 100 francs pour un même objet (Fribourg, art. 1096). L'administration proprement dite est, au contraire, confiée à l'un d'entre eux, qui, seul, représente l'indivision au regard des tiers.

La jouissance des biens est commune à tous; « ils sont exploités en commun, sans égard à la part idéale de chacun » (Zurich, § 558-560; – Fribourg, § 1092).

Chacun doit contribuer, selon ses moyens, à la prospérité du domaine. L'indivision, en échange, pourvoit à tous les besoins; si elle possède plusieurs habitations, les ménages qui y vivent à ses frais sont censés n'en faire qu'un seul. Profits et pertes ne forment qu'une seule masse. Et même « lorsque l'indivis vit au ménage de l'indivision ou qu'il y reste après en avoir été séparé, la jouissance de ses biens appartient à l'indivision, à la charge de leur entretien selon les règles de l'usufruit » (Fribourg, § 1090-1094).

Mais, en général, chacun peut librement disposer et jouir de ses biens propres, qui comprennent les vêtements, la dot, le patrimoine du conjoint, les dons, legs, héritages, les gains faits hors de l'indivision, et même les épargnes faites au service militaire, l'ancien « peculium castrense et quasi castrense » (Fribourg, § 1093).

Le caractère familial de l'institution se marque dans certaines dispositions, qui prévoient, par exemple : la dotation, aux frais de la masse, de la fille indivise qui se marie; l'entretien de ceux qui habitent sous le même toit (Fribourg, § 1090). Les anciennes législations de Schwytz et de Thurgovie reconnaissaient même aux filles le droit de réclamer du travail sur le bien commun.

5. Jadis, on n'admettait point que le décès d'un indivis pût ouvrir à ses héritiers l'entrée dans la communauté. La part du défunt accroissait à la masse, à l'exclusion des successibles étrangers à l'indivision. Cette coutume a laissé quelques traces; mais elle n'a pas été sans subir d'importantes atténuations. Elle subsiste encore en principe, quand le de cujus ne laisse point d'enfants. « En général, édicte l'article 564 de Zurich, et sauf les autres stipulations du contrat, les communistes survivants ont le droit contractuel, si l'un d'eux meurt sans postérité, de recueillir à titre d'héritiers sa part du fonds commun, à l'exclusion des autres héritiers ne faisant pas partie de l'association. Les biens que le défunt s'était réservés propres sont régis par les règles de la succession ordinaire. » A Neuchâtel (art. 1103), les indivis héritent même, en ce cas, de ses biens particuliers.

Mais dès qu'il existe des descendants, ceux-ci recueillent la part du défunt et, à leur choix, peuvent rester dans l'indivision, à titre collectif, aux droits de leur auteur, ou bien en sortir définitivement (Zurich, § 563; — Fribourg, § 1101). Le conjoint est, en général, investi des mêmes prérogatives (Fribourg, § 1102).

6. Les causes de dissolution varient suivant les cantons. A Zurich, deux sont prévues :

1° Le décès de l'un des communistes, si le contrat ne stipule pas la continuation de l'indivision entre les survivants;

2° La dénonciation du pacte, mais seulement pour des raisons valables et pertinentes, telles que le mariage, la survenance d'enfants, etc. (§ 561).

Le canton de Vaud a sanctionné, au contraire, le droit de libre retrait.

A Fribourg, le consentement unanime au partage, ou l'expiration du terme prévu, provoquent la dissolution *erga omnes;* tandis que le contrat de dotation, l'action en partage intentée par l'un des indivis, n'aboutissent à cette séparation qu'à l'égard d'un seul (§ 1104 et suiv.).

Le partage s'opère dès lors entre les indivis, au prorata des droits qu'ils ont acquis, directement ou par représentation, et dont l'origine remonte à l'époque où l'indivision est née; il s'effectue, comme disent les juristes, *ex tunc* et non *ex nunc* (cf. Fribourg, § 1106-1107).

Si nous avons essayé de caractériser cette institution avec plus de détails que les précédentes, c'est qu'elle a tout particulièrement séduit les réformateurs contemporains.

Jadis très florissante, elle semble aujourd'hui sur son déclin. On ne relève de 1867 à 1884, dans le canton de Zurich, que 90 indivisions contractuelles. Il est vrai que, dans la Suisse orientale, en l'absence même d'une organisation légale, la pratique s'en est plus solidement maintenue. Une enquête faite dans la Haute-Argovie a permis de découvrir 35 indivisions dans 21 communes[1].

Mais elle est loin d'avoir réalisé les espérances que concevait, au début du XVIIIe siècle, le bailli Escher de Kyburg, quand il en préconisait l'emploi obligatoire, pour maintenir l'aisance dans la classe rurale[2].

Cette défaveur manifeste n'a point découragé les économistes; certains estiment qu'en l'adaptant aux mœurs et aux besoins modernes, l'antique institution pourra revivre : elle a de vieilles et profondes racines; fécondée par une sève nouvelle, elle portera de nouveaux fruits. Il en est même qui, comptant sur la prospérité économique et la paix sociale qu'elle assurera dans les milieux paysans, voient en elle la solution du problème agraire[3].

Le législateur du Code civil n'est pas éloigné de partager cette même confiance.

(1) *Exposé des motifs de l'Av.-proj.*, I, p. 209, et suiv.
(2) Eug. Huber, *op. cit.*, IV, p. 553.
(3) Voir Max Huber, *op. cit.*, *in fine*.

III. CONSERVATION DES BIENS DANS LA FAMILLE

D'APRÈS LE PROJET DE CODE CIVIL FÉDÉRAL.

A. Nous avons en effet la bonne fortune de pouvoir, en Suisse, comparer les acquisitions du passé aux promesses de l'avenir. Depuis 1893, le pays est en travail d'une codification fédérale, destinée à unifier le droit civil des cantons, à concilier, dans la mesure du possible, les anciens usages et les besoins nouveaux, la tradition et le progrès[1]. Ce double souci apparaît dans la solution proposée au problème des successions paysannes.

On sanctionne «la reconnaissance des droits des parents du sang», mais on assure aussi «la conservation des biens», pour éviter la dépréciation qui résulterait d'un morcellement excessif, «toutes les fois qu'il y aura intérêt à conserver des exploitations viables, et que cela paraîtra compatible avec l'équité[2]».

Car, en effet, «quelles sont les fins que le législateur doit se proposer en réglant le droit de succession rurale? Nous pouvons distinguer deux tendances qui ont, du reste, plusieurs points communs. D'une part, le législateur doit faire en sorte que l'industrie agricole ne soit pas ruinée par un morcellement du sol contraire aux intérêts d'une saine culture. Il doit donc, sinon tendre au maintien et à la création d'exploitations rurales réparties d'une manière uniforme dans tout le pays, du moins remédier aux abus les plus criants... Puis il convient d'empêcher autant que possible que les paysans ne s'endettent outre mesure dans les partages

(1) Sous la direction de l'éminent professeur E. Huber, de Berne, qui en a conçu les grandes lignes, ce projet a été soumis à un triple examen en commission; un premier texte a paru en 1896; un deuxième en 1901, chacun accompagné d'un remarquable Exposé des motifs, dû à la plume de ce savant jurisconsulte. Un troisième texte, définitivement adopté par le Conseil fédéral, après avis d'une grande Commission de 31 membres, qui a tenu ses assises d'octobre 1901 à mai 1903, vient d'être soumis, par un message du 28 mai 1904, à l'Assemblée fédérale; le Parlement va incessamment procéder à son étude.

(2) *Exposé des motifs*, II, 7. (C'est à l'Exposé, ainsi qu'à l'Avant-projet de 1901, ou bien au Message du Conseil fédéral et au Projet définitif de 1904 que nous emprunterons nos citations).

et ne s'enlèvent ainsi jusqu'à la possibilité d'un travail rémunérateur...[1] ».

Pour atteindre un tel but, il faut placer sous la sauvegarde de la famille un patrimoine qui serve obligatoirement à l'entretien, à l'établissement de ses divers membres, qui groupe les affections autour d'intérêts communs et soit soustrait « au morcellement illimité de la propriété et à son obération[2] ».

Le partage successoral égalitaire peut ruiner une exploitation. La transmission intégrale est souvent onéreuse pour l'héritier bénéficiaire, ou frustratoire pour tous les autres. La conservation d'un bien-fonds dans le patrimoine familial possédé en commun, en commun exploité, satisfait à la fois les intérêts économiques et la justice distributive.

B. 1. Sans doute, et avant tout, la liberté du défunt doit être respectée et même étendue dans la mesure qui « permet au de cujus de rétablir l'unité nécessaire à l'exploitation. Il se présente souvent des situations dans lesquelles une répartition inégale du patrimoine entre les enfants sera le seul moyen de rétablir la vraie égalité dans la famille ou de maintenir une exploitation normale des biens. . .[3] ».

Celui qui laisse des descendants a la faculté de disposer du quart de ses biens. Le conjoint survivant a droit à une réserve, qui n'est que de l'usufruit de la moitié, ou de la propriété du quart, s'il concourt avec des descendants[4]. Le père de famille peut ainsi avantager celui de ses fils à qui il veut transmettre une exploitation, en usant du droit que la loi lui confère et que les agriculteurs proposaient eux-mêmes de rendre plus large encore[5]. Il a même la possibilité de lui constituer un fonds de roulement exceptionnel, car « les polices d'assurance sur la vie, au profit d'un tiers, ou transférées gratuitement et entre vifs par le défunt, ne sont ajoutées aux

(1) *Exposé*, II, 34.
(2) *Exposé*, I, 211.
(3) *Exposé*, II, 13.
(4) Art. 470, 477, 478 du Projet. — Cf. art 495 de l'Avant-projet.
(5) Ils réclamaient la fixation de la quotité disponible au tiers. (Secrét. suisse des paysans. Br. n° 12.)

biens existants, pour le calcul de la quotité disponible, que pour leur valeur de rachat, et non pour le montant assuré.» (art. 481 du Projet). L'avant-projet de 1900 allait même plus loin; il édictait en effet que «les polices d'assurance sur la vie, dont l'échéance est déterminée par la mort du disposant, ne sont pas comprises dans la succession si, du vivant de ce dernier, elles étaient au profit d'un bénéficiaire déterminé» (art. 496, § 4).

Pour éviter des difficultés ultérieures et assurer l'irrévocabilité des dispositions qu'il a ainsi prises, il est même loisible au père de conclure, avec quelques-uns de ses enfants, un pacte en vertu duquel ils renoncent à la succession moyennant une somme représentative de la réserve à laquelle ils ont droit. (Projet, art. 498 et suiv.) «Le disposant y a recours pour établir entre plusieurs de ses héritiers le régime qui lui semble le plus favorable à la prospérité de son commerce, de son industrie, etc... [1].»

On lui reconnaît encore la faculté de «prescrire, par testament ou pacte successoral, un certain mode de partage et de formation des lots» (art. 607). Ce sont des «décrets de partage» qui obligent tous les ayants droit, sous réserve de rétablir, le cas échéant, l'égalité des parts, à laquelle le disposant n'aurait pas manifesté l'intention de porter atteinte. «De la sorte, le père peut attribuer une exploitation à un de ses fils, sauf par lui à verser des soultes à ses cohéritiers, si sa valeur dépasse le montant de sa part réservataire [2].»

Et les enquêtes auxquelles on s'est livré, les observations, vœux ou critiques qui ont été de toutes parts formulés faisaient craindre à l'auteur de l'Avant-projet de n'avoir pas été assez hardi dans cette voie. «Ce ne serait pas une entreprise trop téméraire, dit-il, que d'admettre une faculté de disposer plus large que celle de l'article 495 de l'Avant-projet, pour l'éventualité où le disposant voudrait faciliter à l'un de ses descendants la reprise de l'exploitation qui constitue un bien de l'hérédité. Selon nous, une faculté de disposer étendue peut suppléer à tous les privilèges existants; elle a, de plus, l'avantage d'être très souple et de se plier à toutes les

(1) Message du Conseil fédéral, p. 52.

(2) *Exposé*, II, 85.

circonstances. Nous sommes persuadés, et l'exemple des cantons romands confirme notre opinion, que la liberté de tester deviendra en peu de temps l'une des institutions les plus populaires dans les milieux agricoles; et nous osons prédire que, non seulement elle n'aura aucune conséquence fâcheuse, mais que, au contraire, elle apparaîtra comme le moyen le plus simple et le plus pratique de contre-balancer l'influence souvent néfaste des partages sur la prospérité de l'agriculture[1]. »

2. Si le père de famille hésite néanmoins à prescrire ce traitement inégal, peut-il éviter le morcellement qui compromettrait l'existence d'une exploitation? Les fondations lui en procurent le moyen.

Par disposition entre vifs ou à cause de mort (art. 345 et 497), sans avoir à solliciter d'approbation gouvernementale, il peut instituer une fondation, investie des droits et obligations attachés à la personnalité juridique (art. 90-99), et soumise à la surveillance des autorités cantonales. Il groupe ainsi autour d'un bien commun, dont l'intégrité est protégée contre toutes les convoitises, des parents que le partage aurait séparés, voire même désunis.

Le fidéicommis sert de lien entre des générations successives d'une même famille, auxquelles, de par une volonté une fois pour toutes exprimée et fixée, se trouve dévolue une intangible propriété. Les substitutions fédéicommissaires sont en général limitées à un degré (art. 507 et suiv.); le fidéicommis de famille pouvait, d'après l'Avant-projet, comprendre une série indéfinie d'appelés[2]. Le Projet de 1904 prohibe complètement leur constitution.

L'auteur des Avant-projets souhaitait que «sous cette forme, l'accumulation des forces économiques dans quelques familles vienne accroître la prospérité commune». Mais il ne se dissimulait pas, cependant, les dangers d'une telle pratique : création d'une véritable mainmorte familiale, entraves à la libre circulation des biens. Certains cantons, Vaud, Neuchâtel particulièrement, avaient réclamé avec insistance des garanties à cet égard. Devant ces résistances, il s'était montré timide : «Les cantons sont autorisés à res-

(1) *Exposé*, II, 41. [*Id.* Secrét. suisse des paysans, *loc. cit.*, p. 37-38.]

(2) *Exposé*, II, 63.

treindre ou à prohiber ces fondations et fidéicommis» (art. 362, § 2). Et, sur l'application des dispositions prévues dans le texte, on laissait apparaître quelque scepticisme : «Si l'on considère, explique l'auteur de l'Exposé des motifs en manière de conclusion, que les fidéicommis seront toujours fort rares, on ne pourra faire un grief au Projet de n'en avoir pas traité plus longuement [1].» Le Projet définitif, nous l'avons vu, témoigne encore d'une plus grande réserve.

C. C'est à la libre initiative des héritiers eux-mêmes que le législateur accorde le plus large crédit. Ils seront, les premiers, intéressés à maintenir l'indivision.

1. Ils pourront donc créer une communauté de biens sur tout leur patrimoine; le plus souvent ils la limiteront à une succession qui leur sera dévolue [2].

L'indivision doit être constituée par un acte authentique, sous la signature de tous les participants; pour être opposable aux tiers, elle doit même être inscrite sur le registre du commerce.

Les droits des indivis sont présumés égaux; ils s'étendent à la chose entière, dans son intégralité (cf. art. 646). Les intéressés ne peuvent, avant la dissolution, réclamer leur part ni en disposer.

Mais ils peuvent posséder des biens propres, dont ils ont la libre propriété et la complète jouissance : à moins de stipulation contraire, toute acquisition à titre gratuit est réputée personnelle, «réservée».

2. Le bien commun est, au contraire, administré par tous; chacun peut, sans la participation des autres, faire à son sujet les actes de simple gestion. Les indivis généralement nomment l'un d'entre eux comme chef de l'indivision; ce choix est libre, mais les droits de disposition ne peuvent être exercés qu'en suite d'une décision unanime (cf. art. 647).

Il est un autre mode de gestion que le Projet inaugure «pour adapter l'institution aux besoins des temps modernes [3]», c'est «l'indivision en participation». L'exploitation est confiée à un des

[1] *Exposé*, I, 208.
[2] Art. 345, 359 du Projet; cf. art. 365-378 de l'Avant-projet.
[3] *Exposé*, I, 210.

ayants droit, qui garde seul sa direction, en assume seul la responsabilité, et n'est tenu à l'égard de ses coïndivis qu'au versement d'une part de bénéfice. Ceux-ci n'exercent plus qu'un contrôle tout passif, qui peut aboutir à une dénonciation du contrat, en cas de gestion défectueuse ou coupable. L'aliénation totale ou partielle du bien leur est, il est vrai, réservée. C'est ainsi que si le gérant peut régulièrement opérer et vendre une coupe de bois, il a besoin d'un consentement unanime exprès pour vendre ou hypothéquer la forêt. Il ne peut contracter de dettes, que celles qui résultent d'une exploitation normale.

La rente périodiquement versée par le gérant est variable. Les contractants la déterminent pour une série d'années, en tenant compte du travail de l'administrateur et du produit moyen des biens. On avait songé à une répartition annuelle, indéterminée et totale faite après le prélèvement d'un salaire fixe pour le gérant, ou bien à un simple fermage. Ces deux modes de calcul avaient soulevé des objections; on a adopté un système intermédiaire.

Une seule exception est faite à la complète indépendance du gérant : c'est celle où un coïndivis justifie de motifs suffisants pour être plus directement associé à l'administration et y trouver le moyen de gagner sa vie; le juge alors pourra imposer la participation active de ce dernier et sa rémunération aux frais communs. C'est le cas prévu d'une sœur mariée qui, devenue veuve, retourne près de son frère sur le domaine paternel.

3. L'indivision est constituée à terme ou pour un temps indéterminé. Dans ce second cas, elle peut être dénoncée par chacun des ayants droit, à condition d'avertir les intéressés de son intention six mois à l'avance; la dénonciation, quand il s'agit d'une exploitation rurale, peut n'être acceptée qu'au «terme usuel du printemps» (à la Saint-Martin, d'après l'Avant-projet).

En cas de participation, les indivis peuvent en outre la demander dès que le gérant compromet l'existence du bien, ou s'il ne remplit pas ses engagements.

La dissolution est encore prononcée: en cas d'insolvabilité d'un indivis, à la requête d'un de ses créanciers; de plein droit, par la faillite d'un indivis; et enfin par jugement, quand on la requiert pour de justes motifs. Exceptionnellement, celui qui contracte mariage peut réclamer la liquidation de ses droits sans dénonciation préalable.

Au contraire, le décès d'un associé n'entraîne pas la cessation de la communauté, mais une simple liquidation partielle au profit des héritiers du défunt, qui, en ligne directe, et s'ils le désirent, sont admis aussi à le remplacer.

En cas de dénonciation, les intéressés peuvent décider la continuation de l'indivision entre eux et se borner à liquider les droits du réclamant.

Le partage s'opère sur les biens, tels qu'ils se comportent au moment de la dissolution, «comme si l'auteur venait de décéder au terme de l'indivision[1]».

La minutie de ces règles indique assez la sollicitude du législateur pour cette institution; il abandonne la réserve qu'il témoignait à l'égard des fondations et fidéicommis et se montre attentif à prévoir toutes les difficultés pour les mieux résoudre. Selon lui, l'indivision, surtout avec la modalité nouvellement établie, perpétue le lien qui unit les enfants d'un même sang et l'intérêt commun qui les attache au bien de leur père, alors même que les nécessités de la vie semblent les devoir séparer. Elle associe chacun à la prospérité des autres; elle concilie les effets également bienfaisants de l'initiative individuelle et de la solidarité familiale.

D. Et cependant on estime que la volonté du testateur, l'entente des héritiers, ne suffisent pas pour empêcher le morcellement, dans tous les cas où il est désastreux: on ne pousse pas l'optimisme jusqu'à enlever tout contrôle à l'autorité. On prévoit la nécessité d'une contrainte légale ou judiciaire, qui agit, à la demande d'un seul des héritiers, et peut apparaître sous trois formes différentes.

1. En premier lieu, les cantons ont le droit de prescrire que les biens-fonds ne pourront, si un des intéressés le réclame, être morcelés au delà d'un minimum fixé pour chaque espèce de

[1] *Exposé*, I, 209.

culture[1]. Le législateur eût même désiré établir une règle générale dans le Code, en fixant la limite de la divisibilité à cinq ares pour les vignes et jardins, à vingt pour les champs, à cent pour les forêts et pâturages. «Mais la valeur du sol et l'intensité de la culture varient tellement selon les contrées qu'une disposition semblable serait injuste, par cela seul déjà qu'elle ne distingue pas entre les régions où ses effets se produiraient très différemment.» Et tout en renonçant et à regret à édicter ces prohibitions absolues, il propose lui-même plusieurs questions connexes à l'examen du Parlement fédéral : «N'y aurait-il pas lieu d'adopter dans le livre des droits réels, des dispositions générales interdisant le morcellement? Ne devrait-on pas de plus, pour obtenir une moins grande dispersion du sol cultivé, instituer l'expropriation privée ou l'échange forcé en vue de réunir les biens?... Pour l'instant, l'article 698 du Projet réserve seulement aux cantons la faculté de légiférer sur ce point[2].»

2. On ne devra ni partager, ni vendre une exploitation rurale, quand elle constitue une unité économique difficilement partageable; quelles que soient sa contenance et sa valeur, un héritier capable pourra obtenir son attribution intégrale[3].

Des dispositions testamentaires du de cujus pourraient y faire obstacle. Mais l'opposition d'un cohéritier, les compétitions qui se peuvent produire, sont portées devant l'autorité, qui statue souverainement en appréciant la situation personnelle des intéressés, l'utilité des mesures à prendre, les usages locaux; elle a seule qualité, si elle le juge préférable, pour ordonner la licitation ou la vente.

L'indivisibilité du bien, les conditions propres à assurer son intégrité, sont estimées, dans chaque espèce, suivant le genre de culture, le lieu et l'importance des bâtiments ou des biens-fonds[4].

Une fois investi, le bénéficiaire doit désintéresser ses cohéritiers.

[1] Art. 615 et 691 du Projet, 620 et 690 de l'Avant-projet.

[2] *Exposé*, II, 38-39.

[3] L'Avant-projet parlait de «toute exploitation formant un tout avec un immeuble y affecté». Des réclamations, formulées principalement par les cantons industriels, se sont élevées contre cette trop large extension. Le Projet définitif a réduit la portée de cette disposition aux biens agricoles.

[4] Art. 630 de l'Avant-projet, 616 du Projet.

La quotité des soultes qu'il leur verse est fixée d'après la valeur de rendement et non d'après le prix vénal de l'exploitation, pour épargner au preneur des charges excessives. Mais il peut être tenu de leur donner des sûretés convenables, voire même de leur constituer une hypothèque légale (art. 824).

3. Il y a plus. L'autorité peut non seulement empêcher le partage et assurer la transmission intégrale d'un domaine, mais encore imposer son exploitation en indivis; si les garanties exigées pour permettre la reprise du bien devaient grever à l'excès cet héritage, c'est-à-dire dépasser les quatre cinquièmes de sa valeur estimative (les deux tiers, édictait l'Avant-projet), les cohéritiers sont d'office maintenus en état d'indivision, sous la forme d'une participation, dont l'acquéreur est le gérant. Cette communauté subsiste tant que ce dernier n'est pas en état de désintéresser ses ayants droit. Elle peut être dénoncée, dès qu'il a les moyens de liquider la situation sans grever son bien à l'excès[1].

Aucun délai ultime n'est prévu, à dessein. Mais si d'aucuns tenaient à en établir, l'auteur de l'Avant-projet n'en voudrait pas de trop réduit : trente ans, — ou la mort du successeur du premier gérant — par exemple. «Avec des délais plus courts, l'institution risquerait précisément de ne pouvoir remplir son office dans les cas pour lesquels elle a été établie[2].»

Cependant, pour atténuer les rigueurs d'une semblable mesure, le Projet autorise une solution mixte, que les premiers textes n'avaient pas prévue : Les cohéritiers, au lieu de rester dans l'indivision, peuvent exiger que leur part leur soit remise sous forme d'un titre garanti par le fonds indivis. Si le bien est ainsi grevé au delà des quatre cinquièmes, l'acquéreur peut se borner à délivrer pour l'excédent une lettre de rente, dénonçable au plus tôt après dix ans et portant intérêt (art. 619). De la sorte, «chaque héritier reçoit, au lieu de sa part de revenus dans l'indivision, une véritable rente, — et cette solution sera avantageuse dans toutes les éventualités où il aura besoin de fonds, — qu'il lui sera plus facile de se

[1] Art. 617 à 619 du Projet; cf. 631 et 632 de l'Avant-projet.
[2] *Exposé*, II, 127.

procurer en négociant son titre qu'en cherchant à faire argent de ses droits indivis[1] ».

L'intervention de l'autorité semble à l'auteur suffisamment justifiée par la nécessité de la conservation des exploitations agricoles et le droit que possède la collectivité sociale de « parer au morcellement illimité de la propriété et à son obération ». La loi se fait aussi la tutrice des intérêts bien entendus des cohéritiers : « lorsque les intéressés seraient condamnés ou à laisser les biens dépérir, ou à les morceler, ou encore à les grever à l'excès,... quand ils ne peuvent procéder à un partage judicieux et réclamer leurs parts,... le législateur est en droit d'exiger d'eux qu'ils y sursoient ...[2]. »

IV. CONSERVATION DES BIENS DANS LE PATRIMOINE DE LEUR POSSESSEUR.

INDISPONIBILITÉ. — INSAISISSABILITÉ.

A. Quelque minutieuses que soient ces précautions, elles ont cependant paru insuffisantes pour arrêter le morcellement et enrayer l'endettement croissant des terres. On ne possède point, il est vrai, de statistique officielle qui permette de se rendre compte avec précision des progrès du mal; mais certaines indications en confirment l'existence. L'auteur de l'Avant-projet les signale, non sans inquiétude[3].

Dans le canton d'Argovie, tandis que la valeur des biens-fonds est évaluée à 230 millions, le montant des dettes qui les grèvent est de 93 millions, soit de 39 p. 100. Et si, dans 132 communes, cette proportion s'abaisse de 39 à 7 p. 100, dans 117 autres elle s'élève jusqu'à 78 p. 100.

M. Naef[4] établit l'accroissement des charges hypothécaires dans plusieurs autres cantons. Et à cette situation grave, M. Chuard[5]

(1) Message du Conseil fédéral, p. 59-60.

(2) *Exposé*, I, 212.

(3) *Exposé*, II, 126.

(4) *Die Organisation des Bodencredits in der Schweiz* (Zeitschrift für schweiz. Statistik, 1900).

(5) *La Suisse au XIXe siècle*, vol. III, p. 73.

n'entrevoit guère d'autre remède que les réunions de lots, « qui, sans abolir la petite propriété, la concentreront en un petit nombre de parcelles, d'où résultera une culture plus facile et moins onéreuse ».

B. Certains avaient pensé soit à une limitation légale de l'endettement, soit à un amortissement obligatoire. On y a dû renoncer en principe. Les agriculteurs eux-mêmes ont protesté contre des mesures de ce genre qui seraient inefficaces et dangereuses[1]; ce sont les causes bien plutôt que les effets qu'il faut atteindre. « Un droit successoral bien compris et appliqué d'une manière générale, disent-ils, est le principal moyen de prévenir le surendettement de l'agriculture. »

La trace de préoccupations de cette nature se retrouve, toutefois, dans certaines dispositions du projet de Code civil qu'il est utile de mentionner ici. Trois variétés de constitutions de gages immobiliers sont en effet prévues dans le texte proposé : l'hypothèque, la cédule hypothécaire et la lettre de rente. Or les cantons peuvent interdire que la somme assurée par la cédule hypothécaire, qui « constitue une créance personnelle garantie par gage immobilier » (art. 829), soit supérieure à l'estimation officielle de l'immeuble grevé (art. 830).

Quant à la lettre de rente, qui est « une charge foncière sur l'immeuble qui en est grevé et est exclusive de toute obligation personnelle » (art. 833), elle ne peut excéder les deux tiers de la valeur du sol, plus la moitié de celle des bâtiments dont le montant est soumis à une expertise officielle (art. 834). Tandis que le créancier n'en peut exiger le remboursement que dans les cas déterminés par la loi, le propriétaire grevé a la faculté d'en opérer le rachat à l'expiration de chaque période de dix ans, même si le titre disposait le contraire (art. 836).

« Cette solution, dit le Conseil fédéral dans son Message, se justifie pleinement; il convient de faciliter le dégrèvement de la propriété foncière, pour autant du moins que la stabilité du crédit immobilier n'en sera pas atteinte, et, à tout le moins, de ne pas

[5] Cf. Secrétar. suisse des paysans. Broch. n° 16, p. 24-26.

permettre qu'on le restreigne arbitrairement par de simples arrangements contractuels. »

Les paysans demandent surtout à être protégés contre les spéculateurs dont ils sont les victimes, contre ceux que là-bas on surnomme «les dépeceurs de domaines», qui achètent à vil prix les héritages pour les mettre immédiatement après aux enchères et réaliser, par ce morcellement, des bénéfices considérables aux dépens du petit cultivateur.

Sur l'initiative du Gouvernement de Zurich, une conférence s'est réunie en 1894 pour examiner les solutions proposées. Un projet fut même déposé dans ce canton, pour interdire la vente des biens pendant trois ans à partir du jour de l'achat. Il n'a pas reçu de sanction.

Mais dans sa récente pétition, l'Union suisse des paysans réclame du Conseil fédéral le vote de la disposition suivante : «Celui qui a acquis par échange ou achat un immeuble d'au moins 3 hectares jusqu'alors cultivés ensemble, ne peut les vendre aux enchères publiques par parcelles isolées, que s'ils sont en sa possession depuis trois ans au moins, ou s'il habite la localité depuis plus de deux ans[1]. »

C. Des mesures plus générales ont été préconisées pour «préserver les biens de modeste valeur, et destinés à la famille, contre l'exécution forcée à raison des dettes personnelles du constituant[2]. » Mais il a fallu songer à la création d'institutions nouvelles.

Dans les réglementations que nous avons passées en revue au précédent chapitre, le législateur n'avait entendu protéger les patrimoines que contre les emprises des cohéritiers, et non point les mettre à l'abri des revendications des créanciers. C'est ainsi que le partage, évité par les fondations, les indivisions contractuelles ou légales, peut être provoqué par la réclamation d'un seul créancier personnel d'un seul des ayants droit (art. 353-354).

Dans son Message, le Conseil fédéral rappelle[3] qu'il n'est pas

(1) Requête au Conseil fédéral, p. 20.

(2) *Exposé*, I, 213.

(3) Message du Conseil fédéral, page 43.

nécessaire d'édicter des règles particulières sur la responsabilité des fondations pour les dettes des participants; on peut s'en tenir aux prescriptions générales. « Aucun intérêt supérieur, proclamait déjà l'auteur de l'Avant-projet, ne saurait être opposé au droit des créanciers [1]. »

D. C'est une dérogation à ce principe que le législateur a cependant voulu établir en faveur d'une catégorie de biens nettement déterminée. Il s'est souvenu, pour la préconiser, d'une tentative faite sans succès dans le canton de Lucerne, il y a une vingtaine d'années, en même temps qu'il subissait l'influence d'un mouvement d'opinion parti de pays voisins.

Le 28 février 1882, M. Franz Beck-Leu déposait au Regierungsrath de Lucerne la motion suivante : « Le bien-fonds d'un petit paysan ou d'un ouvrier, quand il est inscrit comme « bien de famille » sur le livre foncier public, est insaisissable. » Une commission était aussitôt nommée pour procéder à l'examen de cette proposition, en même temps que pour étudier tous les moyens propres à enrayer la crise agraire. Le rapport très complet où elle résuma ses travaux, le 28 avril 1884, fut renvoyé au Grand Conseil, par le Regierungsrath, qui y joignit ses propres propositions : « Nous vous laissons le soin de choisir entre les deux, disait ce dernier en présentant parallèlement la double série de conclusions, si vous estimez opportun d'introduire dans le canton une institution qui est née sur le sol étranger, et dans des circonstances tout à fait différentes de la situation présente, et qui paraîtra toute nouvelle pour nous. »

Les deux projets édictaient l'insaisissabilité des biens inscrits comme « biens de famille », en la soumettant à la condition préalable de publicité. Mais par bien des points, le Regierungsrath se montrait moins sympathique à la réforme :

1° Il limitait les biens aux exploitations agricoles; la Commission en autorisait la constitution partout où une maison se trouvait construite;

[1] *Exposé*, I, 223.

2° Il en interdisait la fondation quand les charges hypothécaires dépassaient la moitié de la valeur de l'immeuble en capital; la Commission reculait cette limite aux trois quarts;

3° Le Conseil communal était chargé d'une surveillance assez étroite sur la gestion générale du propriétaire; dans le second système, son intervention était restreinte aux cas de mauvaise administration;

4° Le Regierungsrath ne permettait un changement d'affectation qu'à la troisième génération, alors que la Commission envisageait la possibilité de faire tomber l'inscription au décès du fondateur;

5° Le Conseil imposait «l'administration forcée du bien» au cas de faillite, ou même de réclamations justifiées de créanciers hypothécaires;

6° Il édictait pour l'héritier l'obligation de recueillir ses frères et sœurs infortunés sur le domaine ainsi protégé, et rendait obligatoire la transmission intégrale à un enfant privilégié.

La Commission ne prévoyait ni l'une ni l'autre de ces conditions.

Le Grand Conseil examina la question en 1885; il se montra hostile aux solutions proposées; la motion fut écartée définitivement le 3 mars 1886. L'oubli se fit sur l'ensemble du projet. C'est à l'auteur du Code civil qu'on doit de le faire revivre.

E. Il s'y croit autorisé par les encouragements que le législateur fédéral a précédemment reçus quand il a songé à s'engager dans cette voie.

La loi sur la poursuite pour dettes et la faillite (11 avril 1889), qui est applicable à tous les citoyens, commerçants ou non, avait déjà prévu, en effet, une longue liste de biens auxquels le privilège de l'insaisissabilité était explicitement conféré. Sans parler des vêtements, du coucher, des ustensiles de ménage, des denrées alimentaires, du combustible, des rentes viagères et des pensions (art. 92), des salaires et traitements (art. 93), il est bon de mentionner qu'elle déclare insaisissables :

Une vache laitière, ou trois chèvres ou trois moutons, au choix du débiteur, avec les fourrages et la litière pour un mois, lorsque ces animaux sont indispensables à l'entretien du débiteur et de sa famille (art. 32-40).

Elle édicte, en outre, que : «les récoltes pendantes ne peuvent être saisies, savoir :

1° Sur les prés, avant le 1er avril;

2° Sur les champs, avant le 1er juin;

3° Dans les vignes, avant le 20 avril; mais que l'aliénation faite par le débiteur avant ces époques n'est pas opposable au saisissant» (art. 94).

Les immeubles ne sont saisis qu'à défaut de biens meubles suffisants pour couvrir la créance ou lorsque le créancier et le débiteur le demandent (art. 95, § 2); et cette disposition a été introduite dans l'intérêt même de la classe agricole[1].

L'administration, en cas de saisie, pourvoit à la récolte des fruits; «si le débiteur est sans ressources, il est prélevé ce qui est nécessaire à son entretien et à celui de sa famille» (art. 103).

F. 1. La porte était entre-bâillée. L'auteur du Projet l'a toute grande ouverte. Et c'est ainsi qu'il a créé un «asile de famille» (dans le projet de 1893, on l'appelait «manoir de famille»), inaliénable et insaisissable. Il étend aux immeubles une exemption exceptionnelle, jusque-là, en principe, réservée aux biens ou droits mobiliers.

Ce sont surtout les exploitations agricoles qu'il a en vue de protéger contre les entreprises des créanciers. Il renonce néanmoins à organiser une institution spécifiquement, exclusivement agraire. «Pourra être constitué en asile de famille tout bien à destination agricole ou industrielle, toute maison d'habitation avec ses dépendances» (art. 360, § 1)[2].

Et l'auteur indique dans l'Exposé qu'«il ne serait peut-être pas superflu d'ajouter une disposition pareille à la suivante qui avait été primitivement admise et qu'on retrancha au cours des délibérations» :

[1] BRUSTLEIN ET RAMBERT, *La loi fédérale sur la poursuite pour dettes.*
[2] *Idem.* art. 379, § 1, de l'Avant-projet.

« L'asile de famille a pour but d'assurer au propriétaire et à sa famille, contre des vicissitudes d'ordre économique, la possession d'un bien à destination agricole ou autre, et à les protéger contre la perte des biens. »

Aucun maximum fixe de contenance ou de valeur n'est prévu. La limite est créée par la destination même du domaine; il ne doit pas être plus grand qu'il n'est nécessaire pour suffire à l'entretien ou au logement d'une famille, sans égard aux charges qui le peuvent grever, et sans qu'on ait à tenir compte des autres biens du propriétaire. Une seconde condition est mise à une fondation de ce genre: l'exploitation ou l'habitation personnelle du propriétaire.

C'est le foyer où l'on réside, c'est l'industrie dont on vit, que l'on veut seuls protéger. L'exemption est essentiellement attachée à une chose, non à une valeur ou une somme d'argent.

2. La procédure à suivre est la suivante :

Le propriétaire fait une déclaration écrite qui est consignée au registre foncier. Cette inscription, nécessaire pour la validité de la fondation, n'est effectuée qu'après un examen administratif. L'autorité a en effet un pouvoir d'appréciation. Elle vérifie la valeur et l'étendue du bien et n'approuve l'acte de création que s'il répond aux conditions légales. L'autorité compétente pour procéder à ce contrôle n'est pas spécifiée dans le Projet. Les cantons la désigneront en choisissant soit des magistrats, soit des administrateurs. Dans le projet de Lucerne, c'était le Conseil communal qui était investi de cette mission.

Une autre formalité essentielle doit être remplie : c'est la publicité préalable à l'inscription, pour permettre aux créanciers et autres personnes qui se prétendraient lésés par la constitution de l'asile, d'y former opposition. L'autorité statue aussi sur ces revendications et décide s'il y a lieu de les écarter, mais le Projet ne précise ni à quelles conditions, ni dans quels cas.

3. Les effets de cette fondation sont très étendus :

L'asile ne peut être grevé de nouvelles hypothèques.

Il ne peut être ni aliéné, ni même donné à bail.

L'immeuble et ses accessoires sont insaisissables.

4. Le propriétaire, en obtenant l'inscription, se met en quelque

sorte volontairement sous la tutelle de l'administration. L'exploitation, la gestion de l'immeuble, sont soumises, à la surveillance de l'autorité; et le propriétaire ne peut exercer, sans le consentement de celle-ci, que les droits d'un usufruitier, c'est-à-dire ceux attachés à la possession et à la jouissance (art. 746 et suiv.).

Cette surveillance peut aboutir à une immixtion complète : en cas de déconfiture du propriétaire, la saisie est remplacée par une sorte de gestion administrative forcée. L'administrateur désigné veille aux intérêts des créanciers, sans pouvoir cependant modifier la destination de l'asile.

La famille ainsi protégée comprend non seulement les ascendants et descendants, mais encore les frères et sœurs, qui peuvent, en cas d'infortune, réclamer un abri sur le bien comme contre-partie de la collaboration que le projet leur impose à «l'assistance familiale», sous forme de dette alimentaire. (Cf. art. 335 et 336.)

5. L'auteur n'a pas osé imposer une durée minima à l'établissement ainsi créé. Le principe est qu'il ne survit pas au propriétaire qui l'a fondé. C'est une création viagère.

Mais son existence peut être réduite ou prolongée, au gré de son fondateur :

1° Celui-ci peut, en effet, supprimer l'asile de son vivant. Mais pour ne pas rendre cette suppression trop facile, l'article 385 prévoit une enquête et une publication officielles, qui permettront aux oppositions fondées sur les droits acquis et non éteints de se manifester. Ce n'est qu'en l'absence de revendications justifiées que la radiation sera opérée par les soins de l'autorité;

2° Le propriétaire peut assurer à la fondation une certaine perpétuité en en disposant par fondation ou fidéicommis, par legs ou testament.

A défaut, l'inscription se trouve d'office rayée à son décès.

Mais, quel qu'ait été le souci des auteurs des avant-projets et du Projet de régler les principes de cette institution, on a pu voir qu'ils avaient omis de se prononcer explicitement sur plusieurs points importants, ce que certains commentateurs, tels que Rümmelin et Hitzig, leur reprochent vivement; la raison en est qu'on n'a entendu en déterminer que les éléments généraux, confiant aux législations cantonales le soin d'en achever la réglementation (art. 359), et de l'adapter aux besoins locaux, sous la seule condition, ajoutée dans le Projet définitif, de la soumettre à l'approbation du Conseil fédéral (art. 367).

Ce n'est d'ailleurs point sans une prudente réserve que le législateur propose cette institution à la bienveillance de ses concitoyens. Car il en subordonne la légalité à la libre volonté des cantons, ceux-ci pouvant à leur gré la sanctionner ou l'interdire.

« Nous n'avons pas voulu, dit-il, les priver de la possibilité de faire des expériences dans ce domaine, mais nous avons dû nous borner aux prescriptions nécessaires pour donner aux Heimstätten droit de cité dans la législation civile fédérale et pour les adapter à la loi de poursuite pour dettes[1]. »

Le Conseil fédéral partage la même réserve : « On peut espérer, dit-il, que ces asiles de famille rendront des services aux associations qui cherchent à procurer au public des logements à bon marché, aux sociétés de construction, à des entreprises municipales ou cantonales fondées pour la création de quartiers ouvriers... Nous avons pensé que nous ne devions pas renoncer à ce moyen de fortifier, sous l'empire du droit nouveau, le sentiment de la solidarité familiale et de réagir contre une instabilité excessive de la population[2]. »

V. CONCLUSION.

LES CRITIQUES.

Les réformes proposées, que nous venons d'analyser succinctement, sont loin de rencontrer dans l'opinion publique un accueil unanimement favorable. L'Agriculture réclame des mesures générales, auxquelles l'Industrie ne veut souscrire. Les emprunts faits au vieux droit germanique soulèvent une opposition très vive dans la Suisse romande. Ces divergences s'accusent dans les travaux préparatoires du Code; elles expliquent les difficultés, les hésitations, les lenteurs de cette laborieuse procédure.

[1] *Exposé*, I, 214.
[2] Message du Conseil fédéral, p. 44.

A. Parmi les institutions successorales en vigueur, il n'en est guère qui provoquent plus d'objections que les fondations et fidéicommis; on y découvre la marque des pratiques féodales; on craint de les voir engendrer de nouveaux latifundia, une sorte de mainmorte familiale. Les législations locales, généralement hostiles, ne les mentionnaient que pour en restreindre la portée. Certains cantons, tels que Vaud et Neuchâtel, en ont même réclamé la suppression complète, et la classe paysanne elle-même ne semble pas éloignée de s'associer à ce vœu [1]. Aussi l'Avant-projet de Code civil autorisait-il les prohibitions régionales de ces pratiques, et son auteur s'excuse-t-il presque d'en avoir mentionné la survivance [2].

On a pu même constater que, depuis 1900, ces desiderata ont reçu une satisfaction partielle, puisque si le Projet « commence par permettre la constitution de fondations de famille, il prohibe pour l'avenir celle de fidéicommis de famille, dans la mesure du moins où les substitutions fidéicommissaires sont interdites [3] ».

B. La transmission intégrale recueille, au contraire, la complète adhésion des paysans; ils ne se plaignent que des restrictions qu'on a cru bon d'y apporter. Ils voudraient que l'héritier acquéreur reçoive certains avantages qui facilitent la reprise du bien, et en permettent une plus fructueuse exploitation. Ils auraient volontiers réclamé un préciput en sa faveur. « L'égalité de partage pour tous les enfants ferait un tort considérable aux campagnards [4]. » Si la prérogative masculine n'est pas sanctionnée dans le droit fédéral, ils en voudraient du moins réserver l'introduction ou le maintien aux législations cantonales. Leurs préférences allaient à un « Anerbenrecht » avec minorat, applicable à toute la Suisse. Mais la réalisation de ces vœux eût trop directement heurté les principes admis. Aussi se bornent-ils à demander que, pour le calcul des soultes héréditaires, le domaine soit évalué à un prix plus modéré

(1) Secrétariat suisse des paysans, broch. 12, p. 23-24.
(2) *Exposé*, I, 207 et suiv.
(3) Message du Conseil fédéral, p. 43.
(4) Broch. n° 12, p. 45 et suiv.

que s'il était mis en vente pour passer à des tiers. A la valeur marchande ils veulent substituer la valeur de rendement qui, fixée par experts, ne pourrait dépasser un tant pour cent (les 5/6 ou même les 3/4) de l'estimation vénale.

« Ce n'est certainement pas un privilège usurpé, proclame le Secrétariat suisse des paysans, que de donner aux héritiers, qui, par leur domicile, leur profession et leur éducation, sont en état d'utiliser et d'administrer les biens paternels, certains avantages sur ceux qui n'ont d'autre intérêt aux immeubles que d'en retirer un prix aussi élevé que possible et bientôt réalisable. Ce principe se rattache à un droit en usage chez nos ancêtres germaniques, que quiconque avait quitté la famille et fondé un propre foyer n'avait plus de droits à la succession. Nous créons par là un Anerbenrecht limité. . . » qui, pour être efficace, doit être favorisé par une atténuation dans l'estimation des immeubles ainsi repris.

Le Secrétariat suisse, considérant même que « de toutes les questions intéressant l'agriculture, il n'en est pas de plus importante pour cette profession que la solution donnée au droit de succession rural », crut opportun de consulter en 1903 les associations cantonales d'agriculture; elles donnèrent un avis favorable à ses propositions, reconnues comme le meilleur moyen de tarir la principale source de l'endettement agricole [1].

Aussi dans une requête adressée le 5 avril 1904 au Conseil fédéral, l'Union générale des paysans déclare-t-elle que « le privilège sur les immeubles des héritiers qui se déclarent prêts à se charger eux-mêmes de leur exploitation est la clef de voûte de l'édifice qu'est notre droit successoral paysan . . . C'est une nécessité économique et morale de tout premier rang, sa réalisation par le Code civil fédéral est et doit être demandée énergiquement par les campagnards [2] ». L'Union des paysans menace même de faire campagne contre l'ensemble du Projet, si elle ne reçoit pas satisfaction sur ce point. Ses vœux semblent avoir été entendus de la Grande Commission de 1901-1903, et partiellement exaucés dans le Projet définitif.

[1] Broch. n° 19, p. 48-58.

[2] Requête, p. 9-17.

M. Courvoisier, juge cantonal à Neuchâtel, dans la communication qu'il a bien voulu nous adresser, croit qu'une semblable pratique répondra non seulement aux besoins, mais encore aux aspirations de la classe rurale : «Il existe, nous écrit-il, en Suisse et surtout dans les populations du Centre, un sentiment de solidarité familiale si puissant que l'on voit souvent les cohéritiers faire de grands sacrifices pour faciliter la reprise intégrale du domaine paternel.»

C. C'est l'indivision qui suscite en réalité les controverses les plus vives. *Communio mater rixarum!* disait l'ancien adage. Les communautés divisent la science juridique elle-même!

Le professeur Georg Cohn[1] estime que la copropriété familiale est une conception surannée qu'il faut bannir. Le progrès ne peut se marquer que dans les institutions successorales qui favorisent le développement de l'individualisme et assurent l'égalité dans les partages.

Le professeur Hitzig[2] partage les mêmes appréhensions : l'indivision est une contrainte; elle confond des efforts qui, séparés, seraient souvent d'une meilleure utilisation et d'un plus grand profit; elle entrave souvent, quand l'entente ne s'établit pas, l'amélioration nécessaire d'une exploitation et nuit ainsi à son développement économique. On lui attribue les bienfaits de la solidarité familiale. D'incessantes questions d'intérêts ne vont-elles pas, au contraire, provoquer la désunion, la jalousie? Une comptabilité régulière est chose inconnue des paysans. En cas de difficultés sur l'attribution des bénéfices, l'intervention du juge deviendra nécessaire; cette immixtion n'apportera-t-elle pas le trouble dans l'intimité du foyer?

L'indivision forcée est très généralement condamnée[3].

Le professeur Huber croit, au contraire, fermement à l'avenir d'une institution qui a donné des preuves de vitalité et peut rendre d'incontestables services à l'agriculture.

(1) *Gemeinderschaft und Hausgenosenschaft.*

(2) *Das Familienvermögen im schweiz. Vorentwurfe eines Civilgesetzbuches.*

(3) MEILI, *op. cit.*, p. 73. — *Id.*, Georg COHN, *op. cit.*

M. Courvoisier estime également « qu'elle répond aux besoins actuels et est considérée d'un très bon œil par les populations rurales ».

Et un éminent commentateur français écrivait récemment que, « comme théorie idéale, ce procédé est assurément le meilleur; s'il rentre tout particulièrement dans les tendances du droit suisse, il marque la voie où s'engagera de plus en plus l'orientation de l'avenir[1] ».

C'est l'espoir qu'expriment les agriculteurs eux-mêmes, mais non sans quelque hésitation. Car si l'indivision « est un moyen de ranimer l'ancienne vie en commun et de resserrer les liens de famille », « il ne faut pas cependant s'attendre à lui voir prendre une grande extension ». Le Secrétariat des paysans semble avoir peu de confiance dans l'initiative et la spontanéité des classes rurales, puisqu'il demande qu'on mette des entraves à la dissolution des communautés, et qu'il n'est pas éloigné de réclamer une certaine contrainte pour en généraliser la pratique. C'est, en effet, l'indivision imposée par le juge dans les cas de l'article 631 qui compte, pour lui, « parmi les plus originales et les plus heureuses créations du Projet[2] ». Et dans sa requête au Conseil fédéral, l'Union la proclame « une institution très féconde qui assure au paysan obéré une grande protection ».

On voit combien l'opinion publique est, en réalité, partagée sur l'opportunité et l'efficacité de cette réforme. Ces divisions se sont reproduites dans le sein même de la Commission chargée en 1902 d'examiner l'Avant-projet. La majorité s'est en principe montrée hostile à la généralisation de l'institution. L'opposition très vive qu'elle avait soulevée dans les milieux industriels et commerciaux, en a fait réduire la portée. Elle ne doit plus être appliquée qu'aux exploitations agricoles.

D. Mêmes incertitudes dans l'appréciation des « asiles de famille ». Si l'on se défie des coutumes défuntes que le législateur ressuscite, des antiques usages qu'il rajeunit, on ne se montre pas

(1) Saleilles *Réforme sociale*, 1902, p. 161.
(2) Broch. 12, p. 25 et suiv. et p. 53.

moins inquiet des créations novatrices qu'il échafaude de toutes pièces.

La réforme, dit-on, se heurtera à l'opposition passive des cercles agricoles; «les agriculteurs peu endettés ne consentiront pas facilement à une restriction de leurs droits sur leurs immeubles; les paysans fortement endettés, par contre, ne pourront constituer des asiles de famille, parce qu'ils en seront empêchés par leurs créanciers. On peut donc prédire avec assurance que ces asiles ne prendront jamais une bien grande importance pratique chez-nous». Point curieux à signaler, le Secrétariat des paysans entrevoit l'étatisation du crédit agricole, comme la condition même de son succès : «Si l'État rachetait les droits des créanciers et se contentait d'un intérêt aussi bas que possible, à la condition que le débiteur constitue ses biens en asiles de famille, cette institution prendrait certainement un rapide développement[1].»

D'après le professeur Meili[2], «la réforme est très difficile à opérer; il vaudrait mieux en ajourner l'examen». Le professeur Rümmelin témoigne du même scepticisme.

Quant au professeur Hitzig, il se montre hostile tout à la fois au principe et à la réglementation qui en est proposée. La protection accordée par le texte projeté à la famille est, en effet, tout illusoire : la mort du fondateur rend la liberté aux créanciers, dont l'asile devient la proie. Bien plus : le propriétaire, de son vivant, a la faculté de détruire son œuvre; croit-on qu'il ne se hâtera pas de le faire dès qu'il sera dans le besoin, c'est-à-dire dans le cas même où la prérogative de l'insaisissabilité lui serait le plus précieuse? Le projet ne précise même pas la nature et les effets des oppositions qui pourraient alors entraver son dessein! Cette précarité ruine l'institution tout entière[3].

L'existence de créances hypothécaires antérieures empêchera d'ailleurs toute fondation d'asiles. Jamais ces créanciers ne renonceront au privilège légitime dont ils jouissent, pour se contenter de la garantie illusoire que leur offre l'administration forcée du

(1) Broch. n° 12, p. 31.
(2) *Op. cit.*, p. 74.
(3) Dans le même sens, Broch. n° 12, p. 32.

bien. Et d'autre part le droit de surveillance conféré aux autorités détournera le propriétaire lui-même du choix d'un tel régime. Le paysan se refusera toujours à admettre une tutelle qui entrave sa libre gestion, et une intervention de l'administration dans ses affaires de famille. Au surplus, l'institution des biens de famille porterait un coup mortel au crédit rural, dont l'organisation et le développement sont considérés comme les conditions nécessaires du relèvement de l'agriculture en Suisse[1].

C'est pourquoi le professeur Hitzig n'hésite pas à conclure ainsi : « Les expériences de l'étranger doivent nous mettre en défiance ; elles nous interdisent l'importation d'une institution qui est tout à fait contraire à nos mœurs, à nos aspirations, et dont, selon toutes probabilités, aucun canton ne consentira à préconiser l'usage. »

Il n'est donc guère surprenant que le législateur lui-même ne se soit aventuré dans cette voie qu'avec la plus timide circonspection. Il se borne à proposer un programme, dont préalablement il autorise la suppression.

Avec M. le juge Courvoisier, nous sommes ainsi autorisé à penser que « la réforme ne rencontre pas un accueil très favorable. C'est avec un sentiment de défiance marqué que l'on voit s'introduire une classe de biens jusqu'ici inconnue. Les encouragements sanctionnés par l'Avant-projet resteront lettre morte, si même ils réussissent à prévaloir, malgré les attaques dont ces prescriptions ont été l'objet, et qui ne manqueront pas de se renouveler au sein des Chambres ».

Aussi n'est-il pas téméraire d'affirmer que le projet de Code civil devra subir de profonds remaniements, dont l'expérience mieux que la doctrine déterminera la nature, avant de répondre complètement au vœu que, dans son Message, le Conseil fédéral exprime avec une confiance trop naïve pour n'être pas légèrement aveugle : « Il faut que notre législation devienne une législation populaire ! »

Juin 1904.

Georges CAHEN,
Auditeur au Conseil d'État.

[1] Cf. Chuard, *La Suisse au XIX siècle*, III, p. 74.

BIBLIOGRAPHIE [1].

I. *Documents :*

Avant-projets du Code civil suisse, publiés par le Département fédéral de justice et police. — Berne.

a. Texte de 1896.

b. Texte de 1900.

Codes civils cantonaux.

Exposés des motifs des avant-projets du Code civil suisse.

a. Tomes I et II, 1896.

b. Tomes I et II, 1901.

Loi fédérale sur la poursuite pour dettes et la faillite (11 avril 1889) et travaux préparatoires.

Message du Conseil fédéral à l'Assemblée fédérale concernant le Projet de Code civil suisse (28 mai 1904).

Projet de Code civil suisse. — Texte de 1904.

Requête de l'Union suisse des Paysans au Conseil fédéral concernant le Code civil suisse. — Berne, 1904.

II. *Commentaires :*

Brustlein et Rambert. La loi fédérale sur la poursuite pour dettes et la faillite. — Lausanne, 1892.

Chéron. De la transmission intégrale des exploitations agricoles ou industrielles dans le droit suisse. — Paris, 1902.

Hitzig (Profr). Das Familienvermögen im schweizerischen Vorentwurfe eines Civilgesetzbuches (Zeitschrift für Schweizerisches Recht, 1902).

Huber (Profr Eugen). System und Geschichte des schweizerischen Privatrechtes, 4 volumes, Bâle. — 1886-1890.

(1) Nous tenons à adresser ici l'hommage de notre sincère reconnaissance à M. Lardy, Ministre de Suisse en France, ainsi qu'à MM. les professeurs Courvoisier, juge cantonal à Neuchâtel; Goltofrey, de Fribourg et E. Huber, de Zurich, députés au Conseil national, à la bienveillante obligeance de qui nous devons de précieuses communications et certains documents dont nous avons eu à faire emploi. Nous n'aurions garde d'oublier ici M. le Directeur du Secrétariat suisse des Paysans, qui a répondu gracieusement à notre appel.

Huber (Max). Die Gemeinderschaften der Schweiz (Untersuchungen zur deutschen Staats=und Rechtsgeschichte, — de Gierke, 54e cahier). — Breslau, 1897.

Le Cointe (A.). Inventaire des institutions économiques et sociales de la Suisse à la fin du xixe siècle. — Genève, 1900.

Lehr (Ernest). Introduction à la traduction du code civil de Zürich.

Meili (Profr). Die Kodifikation des schweizerischen Privat=und Strafrechts. — Zurich, 1901.

Rossel (Profr). Manuel du droit civil de la Suisse romande. — Bâle-Genève, 1886.

Rümmelin (Profr). Der Vorentwurf zu einem schweizerischen Civilgesetzbuch (Schmoller's Jahrbuch für Gesetzgebung). — 1901.

Saleilles (Profr). De la succession paysanne dans l'Avant-projet de Code civil suisse. (Réforme sociale, 1902, II.)

Secrétariat suisse des paysans. Publications nos 12, 14, 16 et 19, Berne, 1901-1903 :

Le Projet du Code civil suisse dans ses dispositions les plus importantes pour l'agriculture.

Propositions relatives au Projet de Code civil suisse.

Suisse (La) au xixe siècle, sous la direction de Paul Seippel. — Lausanne-Berne, 1900-1901, 3 vol.

TABLE DES MATIÈRES.

SUISSE.

www.ingramcontent.com/pod-product-compliance
Lightning Source LLC
Chambersburg PA
CBHW071636200326
41519CB00012BA/2314

* 9 7 8 2 0 1 3 5 3 5 5 3 3 *